四川外国语言文学研究中心项目"国别与区域研究译丛"
（SCWY23-09）研究成果
四川师范大学全球治理与区域国别研究院项目"泰国研究译丛"
（GBYZD202201）研究成果

泰国研究译丛

（第一辑）

张　婷　陈红宇◎译

四川大学出版社

图书在版编目（CIP）数据

泰国研究译丛 . 第一辑 / 张婷，陈红宇译 . -- 成都：
四川大学出版社，2024. 12. -- ISBN 978-7-5690-6927
-3

Ⅰ . K933.6-53

中国国家版本馆 CIP 数据核字第 2024HL5774 号

书　　名：泰国研究译丛（第一辑）
　　　　　Taiguo Yanjiu Yicong (Di-yi Ji)
译　　者：张　婷　陈红宇

选题策划：刘　畅
责任编辑：刘　畅
责任校对：于　俊
装帧设计：墨创文化
责任印制：李金兰

出版发行：四川大学出版社有限责任公司
　　　　　地址：成都市一环路南一段 24 号（610065）
　　　　　电话：（028）85408311（发行部）、85400276（总编室）
　　　　　电子邮箱：scupress@vip.163.com
　　　　　网址：https://press.scu.edu.cn
印前制作：四川胜翔数码印务设计有限公司
印刷装订：成都市火炬印务有限公司

成品尺寸：170mm×240mm
印　　张：13.25
字　　数：268 千字

版　　次：2024 年 12 月 第 1 版
印　　次：2024 年 12 月 第 1 次印刷
定　　价：78.00 元

本社图书如有印装质量问题，请联系发行部调换

扫码获取数字资源

四川大学出版社
微信公众号

目　录

银行数字化、缅甸移民劳工和泰缅边境贸易关系研究①

阿卡纳·万塔那送巴

摘要： 据泰国劳工部（Ministry of Labour）报告称，2021 年，大约有 240 万移民劳工获准在泰国工作，其中 2/3 的劳工来自缅甸（Samnak Borihan Raeng Ngan Tang Dao Krom Karn Jad Ha Ngan, 2021）。几十年来，来自缅甸的大量移民劳工以及他们寄给家乡家人的汇款，直接或间接地促进了泰缅边境贸易的发展。本文介绍了围绕边境贸易展开的经济活动的发展历程，分析了缅甸移民劳工的非正规渠道汇款在大规模非法边境贸易中的关键作用，同时探讨了数字技术取代传统非正规渠道汇款方式的可能性。文章所呈现的数据是通过半结构化访谈（semi-structured interview）的方式收集的，访谈对象包括 32 位在龙仔厝府（Samutsakorn）工作、生活的缅甸移民劳工、9 位来自湄索（Mae Sot）的泰国边境贸易商、若干位政府官员以及一家在缅甸运营的泰国金融科技公司。访谈结果显示，尽管新技术所带来的新的汇款方式有可能取代非正规的汇款方式，但移民劳工仍倾向于选择会带来社会效益的传统汇款方式。因此，银行系统和金融服务的数字化不仅促进了资金分配过程的改善，也促进了非正规银行系统的发展。

关键词： 泰国的缅甸移民劳工；泰缅边境贸易；非正规汇款；银行数字化

一、引言

二十世纪九十年代，泰国的主要出口产品从农业和劳动密集型产业转向中高科技产业，因此这一时期是泰国社会转型的关键时期（Pasuk and Baker, 1998: 28-38）。泰国经济高速发展的同时，缅甸经济却在国家法律与秩序恢复委员会（State Law and Order Restoration, SLORC）军事政权以及之后的国家和平与发展委员会（State Peace and Development Council）军事政权的统治下陷入困境。两

---

① 原文出版信息：Akkanut Wantanasombut, "Sending Money Back Home: Banking Digitalization, Myanmar Migrant Workers, and the Thailand-Myanmar Border Trade", *Southeast Asian Studies*, Vol. 11, No. 3, December 2022, pp. 451-475. 本文由京都大学东南亚研究中心（Center for Southeast Asian Studies, Kyoto University）《东南亚研究》编辑部及作者本人授权翻译。

作者：阿卡纳·万塔那送巴（อรรคณัฐ วั้นทนะสมบัติ），泰国朱拉隆功大学亚洲研究所。译者：张婷，成都大学外国语学院、四川省泰国研究中心助理研究员。

个邻国之间的经济差距引发了新一波移民潮，大量缅甸劳工来到泰国寻求更好工作机会（Castles and Miller, 2009:138）。1994 年，泰国首次记录的移民劳工人数为 40 万人（Pasuk and Baker, 1998: 138），而到 2021 年 9 月底，移民劳工人数已增长至 240 万，其中 1 554 637 人来自缅甸（Samnak Borihan Raeng Ngan Tang Dao Krom Karn Jad Ha Ngan, 2021）。据联合国估计，2019 年，泰国有 390 万来自邻国（缅甸、老挝、柬埔寨和越南）的合法和非法劳工，以及 48 万无国籍者和 10 万寻求庇护者，其中大多数人来自缅甸（Harkins, 2019: 12）。泰国对寻求庇护者的官方称谓为为"流离失所者"（displaced persons），然而泰国尚未签署 1951 年难民公约①。因此，泰国虽然正式收容寻求庇护者，但并没有出台任何政策给予任何人难民身份，政府仅为其提供人道援助和庇护所，直到联合国难民事务高级专员（United Nations High Commissioner for Refugees）确定接收寻求庇护者的第三方国家。泰国允许流离失所者在境内活动，但必须获得许可或有特定理由，例如医疗或教育需要。尽管泰国劳动法不允许无证移民、无国籍人士或流离失所者工作，但这些人会采用非正规的方式来工作。因此，泰国当局将他们认定为"非法移民劳工"（illegal migrant workers）。②

没有任何调查能够确定在泰国的缅甸移民劳工的具体数量。这些移民在缅甸的原籍所在地也无从得知。2013 年底，国际移民组织（International Organization for Migration）针对曼谷和龙仔厝府的调查报告指出，缅甸移民劳工主要来自孟邦（Mon State）、掸邦（Shan State）、克伦邦（Kayin State）、德林达依省（Tanintharyi Region）和勃固省（Bago Region）（IOM and Asian Research Center for Migration, 2013: 9）。然而，根据泰国北部非政府组织——移民援助计划基金会（Migrant Assistance Program Foundation）负责人估计，清迈的十多万移民劳工中约 90% 来自掸邦（Piyapong and Pim, 2017）。大多数移民劳工的原籍所在地是泰缅边境的偏远农村，但由于泰国的最低日工资是缅甸的三倍，许多来自仰光（Yangon）和曼德勒（Mandalay）等大城市的劳工也被吸引到泰国（Ayman, 2021）。大量泰国的缅甸移民劳工不仅为泰国经济发展做出了贡献（Martin, 2007: 7-21; OECD/ILO, 2017: 21-36），也极大带动了缅甸的经济发展。

缅甸作为一个新兴经济体，移民劳工的汇款成为其重要的发展来源之一。根据世界银行的一项调查数据显示，2016 年，在国外工作、生活的 425 万缅甸公民（Department of Population, Ministry of Labour, Immigration and Population, 2016: 115）约向缅甸汇款 25 亿美元，约占该国国内生产总值的 4%（World Bank, 2017）。

---

① 全称为《关于难民地位的公约》（Convention Relating to the Status of Refugees），于 1951 年 7 月 28 日在联合国难民和无国籍人地位全权代表会议上通过。1954 年 4 月 22 日生效。——译者注
② 本文中，"缅甸移民劳工"（Myanmar migrant workers）指来自缅甸的各类劳工，不论其法律地位如何，而"非法移民劳工"（illegal migrant workers）指的是根据泰国劳动法不允许在泰国工作的非泰籍无证人员、无国籍人员、流离失所者和寻求庇护者。

不过，世界银行的统计数据并未包含非正规渠道的汇款。根据国际增长中心（International Growth Centre）估计，非正规渠道汇款总额约为 80 亿美元，约占缅甸国内生产总值的 13%（Randall and Kapur, 2017: 10）。联合国资本发展基金报告称，缅甸的非正规渠道汇款中有 68%来自泰国，因为泰国有数百万缅甸劳工（United Nations Capital Development Fund, 2020: 1）。

虽然通过正规的银行系统汇款更安全，但这种方式经济成本高，通常会收取汇款总额的 10%作为手续费（Pariwat, personal communication, February 11, 2020）。此外，缅甸境内银行网络不发达，因此移民劳工不会首选通过正规银行渠道汇款。因此，在存在诸多限制的背景下，除了采用正规的银行系统汇款，移民劳工汇款回乡仅有三种选择：第一，亲自携带现金回国；第二，请求信任的朋友在回国时携带现金；第三，通过非正规银行系统汇款。然而，近年来数字技术的发展为移民劳工提供了一种新的汇款选择，即通过泰国商业银行提供的网上银行和移动银行汇款，或者使用泰缅两国都可用的非银行金融技术服务进行汇款。许多研究发现，非正规渠道汇款是泰缅边境贸易的支撑要素，数字技术带来的转变可能会对传统的边境经济构成挑战。本文旨在探讨银行和金融领域最新的数字技术所提供的汇款服务是否会取代非正规渠道的汇款方式。

二、研究范围和方法

本文的第一部分介绍了本研究所采用的方法论、定义、术语和理论框架。第二部分描述了围绕其他经济活动展开的泰缅边境贸易的历史背景，包括缅甸移民劳工涌入泰国的历史背景。第三部分讨论了缅甸银行和金融部门的改革和数字化进程。最后一部分提出了本文的主要论点，即尽管新技术所带来的新的汇款方式有可能取代非正规的汇款方式，但移民劳工仍倾向于选择会带来社会效益的传统汇款方式。

本研究于 2019 年年底至 2021 年期间进行，采用了定性的研究方法。作者采访了在龙仔厝府工作、生活的 32 名缅甸移民劳工，来自湄索的 9 名泰国边境贸易商，若干名政府官员以及 家在缅甸运营的泰国金融技术公司。由于在泰国通过非正规渠道汇款是非法活动，作者只能在当地一个专门处理移民劳工问题的非政府组织的帮助下采用滚雪球抽样法（snowball sampling）[①]接触移民劳工。半结构化访谈主要围绕移民劳工如何汇款回家以及他们对自己熟悉的不同汇款方式的看法展开。

---

① 滚雪球抽样指先随机选择一些被访者并对其进行访问，再请他们提供另外一些属于所研究目标群体的调查对象，根据所形成的线索选择此后的调查对象。滚雪球抽样往往作用于对稀少群体的调查。在滚雪球抽样中，首先选择一组调查单位，对其实施调查之后，再请他们提供另外一些属于研究总体的调查对象，调查人员根据所提供的线索，进行此后的调查。——译者注

三、定义和术语

在移民问题研究领域，不同的学者会根据其研究方法使用不同的术语来指代移民劳工。在本文中，作者依据泰国的移民法来确定劳工的身份。"移民劳工"（migrant labor）指所有合法和非法进入泰国工作的非泰国籍劳工，包括那些为逃离国内冲突来到泰国并被泰国当局视为"流离失所者"、被允许居住在泰国沿缅甸边境指定地区的人。与之相对，"非法移民劳工"（illegal migrant labor）指非泰国籍的无证人士、无国籍人士、流离失所者和寻求庇护者。根据泰国劳动法，他们不允许在泰国工作。

在汇款方面，本文中的术语"phoy-kyuwn"①指的是非正规渠道汇款，这是一个闽南方言词，指一种私人银行服务，在过去的几个世纪中由在泰国的中国移民劳工使用，将汇款寄回中国，现在在泰国已成为一个普遍使用的术语。

关于边境贸易，本文中的相关术语定义如下：

（1）非法边境贸易（illegal border trade）指涉及以下物品的贸易：

（a）根据出口国和进口国的法律，出口或进口国家不允许跨境交易的物品，例如毒品；

（b）缅甸政府在某些时期禁止的物品，例如酒类饮料、调味粉等，或者需要贸易商获得政府许可证才能进出口的物品；

（c）出口国和进口国家允许的物品，但贸易商出于某种原因避免在出口或进口国家的海关申报，例如为了避免进口税或缩短清关时间。

（2）不正当边境贸易（illicit border trade）指上述非法边境贸易中的（b）和（c）类。尽管从国家的角度来看是非法的，但在地方层面却普遍存在。

四、理论框架

汇款可以分为正规渠道汇款和非正规渠道汇款两类。正规渠道汇款遵循政府机构的监管规定，涉及许多机构，如中央银行、反洗钱机构、本地和代理银行、私人金融服务商、邮政服务等。因为有严格的认证流程，所以服务费通常比非正规渠道多很多。非正规渠道汇款交易成本低，可以提供上门服务，再加上正规渠道无法提供的其他好处，为希望避免烦琐流程的人提供了另一种选择。对于来自

---

① ไพก๊วน，中文"批馆"的音译。批馆又称批局、汇兑信局，是我国现代邮政和商业银行体系发展起来之前专门从事信件投递和钱款汇寄的民间机构。在东南沿海地区，批馆适应广大寓居海外的华人传递家信、汇寄钱款的需要，于19世纪中后期得到长足的发展并积极向海外扩展业务，不仅便利了广大华侨，而且还给当地的经济尤其是金融制度打下了深刻的烙印。其中比较突出的例子就是泰国的批馆，它们不仅垄断了中泰间邮政和银行汇兑联系建立之前的侨汇业务，而且在20世纪40年代至中泰建交这段时期成为泰国政府认可的侨汇制度。——译者注

金融基础设施薄弱国家的劳工来说，非正规渠道可能是将资金汇回家乡的唯一途径。这一问题可以通过非正式部门提高技术应用水平来解决。

对于汇款的研究通常主要集中在三个领域：（1）汇款机制的分类，（2）不同渠道交易成本的比较，以及（3）汇款市场的演变和发展（Rahman *et al.*, 2014: 7），而且大部分研究采用微观经济和宏观经济层面的经济学方法。然而，新的研究指出，要理解汇款问题，对社会因素的研究也不容忽视。

米扎努尔·拉赫曼和布伦达·杨（Md Mizanur Rahman and Brenda S. A. Yeoh, 2014）研究了在东亚和东南亚地区工作的孟加拉国劳工如何从新加坡、马来西亚、日本和韩国将资金汇回家乡。研究发现，基于社会因素的考虑，大多数劳工更喜欢使用非正规渠道的汇款方式。劳工的选择在很大程度上取决于与家庭和代理商相关的社会因素，包括双方的信任、责任、保证和理解。虽然正规的汇款方式安全性更高，但移民劳工与非正规汇款代理商之间的社会联系具备正规机构所没有的各种优势。尽管米扎努尔·拉赫曼和布伦达·杨的研究对象是孟加拉国劳工，但影响汇款的社会因素可以作为研究在泰国的缅甸劳工在泰国的重要因素之一。

五、移民劳工的汇款对边境贸易的支持作用

在泰国，非正规汇款的方式被称为"phoy-kyuwn"，而在缅甸则被称为"hundi"（Turnell *et al.*, 2008）。通过这种非正规的渠道，资金可以在一天内转到收款人手中，费用也比正规银行汇款要低。根据泰国银行的数据，"phoy-kyuwn"代理商所收取的佣金不到 2.5%（Somsak, 2013）。肖恩·特内尔（Sean Turnell）等人在 2002 年至 2003 年间进行的一项调查显示，缅甸移民劳工每年汇款回家乡的金额从 3000 泰铢到 300 万泰铢不等。当年非正规渠道汇款的总金额估计为 3 亿美元，几乎是同年正规渠道汇款金额的 5 倍（Turnell *et al.*, 2008: 74）。国际劳工组织（International Labour Organization）的调查显示，2009 年，在泰国的缅甸劳工平均汇款回家乡的总额为 3 万泰铢，平均每次汇款 5300 泰铢（Aree and Sirinan, 2009: 20）。综合泰国缅甸移民劳工的数量以及该调查所确定的平均汇款金额，便可以粗略估算出非正规银行系统中流通的资金金额。

许多关于非正规银行系统的研究证实，实际资金很少跨越国界（Turnell *et al.*, 2008; Akkanut, 2017; Kubo, 2017; Thompson, 2019）。泰国和缅甸之间的非正规渠道汇款是一个特例，大部分通过该渠道汇送的资金实际上在泰缅边境贸易经济中流通，尤其是在非法贸易中。关于汇款，泰国方面的非正规渠道汇款代理商收取移民劳工准备寄回家的现金，然后与缅甸的合作伙伴联系，将扣除佣金后的等额资金汇给收款人。同样，当缅甸进口商需要付款给泰国供应商时，他们将资金汇给缅甸的汇款代理商，后者再联系泰国的合作伙伴支付给供应商。在泰国，代理

商从移民劳工那里收取汇款资金，并用这笔资金支付给泰国供应商；在缅甸，代理商从进口商那里收取资金，并在有需求时将其用于向移民劳工家庭汇款。因此，这种方法使得贸易商能够通过平衡移民劳工的汇款需求和商品购买付款来抵消资金的供求。尽管这种共生关系非常隐晦，但双方对平衡贸易结算以及替代汇款方法的共同需求降低了双方的交易成本。

2010 年大选后，缅甸的民主化进程促进了许多领域的发展，特别是银行和金融领域的改革。随后，缅甸国内掀起了一股数字化转型的浪潮，推动了该领域的基础设施建设的发展。在缅甸，无论是大城市还是农村地区，民众可以通过智能手机访问互联网，从而获得金融服务，改变了传统的金融服务方式。与过去十年相比，付款和转账都便捷了许多，数百万在泰国的缅甸移民劳工使用非正规渠道汇款的情况也随之减少。而非正规渠道汇款与边境贸易密切相关，这也必将影响泰国和缅甸之间的边境贸易。

六、推动边境贸易的“无形之手”

泰缅两国的边境线长达 2000 多公里。虽然两国之间的现代外交关系始于1948 年，但已有的文献和考古资料证明，两国民间的互动、文化交流和商品贸易自古以来就存在。在 1996 年缅甸政府设立大其力（Tachileik）海关之前，所有跨境贸易活动都被缅甸政府认为是非法的（Myanmar Department of Border Trade n.d.）。二十世纪六十年代初，缅甸实行私营企业国有化和国家垄断商品的社会主义政策，导致大量投资者离开（Smith, 1999: 98; Khin Maung Kyi *et al.*, 2000: 11），缅甸经济迅速下滑，政府难以提供日常的消费品。因此，黑市贸易开始在缅甸发展起来，与邻国的非法[①]边境贸易成为人们满足自己基本需求的主要途径（Silverstein, 1989: 42; Smith, 1999: 98-99; Khin Maung Kyi *et al.*, 2000: 12; Myat Thein, 2004: 81）。

在此期间，由于政府无力管控及确保安全，边境贸易仍被视为非法活动，政府只允许通过海运或空运进行正式贸易。缅甸当时也处于内战之中，缅甸政府军与控制大部分边境地区的几个少数民族武装组织作战。这些组织包括克伦民族联盟（Karen National Union）、新孟邦党（New Mon State Party）、克钦独立组织（Kachin Independent Organization）和掸邦军（Shan State Army）。这些组织直接参与贸易，通过简化通关手续、征税或提供安保获利（Smith, 1999: 99; Akkanut, 2017: 18-20），从中获取的收益会用于购买武器和弹药，或用于对抗政府以达到

---

① 在本文中，马登（Myat Thein, 2004）将不同类型的边境贸易定义如下：非法边境贸易（illegal border trade）指出口或进口国家不允许跨境交易的物品；不正当边境贸易（illicit border trade）指出口国和进口国家允许的物品，但贸易商出于某种原因避免在出口或进口国家的海关申报。

其政治目的（Smith, 1999: 99）。本文作者曾采访过一位泰国边境贸易商人，这位商人在二十世纪六十年代至八十年代泰缅边境贸易鼎盛期就与缅甸商人做生意，而且是湄索最大电器零售商，年销售额超过 10 亿泰铢。据他描述，泰国边境贸易商人更喜欢缅甸买家使用金银付款而不是缅元。此外，缅甸政府曾分别于1964 年、1985 年和 1987 年三次废除部分面值的纸币，给边境贸易带来了极大的挑战（Saroch, personal communication, February 15, 2020）。如 1987 年，政府取消了 25 缅元和 35 缅元的纸币，而且没有提供任何赔偿（Myat Thein, 2004: 70）。

除了黄金和白银，缅甸商人还经常走私宝石（如翡翠、红宝石和蓝宝石）和其他自然资源（如柚木），出售给泰国买家，获得的利润会用于购买他们想要的产品。在这种情况下，湄索等边境城镇不仅成为贸易商的聚集地，也成为珠宝、木材和其他相关行业从业者的聚集地。时至今日，湄索仍然有珠宝市场。泰国也因此成为世界五大宝石产地之一（Pasuk and Baker, 1998: 33）。

官方的贸易差额统计数据证实了大规模非法边境贸易的存在。例如，消费品进口占比从 1960—1961 财年的 67.1%，下降到 1980—1981 财年的 5.2%，而这一变化并不一定与消费品使用量或人口规模的减少有关。此外，农产品出口占比从1960—1961 财年的 82.4% 下降到 1990—1991 财年的 28.2%。相比之下，自然资源开采行业的产品出口则有所增加，如林业产品的出口占比从 1960—1961 财年的9.8% 增加到 1990—1991 财年的 36.7%。矿产和宝石出口也有所增加，从 1960—1961财年的 4.3% 增加到 1980—1981 财年的 14.5%（Myat Thein, 2004: 78）。

在经历了三十年的经济失败后，缅甸于 1987 年向联合国申请成为"最不发达国家"（least-developed country, LDC），以便按照 1981 年巴黎会议约定接受国际援助（Weiss and Jennings, 1983）。联合国报告指出，缅甸的债务偿还比例从 1970 年的 15.9% 上升到 1987 年的 50% 以上，人均国内生产总值处于历史低位，而且制造业部分占比不到 10%（United Nations Committee for Development Planning, 1987: 20）。由于是最不发达国家，缅甸能够重新谈判其公共债务，特别是外国贷款。缅甸的外国贷款从 1975 年的 3.199 亿美元飙升到 1984 年的 34亿美元（Steinberg, 1990: 66）。

面对日益增长的政治压力，奈温在 1988 年 7 月辞去纲领党主席职务，国家由新的团体——国家法律与秩序恢复委员会——接管。国家法律与秩序恢复委员会在掌权后开始实施一系列新政策。私营企业、国内贸易和进出口贸易在经历了缅甸社会主义纲领党执政期间长时间停滞后，开始取得新的发展。1988 年 11 月底，政府颁布一项新的外国投资法，取消了对私营对外贸易的许多限制。随后，私营企业的数量显著增加，从 1988—1989 财年的 130 家增加到 1999—2000 财年的 38782 家（Myat Thein, 2004: 154）。此外，还有其他对边境贸易产生影响的改革，包括 1988 年 12 月边境贸易的正常化（Mya Maung, 1997: 504; Fujita *et al.*, 2009: 5)，以及 1990 年颁布的缅甸《中央银行法》（Central Bank of Myanmar Law）、《金融机构法》（Financial Institutions Law）和《商税法》（Commercial Tax Law）。尽管经济政策出现了重大转变，但政府保留了对大米、柚木、石油、天然气、宝石和翡翠等 16 类商品的出口垄断权。1991 年，该出口垄断清单增加到 23 类商品，1994 年又增加到 28 类商品（Mya Maung, 1997: 504）。对于进口货物，政府在 1998 年禁止 10 类商品的进口，并在 1999 年又增加 5 类（Akkanut, 2015），禁止的商品包括味精粉、软饮料、饼干、口香糖、蛋糕、华夫饼干、巧克力、罐头食品、面条、烈酒、啤酒、香烟、新鲜水果和塑料制品。由于禁令针对的是必需的消费品，因此这些商品的非法边境贸易屡禁不止。

多年来，由于缅甸制造业不发达，对进口商品的需求远高于出口，导致贸易逆差一直存在（Myat Thein, 2004: 156）。为了解决这个问题，国家法律与秩序恢复委员会实施"先出口，后进口"（export first, import later）政策，即只允许贸易商使用从出口获得的收入来进口商品（Kubo, 2012: 148）。委员会颁布的其他规定也给贸易商带来了诸多限制。例如，每一批进出口货物都需要许可证，而许可证的有效期只有三个月，而且获得许可证的费用很高。此外，外贸交易只能通过缅甸的国有银行进行，当时缅甸的国有银行是缅甸投资商业银行（Myanmar Investment and Commercial Bank）和缅甸外贸银行（Myanmar Foreign Trade Bank）。缅甸政府还规定了进口关税收费的标准应税价值，但这个价值不是基于货运发票上的实际价值。这意味着贸易商通常会被收取更高的进口税，并且商业税是在申请许可证时收取，而不是在货物销售后收取。这些规定中的部分条款至今仍然存在。因此，虽然 1988 年国家法律与秩序恢复委员明确了边境贸易的合法化，但也增加了贸易商的成本，使其面临更多挑战。

此外，缅甸政府计划通过建立合资企业与邻国分享海洋资源的方式，实现促进国内消费、增加出口的目标，因此，渔业部门的作用不可忽视（Myat Thein, 2004: 191-192）。自二十世纪七十年代以来，泰国的渔船一直以合法和非法的方式开发缅甸的海洋资源（Ahmed *et al.*, 2007）。1980 年，泰国和缅甸商定了 141.2 海里的海上边界。然而，泰国的渔船装备更好，因此可以轻松地逃避缅甸当局的监管。1990 年，国家法律与秩序恢复委员会颁布了《渔业权法》（Fishing Right Law），允许获得许可的海外公司（主要来自泰国）在缅甸海岸线 12 海里范围之外开展业务。随后，渔业部门的外国投资达到 3 亿美元。据报道，有 300 艘缅甸渔船参与了渔业作业，大约有 600 艘外国渔船非法参与（Khin Maung Kyi *et al.*, 2000: 86）。在这种形势下，各种渔业的产能都有所提高。例如，官方记录显示，1988—1989 年的总渔业产量从 70 万吨增加到 2005—2006 年的 250 万吨（Fujita *et al.*, 2009:

204）。近海渔业的产量从 1988—1989 年的 5 万吨增加到 2005—2006 的 57 万吨，相应的海洋渔业的产量从 57 万吨增加到 117.1 万吨。出口收入从 1992—1993 年的 5100 万美元增加到 1999—2000 年的 1.837 亿美元，渔业部门的出口额占到总出口额的 10%（Myat Thein, 2004: 192-193）。

在此背景下，缅甸渔民顺势加入了渔业供应链；尽管他们的船只装备不足，但他们设法将鱼卖给更大的渔船。根据泰国农业与合作部渔业营销组织的一位员工讲述，他曾目睹大量鱼类通过拉廊府主要港口从缅甸运送到泰国。此外，他还证实缅甸渔民通常通过“phoy-kyuwn”系统出售鱼类并拿到货款。渔民们喜欢这种方式，因为现金支付会增加被抢劫的风险，并且如果他们被当局抓到，现金支付还会被当作逮捕的依据。在国家法律与秩序恢复委员领导下，渔业繁荣发展，但也进一步促进了非法贸易的发展，使其成为非正规银行体系经济活动的一环。

综上所述，经济政策的失败、内战的频发以及部分新政策的实施等因素导致了缅甸与泰国之间的非法跨境贸易增加。这种非法贸易不需要实际货币作为交换手段，而是允许用红宝石、翡翠、柚木等产品来“购买”消费品。虽然交易的价值是用缅元或泰铢来确定的，但实际现金很少跨越边境。因此，边境两侧的交易抵消实际上是信息的抵消，而不是货币的抵消。几十年来，所有这些因素在泰缅边境贸易中扮演着推动边境贸易的“无形之手”的角色。

七、泰国的缅甸移民劳工：最新的“无形之手”

1988 年，为了加强区域内的经济合作，泰国总理差猜·春哈旺（Chatichai Choonhavan）宣布了一项“将战场转变为市场”（change the battlefield to the marketplace）的政策，并启动了与缅甸的“建设性接触”（constructive engagement）。二十世纪八十年代末，泰国经济繁荣发展，促使其成为亚洲第五虎。外国直接投资从 1986 年的 60%增加到 1987 年的 360%（Somboon, 2012: 36）。泰国经济因出口导向政策的推动而快速增长，电器和汽车零部件等中等技术制造业出口大量增加（Pasuk and Baker, 1998: 28-38; Somboon, 2012: 34）。随着泰国的发展，对高技能工人的需求开始增加，但在建筑、农业和劳动密集型制造业等领域仍然依赖于低技能工人。劳动力的短缺促使邻国移民进入泰国（Castles and Miller, 2009: 138）。截至 2021 年，泰国有近 160 万来自缅甸的移民劳工（Samnak Borihan Raeng Ngan Tang Dao Krom Karn Jad Ha Ngan, 2021）。

许多研究发现，缅甸移民劳工主要通过非正规银行系统进行汇款。阿里·詹帕克莱和西里南·基蒂苏克萨蒂特（Aree Jampaklay and Sirinan Kittisuksathit）详细介绍了促使移民劳工选择通过非正规渠道汇款的各种因素。其中一个因素是非正规渠道汇款成本更低，也更方便，因为代理商可以在劳工的工作场所或附近收取款项。此外，该调查研究发现，超过三分之二的缅甸移民劳工甚至不知道其他汇款方式（Aree and Sirinan, 2009: 29-30），而由于非法劳工无法在泰国开设银行账户，因此他们主要使用非正规系统（Aree and Sirinan, 2009: 64）。该研究进一步指出，移民劳工在泰国逗留时间越长，使用非正规渠道汇款的可能性越高。例如，在泰国居住超过十年的移民劳工比不到十年的移民劳工更有可能通过代理商汇款（Aree and Sirinan, 2009: 32）。该研究显示，只有12%的受访缅甸劳工在缅甸有银行账户。因此，在自己的国家没有银行账户也成为移民劳工选择不通过正规银行系统汇款的另一个重要因素。

非正规银行系统的运营商既有小型个体店主也有小规模贸易商，这些小型运营商联合起来便形成一个网络，业务也变得庞大起来。他们的运作方式较为简单。在泰国居住的移民劳工想要汇钱给家人时，会把想要汇出的金额以泰铢的形式交给代理商。然后，代理商会给缅甸的合作伙伴打电话，后者扣除双方代理商费用后，用等价的缅币支付给劳工的家人。这样对于移民劳工来说，交易就算完成了。双方代理商通常通过经济活动来抵消差额，例如，泰国代理商使用从移民劳工那里收取的资金购买缅甸代理商所需的商品，并将其运送过边境。随着移民劳工数量的增加，汇款需求也随之增长，代理商收取的小额费用累积起来便可以满足双方的需求。代理商的利润不仅来自收取的服务费，还来自汇率、货币流动性以及以较低交易成本从泰国购买的商品。

在非正规银行系统中流通的资金总额难以统计。素庞·差他瓦尼（Supang Chantavanich）和布莱贾·文斯里皮萨（Premjai Vungsiriphisal）估计非正规银行系统中流通的资金总额在2.48亿至12.48亿美元之间。他们首先计算出之前两项研究（Sean Turnell *et al.*, 2008; Aree Jampaklay and Sirinan Kittisuksathit, 2009）提到的汇款平均金额，然后乘以2012年在泰国注册的缅甸移民劳工总数，得出了这一数字。他们进一步指出，如果算上未注册的移民劳工，实际金额可能更高（Supang and Premjai, 2012: 226）。

如果汇款在非法边境贸易中流通的假设是正确的，那么非法边境贸易的总金额或多或少可以反映寄回缅甸的资金总额。虽然非法边境贸易的确切规模是未知的，但有一种方法可以帮助估算具体的数据。日本学者久保浩二认为，在边境贸易合法化后，许多贸易商没有遵守各国新的海关法规，导致后续进行的贸易被视为非法（Kubo Koji, 2012: 150-157）。因此，非法贸易的总量虽然难以准确确定，但可以通过比较两国的海关记录大致计算出来。这种计算方法的前提是，非法贸易在泰国的海关法律中大多被视为合法，因为大多数出口到缅甸的商品会在泰国的海关检查站合法申报，以退还支付的增值税。商品从泰国海关检查站放行后，贸易商会选择通过以下两种方式之一将商品运输过边境：第一种是通过泰缅友谊桥跨越边境，并经过缅甸的海关程序，使贸易完全合法；第二种是通过莫伊河（Moei River）跨越边境，绕过缅甸海关。第二种运输方式虽被视为非法贸易，但更为常见。通过比较泰国海关的出口记录和缅甸海关的进口记录，便可以确定其差额为非法贸易的金额。世界银行在《缅甸经济监测报告》（Myanmar Economic Monitor Report）中的数据也使用了这种计算方法（Rab *et al.*, 2016: 49-55）。此外，作者此前的研究也使用了这一方法，并发现非法贸易的规模从 2001—2002 年的 1.1848 亿美元增长到 2011—2012 年的 16 亿美元。这个数字与素庞和布莱贾（Supang and Premjai, 2012）确定的移民劳工汇款金额的估计金额非常接近。

由此可见，泰国数百万的缅甸移民劳工被视为泰缅边境贸易中的另一只"无形之手"。劳工对汇款的需求越高，跨境贸易的潜力就越大。虽然泰国对外贸易条例只承认通过正规银行系统进行的交易，但移民劳工对非正规银行系统的使用促进了泰缅边境非法贸易的持续存在。

八、从银行和金融改革到数字化转型

国际货币基金组织（2018b）的报告证实，缅甸正规银行系统发展滞后，是缅甸移民劳工选择通过非正规方式汇款的原因之一。该报告指出，缅甸每 10 万人拥有的银行分支机构为 5.09 个，而全球平均水平为 12.73 个。此外，缅甸每 10 万人拥有的自动柜员机数量为 5.63 个，而全球平均水平为 41.64 个。然而，近年来，缅甸在制度和监管改革以及数字技术的推进方面取得突破性进展，为传统的银行系统和金融服务的发展开辟了捷径。如今，通过互联网和智能手机应用，移民劳工在汇款方面有更多选择，既有银行的服务提供商，也有非银行服务提供商。

缅甸银行系统发展滞后主要是由历史原因造成的。1990 年《缅甸金融机构法》（Financial Institutions of Myanmar Law）颁布后，缅甸的私立银行才开始出现。在国家和平与发展委员会执政时期，缅甸第一家私立银行——缅甸公民银行（Myanmar Citizens Bank）于 1992 年成立。

过去，国际汇款的唯一方法是通过国际银行网络或环球银行金融电信协会（Society for World-wide Interbank Financial Telecommunication, SWIFT）成员之间的电汇进行。在缅甸，环球银行金融电信协会的成员只有国有银行，即缅甸中央银行（Central Bank of Myanmar, CBM）、缅甸外贸银行、缅甸投资与商业银行和缅甸经济银行（Myanmar Economic Bank）。汇款费用昂贵，移民劳工几乎不可能使用这种方式汇款。只有大公司才会使用环球银行金融电信协会汇款，除此之外，政府没有提供其他汇款选择。

在缅甸 2010 年的大选之后，新政府启动了各种政治和经济改革，包括银行和金融领域的改革。2012 年，政府颁布了《外汇管理法》（Foreign Exchange Management Law），进一步放宽了外汇市场。所有交易限制被解除，私立银行首次可以收发外币。新政府还允许私立银行于 2011 年 10 月开设外汇柜台。此外，私人非银行货币兑换商于 2012 年 12 月合法化（Internationale Zusammenarbeit GmbH, 2018: 22-26）。2013 年，缅甸政府颁布了新的《缅甸中央银行法》（Central Bank of Myanmar Law），对缅甸中央银行进行了分权，将其确立为独立机构，并赋予其行长和董事会更大的权力。同时，支付系统也进行了改革。缅甸中央银行与 17 家银行合作，建立缅甸支付联盟（Myanmar Payment Union）作为银行间结算系统新平台（Thu Rein Hlaing *et al.*, 2012）。自动取款机、借记卡和信用卡首次得以充分使用。缅甸中央银行进一步取消了之前对独立资本的监管，以及开设新分支机构需获得特别批准的要求，此举鼓励银行通过在全国范围内设立新分支机构来扩大其经营网络（Turnell, 2014: 228-230）。2012 年改革前，缅甸每 10 万人拥有的银行分支机构数量为 1.86 个，而泰国为 11.69 个；2012 年改革后，缅甸银行分支机构快速发展，2018 年每 10 万人拥有的银行分支机构达到 5.09 个，而泰国的这一数据没有变化（International Monetary Fund 2018b）。

截至 2022 年 8 月，缅甸有 4 家国有银行、27 家私立银行、17 家外国特许银行以及 44 家外国银行和金融公司的代表处（Central Bank of Myanmar 2022）。在外国特许银行中，只有一家来自泰国——盘古银行（Bangkok Bank）。尽管盘古银行被允许作为本地银行全面运营，但它的服务对象仅限于商业公司，并且在仰光只有一家分行。另外还有 5 家泰国银行在缅甸设有代表处：泰国汇商银行（Siam Commercial Bank）、泰国泰京银行（Krungthai Bank）、开泰银行（Kasikornbank）、大城银行（Bank of Ayudhya）和泰国进出口银行（Export-Import Bank of Thailand）。这些银行不允许在缅甸提供全面的服务，只能帮助促进与缅甸境内的客户和其他代理银行的业务往来。

不断增长的缅甸移民劳工数量引起了泰国银行和外汇公司的关注。这些银行（公司）专门针对移民劳工的需求提供服务和产品。2012 年 9 月，美国放松对缅甸的经济制裁之后，美国的非银行现金转账巨头西联汇款（Western Union）[①]开始在缅甸运营（Thwe Khin Myo, 2012）。泰国银行在与缅甸接壤的省份和移民劳工人口较多的地区提供缅甸语服务。许多泰国银行也开始与缅甸的银行合作，互为代理，绕过中间机构，降低成本。例如，开泰银行是第一家与缅甸的亚洲绿色发展银行（Asian Green Development Bank, AGD Bank）合作的银行，后来又于 2013 年 5 月开始与后者的合作银行开展合作。这一合作使汇款人能够在开泰银

---

① 西联汇款是世界上领先的特快汇款公司，迄今已有 150 年的历史，它拥有全球最大最先进的电子汇兑金融网络，代理网点遍布全球近 200 个国家和地区。——译者注

行的 880 台 ATM 上使用缅甸语进行汇款。每天的最高转账金额限制为 10 万泰铢，如果交易在下午 2 点前完成，收款人将在 24 小时内收到汇款。2013 年 4 月，泰国汇商银行开始与甘波扎银行（Kanbawza Bank, KBZ Bank）开展合作，允许泰国汇款人使用汇商银行的 ATM 机直接将资金转账到收款人的甘波扎银行账户。根据双方的合作协议，收款人可以在甘波扎银行分行领取转账资金，而不必将资金存入账户，这是因为缅甸正规银行账户的开户率较低（每千名成年人中仅有 142 人拥有银行账户）（World Bank, 2022）。尽管泰国汇商银行和甘波扎银行宣布 ATM 转账费用为每笔 200 泰铢，但对缅甸移民劳工的采访显示，对应的合作银行也向收款人收取费用，并且汇率不及非正规渠道汇款。此外，泰国监管机构、泰国银行和反洗钱办公室（Anti-Money Laundering Office）设置了严格的规定，防止洗钱和恐怖主义融资。这些规定要求移民劳工提供至少三种不同的身份证明文件才能处理汇款，这也被称为"了解您的客户"（Know Your Customer, KYC）规则。这个规定使非法移民劳工无法通过银行汇款回家。

目前，泰国银行加强与缅甸银行的金融合作。例如，泰国汇商银行已与伊洛瓦底银行（Ayeyarwady Bank, AYA Bank）签署了谅解备忘录（Siam Commercial Bank, 2020）。除了前两家合作伙伴，开泰银行也已经扩大了与伊洛瓦底银行、妙瓦底银行（Myawaddy Bank）和甘波扎银行的 ATM 转账合作。此外，在 2020 年，开泰银行获得缅甸中央银行批准，投资缅甸的一家私人银行——妙瓦底农民开发银行（Ayeyarwady Farmers Development Bank），持有 35% 的股份（Somruedi and Nuntawun, 2020）。

2016 年初，缅甸颁布了《金融机构法》（Financial Institutions Law），进一步发展缅甸的金融服务。根据该法律，金融机构分为以下几类：银行、开发银行、非银行金融机构和附表机构（schedule institution）（Internationale Zusammenabeit GmbH, 2018: 23）。《金融机构法》的颁布为缅甸中央银行监管移动金融服务铺平了道路，这是将非银行金融服务提供商合法化的第一步。因此，通过移动应用程序汇款成为"phoy-kyuwn"系统的另一个竞争对手。

由于十几年来一直处于军事独裁统治之下，缅甸的电信业发展同样滞后。在 2005 年左右，一张 SIM 卡的售价可能高达 2500 美元（Simpson *et al.*, 2018: 92），然而在改革后，缅甸直接开始使用智能手机和 4G 技术。缅甸拥有手机订阅服务的人数从 2010 年的 59 万人增长到 2018 年底的 6114 万人[①]（Statista n.d.）。此外，缅甸邮电公司（Myanmar Posts and Telecommunications, MPT）、缅甸奥莱多公司（Ooredoo Myanmar Limited, Ooredoo）、缅甸太莱诺公司（Telenor Myanmar

---

① 手机用户数量高于缅甸人口数量，因为许多人拥有不止一部手机。这种情况在许多东南亚其他国家也很普遍，如泰国、马来西亚、印度尼西亚、越南和柬埔寨。

Limited, Telenor）和缅甸电信国际有限公司（Telecom International Myanmar Co., Ltd., MyTel）这四家电信公司除了核心业务，还提供移动支付和其他金融服务。

2016 年，缅甸首个移动金融服务许可证颁发给了 Wave Money，这是一家合资公司，缅甸太莱诺公司是主要股东。该公司从建立移动服务提供商网络开始，迅速在全国范围内扩展，拥有超过 5.6 万个代理商，覆盖了全国 330 个乡镇中的 294 个（Chern, 2020）。2017 年，缅甸奥莱多公司推出了"M-Pitesan"移动金融服务。2019 年，缅甸电信国际有限公司和缅甸邮电公司分别推出了 MytelPay 和 MPT Money 两项金融服务。

随着移动通信的发展，在缅甸，移动金融交易的使用频率已经超过传统银行服务。因此，非银行金融服务提供商如雨后春笋般涌现。缅甸的银行现在也为客户提供网上银行和手机银行服务，一些银行还与金融科技公司建立了合作关系。例如，亚洲绿色发展银行与泰国移动支付及电子钱包服务提供商——TrueMoney 公司建立合作，后者在东南亚地区的六个国家运营。合作建立后，用户通过移动应用程序便可以转账到海外。

虽然电信公司拥有全国性移动金融服务网络优势，但与正规银行相比，电信公司在高层监管和流程方面的经验相对有限。随着互联网发展，银行与电信公司和非银行金融服务提供商密切合作，加强移动金融服务发展。移动金融服务使用户能够向商家支付款项或向其他用户转账。用户还可以通过从银行账户转账、自动存取款机和网上银行存款，以及把现金交给代理商等方式，将资金数字化存储在"电子钱包"中。由此，移动金融服务的发展打破了传统金融服务的区域障碍。

目前，非银行金融服务提供商现在能够为跨境转账提供便利。TrueMoney 公司是第一个获得泰国央行和财政部许可的非银行服务提供商，也是唯一一家同时持有泰国和缅甸运营许可证的非银行服务提供商。TrueMoney 公司于 2016 年推出了通过移动应用程序进行转账的服务。然而，尽管 TrueMoney 公司被视为非银行服务提供商，但仍需要遵循"了解您的用户"规则。公司必须在客户的第一笔交易之前，在服务点收集注册所需文件。完成第一笔交易后，可以在服务点或移动应用程序内进行转账。TrueMoney 公司原计划每 5000 泰铢收取 50 泰铢的固定转账服务费，每笔交易最高限额为 3 万泰铢，每日限额为 20 万泰铢，收款人只需几分钟就能从缅甸的 TrueMoney 公司代理商那里收到汇款。然而，由于大多数移民劳工不愿意采用需要提供多种身份证明的流程，TrueMoney 公司的移动应用程序于 2019 年 4 月停止了这项转账服务，用户只能去服务点转账。因此，"了解您的用户"规则阻碍移动转账的发展（Jatupron, personal communication, November 19, 2022）。"了解您的用户"规则也是全球最大的汇款公司西联汇款在泰国难以取得成功的原因之一。

九、简要调查：替代选择并不总是更好的选择

相较以往，移民劳工如今在汇款方式上已经有更多的选择。既有费用不菲的国际转账方式，也有泰缅两国银行合作提供的 ATM 转账服务，还有非正式的"phoy-kyuwn"代理商以及最新的非银行服务提供商。银行服务的数字化为移民劳工提供了更多的选择。根据世界银行的数据，新的汇款方式费用低至每 200 美元收取 1.72%的手续费，或者每 500 美元收取 1.6%的手续费（World Bank n.d.）。汇款手续费是移民劳工转账必须考虑的重要因素之一，这一定程度上也影响着非法边境贸易活动。

通过访谈收集的数据显示，32 名移民劳工中有 24 人熟悉数字技术，并经常使用移动应用程序进行支付，定期向家人汇款。有时他们需要使用缅甸 SIM 卡进行付款和转账，但这会产生数据漫游费。有趣的是，在 32 名受访移民劳工中，有 22 人声称，他们仍然更喜欢通过"phoy-kyuwn"系统汇款。尽管银行分行和移动应用程序上的金融服务已经非常普及，但通过"phoy-kyuwn"系统汇款仍然更便宜、更快捷；有 6 位受访者表示，由于他们每年都在泰国宋干节长假期间回家，所以他们不会汇款；另外有 5 位受访者表示，曾通过 ATM 和 TrueMoney 汇款。

在使用"phoy-kyuwn"系统过程中，人们可以要求代理商提供更多的汇款选项，包括像以前那样寄送现金或将资金转入缅甸的银行账户，还可以要求代理商将资金存入电子钱包。而没有银行账户的人通常将现金保存在家中，但这会引发安全方面的担忧（Maung Kyaw, personal communication, December 24, 2019）。

同时，代理商将汇款存入电子钱包这一操作方式也更具灵活性，因为移民劳工的家人可以随时提取现金。电子钱包还可以用于支付，或为朋友的手机余额充值，以此换取现金。这意味着"phoy-kyuwn"代理商现在可以提供多种汇款方式。缅甸移动金融服务的改进实际上帮助代理商降低了成本，因此他们能够提供更多选择，更好地满足客户需求。此外，当被问及为何仍然选择"phoy-kyuwn"系统汇款时，大多数受访者表示，与其他方法相比，该系统并不正规，因此，移民劳工认为他们可以与"phoy-kyuwn"代理商协商，争取更好的汇率或更低的手续费。通常，在做决定之前，移民劳工会打电话给两到三个代理商，进而比较他们的汇率，而在使用正规渠道汇款时，他们无法进行谈判。此外，"phoy-kyuwn"系统不需要汇款人或收款人提供任何文件。因此，这个系统对于没有合法身份的移民劳工至关重要，因为这是他们唯一的选择。

与移民劳工的访谈进一步揭示了 ATM 和国际银行转账不受青睐的主要原因，即银行要求提供的文件数量太多。此外，要想使用 ATM，必须开设银行账

户，而许多移民劳工不能流利地用泰语或英语交流。使用 ATM 转账时会在汇款人的账户扣除 200 泰铢，但收款人也必须支付费用，汇率很低，而且汇率在资金到位之前是无法计算的。对于生活在农村地区的家庭来说，前往银行取钱会产生额外的费用。因此，世界银行的统计数据并没有准确反映汇款和收款的真实总成本（World Bank, 2020）。

在接受采访时，一位龙仔厝府的工厂工人解释道：“我通过 ATM 向家人汇款，让他们还债。我大致计算了金额，认为足够了，但当我哥哥收款时，他发现汇率很高，在银行扣除服务费后，他得到的钱不够家人所需；而使用代理商汇款，你马上就知道家人将获得多少缅币。”（Zaw Aung, personal communication, December 24, 2019）

由此可见，移民劳工不仅关心自己的成本，也关心在缅甸的收款人的成本，这成为移民劳工选择转账方式的关键因素。由于通过“phoy-kyuwn”系统，移民劳工可以确切知道费用和汇率，且收款人无需亲自前往银行领取资金，因此，“phoy-kyuwn”系统能够更好地满足移民劳工的需求。例如，一位在龙仔厝府冷冻食品行业工作的受访者解释说：“我的父母从来不去银行。我们村大约有 80 户人家，只有 4 个邻居有银行账户。对于我的父母来说，去银行取款很困难。”（Ma Sin Win, personal communication, December 23, 2019）

此外，通过“phoy-kyuwn”系统汇款更快捷。社交媒体平台可以很方便地确认转账，并且收款人可以在一两个小时内收到资金。

32 位受访者中有 10 人曾使用过 TrueMoney 汇款。他们承认这很方便，只是他们必须去服务点完成注册手续。然而，一位受访者在其家人去 TrueMoney 代理商领取汇款时遇到了问题。代理商没有足够的现金，并要求他们稍后再来。尽管该受访者明白这是代理商的问题而不是公司的问题，但在那次经历后，他再也没有使用该服务。

实际上，缅甸银行服务的数字化一定程度上促进了非正规银行业的发展，因为它使代理商能够比以前更快速、更便捷地汇款。代理商不再需要依赖庞大的网络，运营成本也得以降低，还可以提供多种服务。

为了进一步评估数字革命的影响，本研究也对边境贸易商进行访谈。在流动性减少，抵消贸易成本随之增长的背景下，边境贸易商可以更清楚地感受到移民劳工的金融行为变化。尽管增长速度低于过去十年的水平，但泰缅边境贸易（无论是合法的还是非法的）仍然在增长。即使在通货膨胀率较高和汇率疲软的时期，泰缅边境贸易也不断增长。2018 年，缅元的通货膨胀率为 6.9%，而泰铢的通货膨胀率为 1.1%，世界平均水平为 2.44%（International Monetary Fund, 2018a）。同样，缅币兑泰铢的汇率翻了一倍，从 2012 年的每美元兑 750 缅元，到 2019 年的每美元兑 1500 缅元；而相比之下，泰铢对美元汇率持续走强（CEIC Data n.d.）。这导致缅元和泰铢之间的汇率在短短一年内产生了近 20% 的变化，从 2018 年的 42 泰铢兑 1 缅元到 2019 年末的 50 泰铢兑 1 缅元。对于泰国边境贸易商来说，这种情况非常棘手，因为缅元的购买力显著降低。

与边境贸易商的访谈进一步揭示，大多数边境贸易商通过"phoy-kyuwn"系统开展泰缅非法边境贸易，并且在泰国的缅甸移民劳工中拥有一定的话语权："我们知道缅甸劳工很重要，不仅因为泰国经济的许多行业依赖他们，如制造业、农业、服务业和建筑业等等。他们对边境贸易也很重要，因为他们，泰国和缅甸的贸易商才能够进行贸易。在湄索，贸易商控制着非正规渠道的汇率，清莱、清迈、拉廊（Ranong）、罗勇（Rayong）和龙仔厝的人们将不得不给我们打电话咨询。湄索是泰缅贸易的中心。"（Maung Kyaw, personal communication, December 25, 2019）

同时，一位泰国边境贸易商也承认，如果移民劳工开始更多地通过正规渠道转账，将会增加他们的成本，这将有点令人担忧："泰国和缅甸政府都会对此感到非常高兴，因为这意味着他们可以监控每一笔交易。政府可能能够减少像贩毒这样的活动，但我认为这并不容易，也不会立即发生，不会所有两三百万工人突然都不再使用'phoy-kyuwn'汇款，转而去银行。如果发生这种情况，需要一定时间。这不仅仅是成本问题，而是钱与信任有关。要改变行为，首先必须改变观念，这是最困难的部分。"（Krish, personal communication, January 18, 2020）

所有接受采访的边境贸易商都认为，如果每个移民劳工都使用正规渠道汇款，将对泰缅边境贸易产生重大影响。然而，尽管近年来金融服务数字化取得了重大进展，但移民劳工汇款方式却未发生大规模转变。

十、结论

近年来，虽然银行和金融服务的数字化为移民劳工通过正规渠道向家乡汇款提供了更多选择，但大多数移民劳工仍然继续使用之前的非正规渠道，因为非正规渠道仍然是最方便的。"phoy-kyuwn"系统虽然最不正规，但却是最迅速、最便捷且可预测的汇款方式。移民劳工和非正规汇款代理之间的社会联系是通过他们信任的朋友的推荐建立起来的。移民劳工选择非正规的汇款方式，因为其简便、快捷，且能拥有一定的议价权。这些社会因素影响着移民劳工的选择。数字化一定程度强化了非正规银行系统，使其更加高效，减少汇款者和"phoy-kyuwn"代理商的成本。

接受采访的边境贸易商认为，如果大多数移民劳工将他们首选的汇款方式改为通过正规渠道汇款，那么他们的成本将随之增加，并且泰缅边境贸易将受到较大影响。不过，目前这种情况尚未出现。

参 考 文 献

Ahmed, Mahfuzuddin; Pongpat Boonchuwongse; Waraporn Dechboon and Squires, Dale. 2007. Overfishing in the Gulf of Thailand: Policy Challenges and Bioeconomic Analysis. *Environment and Development Economics* 12（1）: 145-172. doi: 10.1017/S1355770X06003433.

Akkanut Wantanasombut. 2017. The Ant Army: A Significant Mechanism of the Thailand-Myanmar Illegal Trade（1988-2012）. *Regional Journal of Southeast Asian Studies* 2（1）: 2-40.

一. 2015. The Ant Army: A Significant Mechanism of Thailand-Myanmar Illegal Trade（1988-2012）. Master's thesis, Chulalongkorn University.

Aree Jampaklay and Sirinan Kittisuksathit. 2009. *Migrant Workers' Remittances: Cambodia, Lao PDR and Myanmar*. Bangkok: International Labour Organization.

Ayman Falak Medina. 2021. Minimum Wages in ASEAN for 2021. ASEAN Briefing. May 4. https://www.aseanbriefing.com/news/minimum-wages-in- asean-for-2021/, accessed November 28, 2021.

Castles, Stephen and Miller, Mark J. 2009. *The Age of Migration: International Population Movements in the Modern World*. 4th ed. Basingstoke: Palgrave Macmillan.

CEIC Data. n.d. Myanmar Exchange Rate against USD. https://www.ceicdata.com/en/indicator/myanmar/exchange-rate-against-usd, accessed January 20, 2020.

Central Bank of Myanmar. 2022. Central Bank of Myanmar. https://www. cbm.gov.mm/, accessed August 23, 2022.

Chern Kang Wan. 2020. Wave Money Triples Annual Remittance, Sees Continuing Growth in Myanmar. *Myanmar Times*. January 13.

Department of Population, Ministry of Labour, Immigration and Population. 2016. The 2014 Myanmar Population and Housing Census: Thematic Report on Population Dynamics - Census Report Volume 4-E. Nay Pyi Taw: Department of Population, Ministry of Labour, Immigration and Population.

Fujita Koichi; Mieno Fumiharu and Okamoto Ikuko. 2009. *The Economic Transition in Myanmar after 1988: Market Economy versus State Control*. Singapore: NUS Press; Kyoto: Kyoto University Press.

Harkins, Benjamin, ed. 2019. *Thailand Migration Report 2019*. Bangkok: United Nations Thematic Working Group on Migration in Thailand.

International Monetary Fund. 2018a. Inflation, Consumer Prices. https://data.worldbank.org/indicator/fp.cpi.totl.zg?end=2018&most_recent_value_desc=false&start=1960, accessed March 5, 2020.

一. 2018b. The 2018 Financial Access Survey. http://data.imf.org/FAS, accessed March 5, 2020.

International Organization for Migration （IOM） and Asian Research Center for Migration. 2013. *Assessing Potential Changes in the Migration Patterns of Myanmar Migrants and Their Impacts on Thailand*. Bangkok: International Organization for Migration, Country Mission in Thailand.

Internationale Zusammenarbeit （GIZ） GmbH. 2018. Myanmar's Banking Sector in Transition: Current Status and Challenges Ahead. https://2018.giz-banking-report-myanmar.com/#2, accessed January 20, 2020.

Khin Maung Kyi; Findlay, Ronald; Sundrum, R.M.; Mya Maung; Myo Nyunt and Zaw Oo *et al.* 2000. *Economic Development of Burma: A Vision and a Strategy*. Stockholm: Olof Palme International Center.

Kubo Koji. 2017. Evolving Informal Remittance Methods among Myanmar Migrant Workers in Thailand. *Journal of the Asia Pacific Economy* 22 （3）: 396-413. doi: 10.1080/13547860.2016.1268397.

一. 2012. Trade Policies and Trade Misreporting in Myanmar. *ASEAN Economic Bulletin* 29 （2）: 146-159. doi: 10.1355/ae29-2e.

Martin, Philip. 2007. The Economic Contribution of Migrant Workers to Thailand: Towards Policy Development. Bangkok: International Labour Organization.

Maung，Mya. 1997. Burma's Economic Performance under Military Rule: An Assessment. *Asian Survey* 37 （6）: 503-524. doi: 10.2307/2645526.

Myanmar Department of Border Trade. n.d. Border Trade Posts. Ministry of Commerce, Myanmar. https://www.commerce.gov.mm/en/content/border-trade- posts, accessed February 20, 2020.

Myat，Thein. 2004. *Economic Development of Myanmar*. Singapore: Institute of Southeast Asian Studies.

Myat，Thein and Mya，Than. 1995. Transitional Economy of Myanmar: Performance, Issues and Problems. In *Asian Transitional Economies: Challenges and Prospects for Reform and Transformation*, edited by Seiji Finch Naya and Joseph L. H. Tan, pp. 210-261. Singapore: Institute of Southeast Asian Studies.

OECD/ILO. 2017. How Immigrants Contribute to Thailand's Economy. Paris: OECD Publishing.

Pasuk，Phongpaichit and Baker, Chris. 1998. *Thailand's Boom and Bust*. Rev. Ed. Chiang Mai: Silkworm Books.

Piyapong，Maneekat and Pim，Kemasingki. 2017. Migrant Lives Matter: The Challenges and Prejudices Faced by Shan Migrant Workers. September 1. https://www.chiangmaicitylife.com/ citylife-articles/migrant-lives-matter-the-challenges-and-prejudices-faced-by-shan-migrant-work ers, accessed November 28, 2021.

Rab, Habib Nasser; Zorya, Sergiy; Jain, Arvind *et al.* 2016. *Myanmar Economic Monitor: Anchoring Economic Expectations.* Washington, DC: World Bank.

Rahman, Md Mizanur; Tan Tai Yong and Ahsan Ullah, AKM. 2014. Migrant Remittances in South Asia: An Introduction. In *Migrant Remittances in South Asia: Social, Economic and Political Implications*, edited by Md Mizanur Rahman, Tan Tai Yong, andAKM Ahsan Ullah, pp. 1-30. London: Palgrave Macmillan. doi: 10.1057/9781137350800_1.

Rahman, Md Mizanur and Yeoh, Brenda S.A. 2014. Social Organization of *Hundi*: Informal Remittance Transfer to South Asia. In *Migrant Remittances in South Asia: Social, Economic and Political Implications*, edited byMd Mizanur Rahman, Tan Tai Yong, andAKM Ahsan Ullah, pp. 88-111. London: Palgrave Macmillan. doi: 10.1057/9781137350800_5.

Randall，Akee and Kapur, Devesh. 2017. *Myanmar Remittance.* London: International Growth Centre.

Samnak Borihan Raeng Ngan Tang Dao Krom Karn Jad Ha Ngan สำนักงานบริหารแรงงานต่างด้าว กรมการจัดหางาน[Thailand Foreign Workers Administration Office]. 2021. Sathiti karn tham ngan khong khon tang dao pra jum duen Kanyayon 2564 สถิติการทำงานของคนต่างด้าว ประจำเดือนกันยายน 2564 [Foreign worker statistics as of September 2021]. Ministry of Labour, Thailand. https://www.doe.go.th/prd/download/download_by_pool_file/77807, accessed November 14, 2021.

Siam Commercial Bank（SCB）. 2020. Siam Commercial Bank PCL（SCB） and Ayeyarwady Bank （AYA） Sign Memorandum of Understanding（MOU） on Cross Border Payments and Fund Transfer Services. https://www.scb.co.th/en/ about-us/news/jan-2020/nws-mou-aya-bank.html, accessed January 12, 2020.

Silverstein, Josef, ed. 1989. *Independent Burma at Forty Years: Six Assessments.* New York: Southeast Asia Program, Cornell University.

Simpson, Adam; Farrelly, Nicholas and Holliday, Ian, eds. 2018. *Routledge Handbook of Contemporary Myanmar.* London and New York: Routledge. doi: 10.4324/9781315743677.

Smith, Martin. 1999. *Burma: Insurgency and the Politics of Ethnicity.* 2nd ed. London: Zed Books.

Somboon，Siriprachai. 2012. Export-Oriented Industrialization Strategy with Land Abundance: Some of Thailand's Shortcomings. In *Industrialization with a Weak State: Thailand's*

Development in Historical Perspective, edited by Sugihara Kaoru, Pasuk Phongpaichit, and Chris Baker, pp. 22-51. Singapore: NUS Press; Kyoto: Kyoto University Press.

Somruedi Banchongduang and Nuntawun Polkuamdee. 2020. KBank Mulling Sizeable Stake in Myanmar's A Bank. *Bangkok Post*. January 15. https://www.bangkokpost.com/business/ 1835929/kbank-mullingsizeable-stake-in-myanmars-a-bank, accessed November 28, 2021.

Somsak Panyathavorn สมศักดิ์ ปัญญาถาวร. 2013. *Naew thang kan pathana kan chamra ngern chaidaen Thai-Myanmar* แนวทางการพัฒนาการชำระเงินชายแดนไทย- เมียนมา [Guidelines for developing ThailandMyanmar border trade payments]. Bank of Thailand's Northern Region Office, Chiang Mai. https://www.bot.or.th/Thai/MonetaryPolicy/EconMakhongCanelArea/ Myanmar/Article/%E0%B8%9A%E0%B8%97%E0%B8%84%E0%B8%A7%E0%B8%B2%E0 %B8%A1_Myanmar%20as%20of%20May%2022.pdf, accessed January 12, 2020.

Statista. n.d. Number of Mobile Cellular Subscriptions in Myanmar from 2000 to 2019. https:// www.statista.com/statistics/501005/number-of-mobile-cellular-subscriptions-in-myanmar/, accessed January 18, 2020.

Steinberg, David I. 1990. Japanese Economic Assistance to Burma: Aid in the "Tarenagashi" Manner? *Crossroads: An Interdisciplinary Journal of Southeast Asian Studies* 5（2）: 51-107.

Supang，Chantavanich and Premjai Vungsiriphisal. 2012. Myanmar Migrants to Thailand: Economic Analysis and Implications to Myanmar Development. In *Economic Reforms in Myanmar: Pathways and Prospects*, edited by Hank Lim and Yamada Yasuhiro, pp. 212-280. Bangkok: Bangkok Research Center, IDE-JETRO.

Taylor, Robert. 2015. *General Ne Win: A Political Biography*. Singapore: ISEAS.

Thompson, Rhys. 2019. "Underground Banking" and Myanmar's Changing Hundi System. *Journal of Money Laundering Control* 22（2）: 339-349. doi: 10.1108/JMLC-04-2018-0030.

Thu，Rein Hlaing; Petty, Martin; Raybould, Alan and Birsel, Robert, eds. 2012. Myanmar Goes Plastic with First Debit Cards. *Reuters*. September 14. https://www.reuters.com/article/us-myanmar-banking/myanmar-goes-plastic-with-first-debit-cards-idUSBRE88D09W20120914, accessed February 15, 2020.

Thwe，Khin Myo. 2012. Western Union to Operate in Myanmar. *Bangkok Post*. December 13. https://www.bangkokpost.com/business/326009/western-union-to-allow-international-transactions-from-myanmar, accessed November 28, 2021.

Turnell, Sean. 2014. Banking and Financial Regulation and Reform in Myanmar. *Journal of Southeast Asian Economies* 31（2）: 225-240.

Turnell, Sean; Vicary, Alison; and Bradford, Wylie. 2008. Migrant-Worker Remittances and Burma: An Economic Analysis of Survey Results. In *Dictatorship, Disorder and Decline in Myanmar*, edited by Monique Skidmore and Trevor Wilson, pp. 63-86. Australia: ANU E Press.

United Nations Capital Development Fund. 2020. *Remittances as a Driver of Women's Financial Inclusion in the Mekong Region*. New York: United Nations Capital Development Fund.

United Nations Committee for Development Planning. 1987. *Committee for Development Planning: Report on the Twenty-third Session*. New York: United Nations.

Van Arkadie, Brian and Mallon, Raymond. 2004. *Viet Nam: A Transition Tiger*? Canberra: ANU Press. https://www.jstor.org/stable/j.ctt2jbjk6, accessed November 28, 2021.

Weiss, Thomas G. and Jennings, Anthony. 1983. What Are the Least Developed Countries and What Benefits May Result from the Paris Conference? *World Development* 11（4）: 337-357. doi: 10.1016/0305-750X（83）90046-3.

World Bank. 2022. Depositors with Commercial Banks（per 1,000 Adults）-Myanmar. https://data.worldbank.org/indicator/FB.CBK.DPTR.P3?locations= MM, accessed August 23, 2022.

—. 2017. Migration and Remittances Data. November 16. https://www.worldbank.org/en/topic/migrationremittancesdiasporaissues/brief/migration-remittances-data, accessed November 28, 2021.

—. n.d. Remittance Prices Worldwide: Sending Money from Thailand to Myanmar. https://remittanceprices.worldbank.org/corridor/Thailand/Myanmar, accessed January 18, 2020.

本文曾发表于《东南亚纵横》2024年第4期，在本书出版时略有修改。

泰国大城府历史公园的旅游发展政策与当地人的生计和政府责任研究①

那哈特·谭维斯特邦②

摘要: 本研究从旅游发展政策的角度,结合国家和区域层面的战略政策与发展规划以及省级的社会影响评估(social impact assessment, SIA),旨在对大城府居民的生活状况进行评估。研究数据由经专家审核通过的问卷调查收集而成,问卷内容涉及经济、社会和环境问题等方面,采用克隆巴赫系数(Cronbach's alpha)来保证问卷的内容效度和信度($\alpha = 0.725$)。研究发现,不同种族和宗教信仰的人出于商业目的到访此地,并将港口地区作为工业中心。当地旅游产品得到了改进,外来访客更容易接触到当地的文化,当地人也获得了更多的收入,参与了更多的活动。因此,对当地促进旅游业发展的政策进行全面的审查和评估非常有必要。当地人也可以参与介绍旅游发展政策。这样,不仅能够帮助投资者发现当地的优势,还能增强社区凝聚力以及政府与社区之间的凝聚力。

关键词: 当地人的生计;旅游政策;遗产城市;社区;参与

一、简介

大城府历史公园(Ayutthaya Historical Park)被誉为世界上最著名的旅游目的地之一,在欧洲国家尤其受欢迎,每年都有大量欧洲游客前来参观这一历史遗迹。这使得大城府历史公园的旅游业迅速发展,其发展速度在该地区和泰国国内均为最高。

如今,大城府历史公园的旅游业发展计划已获得公共和私人组织的支持。然而,旅游方面的发展给历史遗址周围社区的环境和社会带来了重大变化,包括当地人的生活条件的改善。旅游业的发展造成了大量的污染和废弃物的产生,以及自然资源的大量消耗。旅游业这种漫无目的的开发和发展很可能会阻碍社区、社

① 原文出版信息:Nawhath Thanvisitthpon, "The Tourism Development Policy for Thailand's Ayutthaya Historical Park on the Locals' Livelihoods and Government Responsibility", *Humanities, Arts and Social Sciences Studies*, 16(2):1-20. 本文由泰国艺术大学(Silpakorn University)《人文、艺术和社会科学研究》期刊编辑部授权翻译。

② 作者:那哈特·谭维斯特邦(Nawhath Thanvisitthpon),泰国巴吞他尼府皇家理工大学建筑学院。译者:张婷,成都大学外国语学院、四川省泰国研究中心助理研究员。

会以及环境的可持续发展。由此可见，任何类型的旅游发展都会带来环境和社会的变化。

随着大城府历史公园的发展，社会影响评估和当地人生活条件的评估在认识环境和社会对周围社区产生的影响方面起着至关重要的作用。过去，人们通常只看到旅游业发展所带来的经济收益，忽视了社区周边的环境损失和社会变化，然而，随着旅游发展计划的实施，人们可以从更广泛的视角看待现有的问题，并从不同方面进行社会分析。社会影响评估可以成为制定预防计划以避免此类问题出现的有效工具，从考虑该计划的适用性入手，制定预防和纠正措施，尽量减少旅游发展计划造成的社会影响。此外，社会影响评估还可用于定义旅游发展计划的规范，以实现进一步的建设和发展。

因此，社会影响评估过程在各个层面，尤其是政策的制定、项目的规划和开发方面都发挥着监管作用。战略环境评估（Strategic Environmental Assessment, SEA）原则是社会影响评估中最有效的工具，通过应用该原则，各个群体特别是直接受该计划影响的当地人，将有更多机会参与决策，并根据真实的社区需求决定当地旅游业未来的发展。战略环境评估用于评估因大城府历史公园的开发而产生的社会影响，并有望帮助解史与大城府历史公园相关的各种开发项目在规划过程中存在的问题。因此，战略环境评估在政策制定、项目规划等过程中是一个非常有用的工具，借助这一工具可以有效地收集重要的社会数据，并将规则和收集到的数据用作未来开发其他项目的数据库，确保其发展的可持续性。为此，必须制定一套标准，来确定决策和界定未来可能影响社会和社区的潜在风险。

结合府级（省级）旅游战略规划可以发现，大城府的旅游战略规划与国家旅游战略规划较为一致。尽管如此，大城府旅游业的发展所带来的正面和负面影响仍然同时存在。因此，旅游业的发展既要考虑对当地人的积极影响，也要重点关注旅游业发展带来的污染问题，有效减少对当地人直接或间接的影响（Unalan, 2013）。旅游业发展计划必须全面考虑，这样社区才能获得最大的利益。

二、研究方法

本研究的目的是研究旅游发展政策执行后历史遗址的旅游业发展对社会的影响以及对大城府历史公园周围社区生活条件的影响。这将通过评估战略政策以及国家、区域和府级（省级）的发展规划来完成，以便在旅游发展政策范围内评估研究区域内的社会变化和人口数量的变化。

研究人员从 2012 年 6 月开始收集初始数据和一般性问题，在 2012 年 5 月至 6 月收集实际数据之前，收集了编制问卷所需的信息，数据收集过程为期三天。本研究分四个步骤进行，具体如下：

首先，从一手资料和二手资料中研究相关概念、理论和研究，包括文献资料和实地研究资料。

其次，利用由专家分析和二手数据组成的社会影响评估工具，对旅游发展带来的社会影响进行评估，包括直接影响、间接影响和长期影响，以便界定发展的范围，最大限度地减少社会影响。

再次，通过文献资料和初步访谈，收集直接受旅游发展政策影响的当地人的信息，以调查社区的意见和需求。研究小组与社区领袖一起，与大城皇家大学管理科学学院（Faculty of Management Science, Phra Nakhon Si, Ayutthaya Rajabhat University）院长、大城府市长及泰国国家旅游局（Tourism Authority of Thailand, TAT）协调合作，获准利用调查问卷作为数据收集工具进行实地调查研究。问卷由两部分组成：第一部分，基本信息；第二部分，有关经济、社会和环境的问题。

最后，运用社会影响评估工具，重新设计、改进现有的旅游发展规划，减少对与城市旅游发展相关的机构在政策、计划和项目层面的潜在影响。

三、人口和样本组

本研究以居住在大城府历史公园附近的居民为样本组，采用区域抽样法，选取 529 个家庭为研究对象。研究数据收集自居住在大城府历史公园附近的 193 名当地居民。

四、数据分析

本研究包括两个变量：自变量，包括性别、年龄、受教育程度、婚姻状况、职业、家庭收支、居民类型、家庭成员总数、家庭中在校儿童总数及其月支出、老年家庭成员总数和失业家庭成员总数；因变量，包括经济、社会和环境条件。数据采用 SPSS[①]进行分析，并在数据收集文件中编码。根据研究目的，本研究利用计算机软件对收集到的信息进行处理，以检验数据的准确性。数据将从两个方面进行分析：第一，分析受访者的一般信息；第二，利用收集到的数据和百分比分析经济、社会和环境状况。

五、结果

（一）大城府历史公园周边社区的总体经济状况

通过对大城府历史公园周边社区的收入、就业和失业情况进行总体经济状况

---

① SPSS（Statistical Product Service Solutions），"统计产品与服务解决方案"软件，是一系列用于统计学分析运算、数据挖掘、预测分析和决策支持的软件产品及相关服务的总称。——译者注。

的调查，可以获得该地区经济和社会状况的总体概况，用于对相关发展政策进行进一步分析。

在经济方面，分析发现受访样本中大多数人能够从他们的主业中获得足够的收入（138 人；71.5%），而 28.5%的人（55 人）主业收入不足。其中，65.3%的人（126 人）没有额外收入，60.6%的人（117 人）没有额外债务。此外，大多数家庭（119 人；61.7%）的收入足以支付每月的开支。但是，失业率却有所增加（111 人；57.5%）。此外，样本中约 57.5%的人（111 人）表示他们对经济有足够的认识和理解，而 42.5%的人（82 人）则表示仍缺乏对经济的认识和理解（详见图 1）。

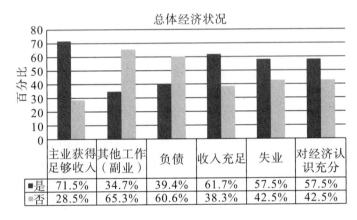

图 1　总体经济状况

从总体经济状况来看，大多数家庭从主业中赚取了足够的收入，不需要额外的收入维持生活。此外，大多数受访样本对经济有充分的认识。在失业率不断上升的情况下，收入不足的家庭必须获得额外的收入来源维持家庭开支。因此，出台一项旨在提高大城府历史公园周边社区居民专业技能的社区发展计划，包括提高当地居民对经济的认识和了解，以减少失业问题，对于帮助当地居民赚取额外收入至关重要。

（二）大城府历史公园周边社区的总体社会状况

在调查大城府历史公园周边社区的社会状况后发现，毒品交易和缺乏团结等社会问题不仅对社区造成了直接的影响，也对附近旅游目的地的开发造成了间接的影响。因此，开发历史旅游地必须考虑社会条件。

调查结果显示，大多数受访样本（80.3%）认可社区内存在毒品问题，有 19.7%的人不认可；约 52.8%的人（102 人）认为社区内部不存在社会冲突或者缺乏团结；55.4%的人（107 人）认为社区成员具有自我发展意识；50.8%的人（98 人）认为社区内不存在社会差距（详见图 2）。

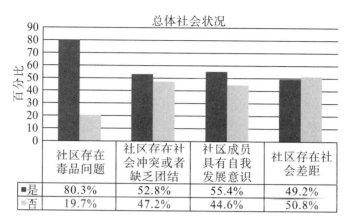

图 2　大城府历史公园周边社区总体社会状况

	社区存在毒品问题	社区存在社会冲突或者缺乏团结	社区成员具有自我发展意识	社区存在社会差距
是	80.3%	52.8%	55.4%	49.2%
否	19.7%	47.2%	44.6%	50.8%

关于垃圾和污染问题，调查显示有 51.3%的人（99 人）认为社区内部的垃圾和污染问题越来越严重，不过 61.1%的人（118 人）没有出现任何健康问题。此外，61.1%的人（118 人）认为其所在社区缺乏社区福利，65.3%的人（126 人）不得不离开家乡工作，65.3%的人（126 人）认可他们所在社区的信仰和传统与社会或政府机构的政策没有冲突（详见图 3）。

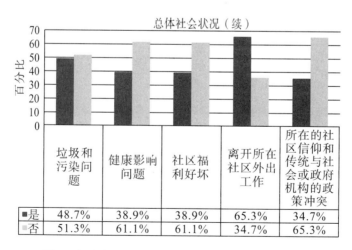

图 3　大城府历史公园周边社区总体社会状况（续）

	垃圾和污染问题	健康影响问题	社区福利好坏	离开所在社区外出工作	所在的社区信仰和传统与社会或政府机构的政策冲突
是	48.7%	38.9%	38.9%	65.3%	34.7%
否	51.3%	61.1%	61.1%	34.7%	65.3%

因此可见，就大城府历史公园周边社区的总体社会状况而言，社区的信仰和传统与社会或国家的政策没有冲突，但社区内部依然存在问题，如缺乏团结、社

会意识不足、当地人离开家乡工作等。当地居民必须通过推动社区发展和进步来改善这些问题。然而，某些问题可能需要外部组织的帮助，例如毒品问题和收入不足。社区应积极寻求政府的支持，促进大城府历史公园周边社区的发展，改善普遍存在的社会问题。此外，社区福利对提高社区生活条件至关重要，也应得到足够的重视。

六、讨论

（一）旅游发展对大城府历史公园周边社区的影响

根据前文所述的总体数据以及与大城府旅游发展战略相一致的国家旅游发展战略的应用分析，为给大城府居民创造良好的生活条件，大城府的旅游发展战略重视全面发展，包括发展文化遗产、农业、工业和基础设施，以及促进当地社区生活水平提高。因此，大城府历史公园被视为实现既定旅游发展战略的重要因素，必须制定改善大城府历史公园周边环境的发展计划。除了考虑周边环境的发展及作为主要旅游目的地的历史遗迹的发展，该计划还应当同时考虑到周边社区的发展。柴（Chai，2011）指出，如果当地居民意识到文化的重要性并予以保护，那么文化方面的发展将具有可持续性。创意旅游的目的与社区发展紧密相关，而社区的发展会推动社会的可持续发展。前文的研究结果显示，大城府历史公园周边社区存在诸多问题，包括当地居民缺乏团结意识、社会意识、社区力量，年轻人缺乏自我发展意识。

对于这些源自社区内部人员的问题，必须分析透彻，确定优先次序，而且必须与社区和当地专家共同商议解决（Becker，1997）。一旦人员问题解决了，其他方面的问题也就迎刃而解了。社区应设法鼓励居民积极参与社区发展建设，提高居民参与意识。这样当地居民才能真正广开言路，权衡利弊，这与朗斯通和丁（Langston and Ding，2001）的社会影响评估方法中对参与型社会的描述是一致的。除了当地居民造成的问题，大城府历史公园周围的社区还面临着其他需要解决的问题，比如毒品、垃圾和水污染问题。这些问题的解决将会促进当地居民收入来源和文化旅游资源的发展，这符合既定的旅游发展战略。因此，大城府历史公园的发展规划必须兼顾整体环境的发展，以及当地居民的发展。这种发展规划与柯克帕特里克（Kirkpatrick，1997）的一项研究相呼应，该研究认为发展规划必须考虑到可能受其影响的人，特别是对社会变化敏感的群体或特殊群体，老年人和青少年，以及当地人和外国人。尽管在实施了与国家旅游发展战略一致的旅游发展战略后，大城府取得了一些积极的成果，但其负面的影响也随之显现。因此，为了保护这一世界遗产旅游景点，必须考虑到旅游发展计划实施后可能产生的影响，例如垃圾问题。必须制定并执行相应的旅游规定，以保障安全、清洁和方便的旅行环境。游客来此得益于这样的旅行环境，而不仅仅是为了参观世界遗产（World Tourism Organization，1985）。研究结果表明，大城府历史公园周边社区已经存在垃圾问题，需要立即解决，尤其是开发了各种旅游景点之后，该地区吸引了大量游客，垃圾的数量也在不断增加。因此，大城府历史公园的发展规划必须全方位考虑，以确保为周边社区创造最大利益，并将负面影响降到最小。

（二）旅游发展政策的影响

本研究考虑了旅游发展政策和战略的影响，然而调查发现，由于游客数量的增加加剧了当地的污染，很少有人从这些政策和战略中获益。因此，当地政府部门试图提高当地居民收入以促进旅游业的发展，具体措施如下。

公共部门是促进协调统一的唯一组织。大城府财政办公室的经营数据显示，2007 年至 2009 年，大城府的销售额每年仅增长 9.98%。2009 年，OTOP 产品的总销售额为 1 412 017 420 泰铢，比 2008 年增长了 6.88%。这给 567 名工人和企业家带来增收（Phra Nakhon Si Ayutthaya Provincial Treasury Office, dated 25th November 2011）。由此可见，政府部门应定期制定和实施相应的发展政策和战略，促进中小型企业参与旅游发展。最重要的是，必须鼓励社区根据社会影响评估方法自行开发发展项目，包含两种类型：一种是技术型项目，另一种是社区关系型项目（Dalal-Clayton and Sadler, 2005）。后者将为人们进一步理解当前和未来社会状况提供机会，并帮助其提升沟通技能。

通过对副市长和当地居民的采访发现，有多个组织参与到了历史公园的管理，包括大城府政府、府级行政机构（Provincial Administrative Organization, PAO）及艺术部。泰国旅游局也参与其中，提供了旅游计划。但市政府和地方组织并没有真正参与管理。这说明旅游政策并不是影响社区发展的重要因素，这与扬克福尔摩斯（Yankholmes, 2013）提到的政府部门应开展基础设施建设是一致的。然而，尽管在政策作用下当地的旅游景观得到了改善，但事实上府级的旅游发展规划并没有改善当地居民的经济状况，因为有些人无法在景区附近找到工作，也就无法获得足够的收入。此外，由于公关活动都是由能力不足的私营部门组织的，当地居民很少从这些活动中受益，反而"迎"来了更多的污染物。对于这一问题，克莱因等（Kline et al., 2015）认为这可能会导致利益相关者之间的纠纷，因为投资者是唯一利益既得者，而当地人却是直接面对污染问题的人。因此，社区应与公共部门一起参与制定旅游发展计划，实现互惠互利。

大城府的旅游发展战略将国家旅游发展规划纳入大城府历史公园的发展规划，并重视促进全面发展，包括发展文化遗产、农业、工业和基础设施，以及促进当地社区生活水平提高，为大城府居民创造良好的生活条件。然而，这种可持续发展也可能导致大城府旅游发展政策在实施过程中产生以下影响。

1. 经济影响

旅游推广应面向所有省市开展。例如，一些国家规定了旅游地房屋的颜色和代表性花朵。大城府也借鉴了其他地区的旅游推广模式，如水上市场。当地在食物、饮品、舞蹈和纺织品等方面的文化推广，帮助提升了这座保守城市的活力和价值（Seidl, 2014）。

（1）工业领域就业率下降，大量工人失业。许多当地居民收入不足，债务增加。因此，大城府成立了社区学习及职业发展中心（Community Learning and Career Development Centre），鼓励社会各界组成不同的团体，互相帮助，提升市场所需的劳动技能。

（2）家庭或社区产品的质量和数量无法达到行业标准，导致其没有市场竞争力。因此，大城府鼓励社区组成不同的小组，互相帮助发展专业技能，提高产品质量，具体措施包括：加强培训，提高当地产品的质量，以达到行业标准并获得客户认可；为展示和销售社区产品提供专门的区域。

（3）农产品价格下跌或不稳定。通过降低生产成本，提倡使用优质低成本的原材料，为季节性产品提供分销或抵押场地，提高农产品质量，这一问题得到了解决。

（4）交通不便阻碍了投资和贸易。因此，有必要对交通进行维护，方便通行，带动整体经济发展。

大城府人民应该对历史和旅游业发展带来的经济收入有更多的了解。为了促进旅游业的发展，需要进行关于收入来源的旅游调查。齐议等（Cheer *et al.*, 2015）的一项研究表明，旅游业发展的社会变化只能通过两个因素来实现，即当地居民和他们对文化的了解。此外，社区管理、市场营销和产品改进需要同时进行，以创建和加强对社区传统的保护。

辛克莱-马拉格等（Sinclair-Maragh *et al.*, 2015）曾提到，公共关系或对旅游发展的支持可能会带来环境问题或社会影响。例如，如果游客数量增加，经济增长率也会随之上升。这与本研究的调查结果一致，表明大城府也出现了前文所提及的问题，这些问题导致城市扩张以及其他问题，如垃圾泛滥、文化丧失和交通拥堵。环境问题对社区和当地居民的影响并不显著，因为这些问题通常发生在大城市。重要的问题是社区力量薄弱，当地居民参与度低，以及毒品和贫困等其他问题。因此，受益的总是投资者，而不是当地居民。

2. 社会影响

（1）当前的社会价值观影响了家庭关系，使家庭成员变得更加疏远。这导致家庭缺乏温暖和道德，无法引领正确的社会价值观念。所以，应当鼓励举办家庭活动，建立家庭成员之间的感情纽带，促使家庭成员形成良好的价值观和道德观。

（2）必须在社区内推广平等和完全可及的医疗服务，包括普及有关个人卫生和公共卫生的基本知识，来解决现在存在的低质量和不平等的医疗保健服务以及居民缺乏基本的公共卫生知识的问题。

（3）由犯罪和环境污染导致的生命财产安全问题，需要有一个强大的社区才能解决。因此，社区必须组建社区治安小组来维持社区公共秩序，协助管理和维护正当的社会组织，预防酒店和娱乐场所容易出现的毒品、犯罪和赌博等社会问题。

（4）许多贫困和弱势群体缺乏应有的社会关怀和平等待遇，因此，社区针对这些群体提供了社区福利以确保每个人都有平等的机会，包括向残疾人、老年人和艾滋病患者发放津贴，提供运动场馆等。

（5）为了建立强有力的社区，消除社区内部的矛盾，必须及时找到合适的方案应对居民越来越多的不满和冲突。

3. 自然资源和环境影响

（1）许多社区成员仍然缺乏自然资源和环境保护意识，因此，必须促进社区参与自然资源管理，必须在政府部门和地方社区之间建立一种共同管理制度，以保护和恢复自然资源。

（2）由于人口数量的增加以及工业、交通运输业、旅游业和服务业等领域的经济扩张，自然资源的污染和消耗不断扩大，因此，必须加强对生活垃圾和工业垃圾的管控，建立相应制度，要求人们对各自的生活垃圾负责。

（3）许多旅游景点和公共场所缺乏规范的景观管理部门，需要改进。此外，社区必须提高对旅游景点的保护意识。

（4）许多地区土壤贫瘠，河岸地区出现土地退化现象，因此必须尽快制定土壤管理方案，提供有关正确利用土壤的方法的知识和相关培训，修建水坝预防河岸情况继续恶化。

（5）随着越来越多的历史遗迹和文物遭到自然灾害和人类行为破坏，政府必须鼓励社区与地方行政机构和国家机构一起参与保护这些历史遗迹和文物。

姆拜瓦（Mbaiwa, 2011）在他的研究中指出，生活条件和生活方式的变化是城市文化的体现。突然出现的新变化和新事物可能会造成生活不稳定。例如，旅游规划应考虑城市环境和当前居民的生活方式；政府制定的旅游推广和发展计划要与环境保护同步进行；农业社会向工业社会的转变需要社会的发展，例如，职业技能的发展和政府在这方面提供的支持，以及社会中相互扶持的道德价值观念。这与大城府旅游发展战略没有什么不同，大城府旅游发展战略要求保护环境和历史遗迹。社区旅游是构建可持续发展和和平社区的战略之一，政府和私营部门都应当支持。居民福利是旅游开发完成的指标之一（Jordan et al.，2015）。

许多专家指出了旅游业带来的一些问题或负面影响。在过去的 10 年里，泰国旅游战略一直非常重视自然旅游（如素可泰、兰纳和兰昌）。但大城府的旅游战略并不清晰，只有政策计划，没有委员会和系统的协调。随后 10 年中，大部分到大城府投资发展的都是来自外府的商人和私营企业。当地人缺乏收入，导致他们不得不到外府打工。人们从寺庙周围的商业发展中获利，因而大部分收入来自工业而不是世界遗产旅游。然而，为了支持和响应旅游业的发展，政府部门依然在积极建设基础设施。这些做法对于发展自然旅游来说应当鼓励，因为这不仅对当地人有直接的益处，也有利于保护当地传统。然而，在当前的旅游发展中，存在着地方传统丧失的问题。此外，政府部门之间仍然缺乏协调。Wang 和 Ap（2013）指出，旅游概念的发展需要从旅游政策运作的影响因素以及当地旅游的经验框架两个角度进行解释。具体为：宏观经济环境、准备和各组织之间的关系，各组织之间的结构性协调，以及旅游政策实施的受益群体。从现有的数据和对大城府国家旅游战略的适应性分析来看，大城府的旅游战略强调多方面的发展，包括文化资源的促进和开发、农业和工业的职业发展、基础设施的改善与人们生活质量的提高。这些都是为了大城府人民的福祉而设立的。大城府历史公园是一个非常重要的遗址。为了在旅游战略上取得成功，公园需要开发周边地区。开发不仅仅是为了改善环境或使其成为一个著名的公园，还需要改善周围人的生活（Kim et al.，2013）。研究发现，历史公园周边社区仍存在许多内部问题。居民缺乏团结，社区缺乏参与意识、集体力量，青少年缺乏自我发展意识。

这些问题是社区内部的问题，这与苏塔瓦（Sutawa，2012）的观点相呼应，即旅游业发展的主要障碍和改革的关键是疲软的社区。改革发展中应当首先解决人的问题。如果这些问题得到解决，其他的开发工作就可以很容易地完成。此外，历史公园周边还存在其他需要解决的问题：毒品、垃圾和废水问题。如果这些问题得到解决，其他的改进和发展也可以很容易地完成，包括职业发展、文化资源开发和旅游业发展。这些问题的解决响应了大城府政府制定的旅游战略。综上，大城府历史公园的发展或改善规划需要个体与整体环境的协调合作。

七、结论和建议

大城府的旅游战略符合国家旅游战略，因而其旅游业可以顺利发展，但旅游业的发展会同时带来积极和消极的影响。旅游业的进一步发展还需要考虑其带来的负面影响，例如垃圾问题。本研究表明，历史公园周边的社区一直面临着垃圾泛滥这一亟待解决的问题。特别是旅游开发计划开始实施后，游客数量增长，垃圾的数量也随之激增。大城府历史公园周边的发展规划必须经过全方位考虑，以确保未来为周边社区创造最大利益的同时将负面影响降低到最小。

参 考 文 献

Chai, L. 2011. Culture Heritage Tourism Engineering at Penang: Complete The Puzzle of The Pearl of Orient Systems Engineering. *Procedia* 1: 358-364.

Jordan, J., Vogt, C. and DeShon, R. 2015. A stress and coping framework for understanding resident responses to tourism development. *Tourism Management* 48: 500-512.

Joseph, M., Cheer Keir, J., Jennifer, R., Laing, H. 2015. Tourism and Traditional Culture: Land Diving In Vanuatu. *Annals of Tourism Research* 43: 435-455.

Kim, K., Muzaffer U., and Sirgy, M. J. 2013. How does tourism in a community impact the quality of life of community residents? *Tourism Management* 36: 527-540.

Kirkpatrick, C. and Lee, N. （Editors）1997. Sustainable development in a developing world: Integrating socioeconomic appraisal and environmental assessment. Cheltenham: Edward Elgar.

Kline, C. S., Cardenas, D., Viren, P. P. and Swanson, J. R. 2015. Using a Community Tourism Development Model to Explore Equestrian Trail Tourism Potential in Virginia. *Destination Marketing & Management In Press* 4（2）: 79-87.

Langston, C. and Ding G. K. C. （Editors） 2001. *Sustainable Practices in the Built Environment 2nd ed.* Oxford: Butterworth-Heinemann

Mbaiwa, J. 2011. Changes on traditional livelihood activities and lifestyles caused by tourism development in the Okavango Delta, Botswana. *Tourism Management* 32（5）: 1050-1060.

Seidl, A. 2014. Cultural Ecosystem Services and Economic Development: World Heritage and Early Efforts at Tourism in Albania. *Ecosystem Services* 10: 164-171.

Sinclair-Maragh, G., Gursoy, D., Vieregge, M. 2015. Residents perceptions toward tourism development: A factor-cluster approach. *Destination Marketing & Management* 4（1）: 36-45.

Sutawa, G. 2012. Issues on Bali Tourism Development and Community Empowerment to Support Sustainable Tourism Development. *Procedia Economics and Finance* 4: 413-422.

Thanvisitthpon, N. 2015. A social impact assessment of the tourism development policy on a heritage city, Ayutthaya Historical Park, Thailand. *Asian Tourism Management* 6（2）: 103-144.

Unalan, D. 2013. Integrating cumulative impacts into strategic environmental decision-making: Tourism development in Belek Turkey Land. *Use Policy* 34: 243-249.

World Tourism Organization. 1985. The States' Role in Protecting and Promoting Culture as a
    Factor of Tourism Development and the Proper Use and Exploitation of the National Cultural
    Heritage of Sites and Monuments for Tourists. Madrid, Spain: World Tourism Organization.

Yankholmes, A. K. B. 2013. Residents Stated Preference for Scale of Tourism Development in
    Danish-Osu, Ghana. *Cities* 31: 267- 275.

泰国文化遗产管理：障碍与突破[①]

拉查妮贡·萨旺[②]

摘要： 文化遗产管理的概念早在古代就早已形成，并在联合国教科文组织（UNESCO）等国际组织中逐步发展、完善。这个概念对泰国的物质遗产和非物质遗产管理两方面有着直接影响，并以东方主义的视角解释了西方对东方"优越与低劣"的二元对立思想。这种内化的概念很可能导致泰国相关政府部门将对当地社区的管理与对文化遗产的管理分隔开来。本文旨在说明国际层面上文化遗产管理对泰国文化遗产管理的影响，并通过讨论曼谷马哈坎要塞（Mahakan Fortress, Bangkok）、北碧府地狱火通道纪念博物馆（Hellfire Pass Memorial Museum, Kanchanaburi）、清迈府茵塔垦窑址博物馆（Inthakin Kiln Site Museum, Chiang Mai）、曼谷石磨青铜器（stone-polished bronze-ware, Bangkok）、素林府纺织品（Surin textile, Surin）以及南奔府孟族服装和语言（Mon costume and language, Lamphun）这6个案例，研究泰国文化遗产管理的现状，从而说明参与式进程的不足和巨大的社会变革所带来的影响。此外，基于泰国背景，本文还提出了保护和保存文化遗产的相关建议。

关键词： 文化遗产管理；参与式进程；社会变革

一、引言

联合国教科文组织及其他相关组织所给出的实证表明，文化遗产管理的概念始于欧洲。第二次世界大战时期，欧洲文化遗产普遍受创，文化遗产管理才开始得到重视。该概念的首次应用侧重于物质方面的管理，即修复损坏的建筑。后来这种做法逐步应用到游客感兴趣的世界遗产领域。此后，在世界知识产权组织（WIPO）等国际组织支持下，这种有效的管理方法还应用到了非物质文化遗产领域，具体以《保护非物质文化遗产公约》（Safeguarding of the Intangible Cultural Heritage）的形式体现。

泰国紧随联合国教科文组织和西方国家的步伐，在文化遗产管理方面，先后

① 原文出版信息：Ratchaneekorn Sae-Wang, "Cultural Heritage Management in Thailand: Common Barrier and the Possible Way to Survive", *Humanities, Arts and Social Sciences Studies*, 17（2）:133-160. 本文由泰国艺术大学（Silpakorn University）《人文、艺术和社会科学研究》期刊编辑部授权翻译。
② 作者：拉查妮贡·萨旺（Ratchaneekorn Sae-Wang），泰国国立法政大学创新学院文化遗产管理项目。译者：张婷，成都大学外国语学院、四川省泰国研究中心助理研究员。

着手保护宗教财产和考古遗址，最终成功实现了对当地文化的保护。由于文化遗产管理最近才在泰国得到认可，泰国与联合国教科文组织的步调可能并不一致。在泰国，除了《泰国宪章》（Thai Charter），还有如艺术司（Department of Fine Arts）和文化促进司（Department of Cultural Promotion）等相关文化单位，直接负责文化遗产管理。因此，西方常常通过泰国研究管理社会变革的案例，来说明对泰国的理解和感受。这可能导致泰国的文化部门不知不觉就受到西方思维的影响，而不像日本那样根据自身社会文化背景实施自己的文化遗产管理。泰国的文化遗产管理仍然推行自上而下的管理政策，这与东方主义理念中东西方对立的观点一致。此外，社会变革一直在快速进行。政府单位和所有的利益相关者都无法阻止社会变革对非物质遗产管理带来的直接影响。先进的科技加上系统性的管理或许有利于保护物质遗产，但是对于非物质遗产而言则未必如此。

　　本文将通过概述文化遗产管理史，揭示西方观念在国际层面上对泰国文化遗产管理的影响。此外，本文将通过对 6 个遗产管理案例的研究，探讨泰国文化遗产管理的现状，并依据当今的社会变化情况，提出相应的文化遗产管理建议。

二、国际文化遗产管理理念的溯源与演变

　　想要准确地追溯文化遗产管理的概念是很难的，但是公元前 146 年罗马帝国征服希腊后的这段历史可以作为探究起点。当时的罗马皇帝非常欣赏希腊艺术和美学，他意识到了这些希腊艺术的价值，随即命令希腊工匠重建在战争中毁坏的希腊艺术品，如雅典娜女神像（Monument of Athena Parthenos）、波利克里托斯的勇士（Warrior by Polycleitos）等，从而加强了对希腊的统治，并将希腊艺术纳为罗马艺术的一部分（Chaiyasut, 1981）。这种对希腊艺术的重建显然可视为文化遗产保护的初步形式。

　　此后，文化遗产管理可追溯到中世纪时期，当时欧洲的上层精英，如英国人，利用空闲时间参观巴黎（Paris）、都灵（Turin）、米兰（Milan）、威尼斯（Venice）、佛罗伦萨（Florence）、罗马（Rome）和那不勒斯（Naples）等历史名城，体验多方面的文化，如大建筑、大教堂和艺术作品（Timothy & Boyd, 2003: 12）。这种遗产探索式的旅行在一定程度上意味着文化遗产保护意识的形成，因为他们试图通过结合过去和现在的文化来保持遗址的本质，从而让人们无论何时都能有机会感受文化。在欧洲经济持续发展和工业革命的背景下，"大陆游学"提升了遗址的重要性，促使瑞典在 1616 年通过皇家公告推行官方的遗产管理制度，并由牧师及其助手保护古迹（Pearson & Sullivan, 2001: 12）。从那时起，所有欧洲国家都遵循瑞典的保护准则，但由于第二次世界大战打破了国际协议，这项准则也仅在国家层面上实施。在长期的冲突中，每个国家都高度致力于保护各自的人民

和领土，而非相互合作来保护任何遗产。

　　第二次世界大战结束后，文化遗产的大量流失和毁坏使人们意识到文化遗产保护的重要性。1954 年，国际红十字会（International Committee of the Red Cross）在海牙（Hague）通过了第一个世界范围内保护文化财产的国际条约——《关于发生武装冲突时保护文化财产的公约》（Convention for the Protection of Cultural Property in the Event of Armed Conflict，简称《海牙公约》），该公约认可了文化财产的重要性，并首次确定了其含义，认为文化遗产是属于全体人类的资产，包括受保护的动产和不动产，但由于公约第三章提到了交通，所以它更强调动产；此外，它还强调了基于军事行动而非公民需求的体育文化。时至今日，该公约依然是公认的遵循联合国教科文组织发起的国际文化财产协议的良好典范。

三、联合国教科文组织的贡献

　　1956 年，联合国教科文组织提出了《关于适用于考古发掘的国际原则的建议》（Recommendation on International Principles Applicable to Archaeological Excavations，简称《建议》），该《建议》的有些内容与《海牙公约》内容相似，两者都是保护历史遗迹和文物最可靠的保障；但也有内容不同，特别是在有关考古遗址在个人和国际联系意义的方面。总体而言，《建议》由 7 个条款组成，包含 33 项细则，其中包括许多新颖、有趣的事项，如历史的概念、博物馆、法规和可直接保存的系统文件。

　　虽然联合国教科文组织的这一建议未能发展成为一项公约，但它引起了许多国家的注意，纷纷效仿这种做法，以宪章的形式制定了遗产保护的指导方针和基本原则。欧洲各国也认为文化遗产是人类的财富和瑰宝，并召开会议阐述各自的想法，表达了保护文化遗产的意愿，拟定合作章程并建立了一个非政府性的专业组织——国际古迹遗址理事会（International Council on Monuments and Sites, ICOMOS）。从《雅典宪章》（Athens Charter, 1931）开始，ICOMOS 在文化遗产的概念、术语、方法和技术层面与联合国教科文组织紧密联系，其中最有名的是《国际古迹遗址保护与修复宪章》（International Charter for the Conservation and Restoration of Monuments and Sites），即众所周知的《威尼斯宪章》（Venice Charter, 1964）。该宪章强调了历史建筑的保护范畴，并提出了一系列建筑保护的原则。事实上，《威尼斯宪章》是在威尼斯这个古老的商业中心签署的，而且委员会成员大多是欧洲人，它和《佛罗伦萨宪章》（Florence Charter, 1981）、《华盛顿宪章》（Washington Charter, 1987）、《洛桑宪章》（Lausanne Charter, 1990）、《瓦莱塔公约》（Valetta Convention, 1992）等文件一起作为发展、保护和记录文化遗产的基准概念，得以在全世界推广。

后来，联合国教科文组织在 1972 年签署了《保护世界文化和自然遗产公约》（Convention Concerning the Protection of the World Cultural and Natural Heritage），并在全球范围内实施。其内容不仅包括考古遗址、纪念碑、建筑和文化财产，还包括自然遗产。该公约对文化财产的定义结合了《海牙公约》和《关于适用于考古发掘的国际原则的建议》的内容，将其分为"文化遗产"和"自然遗产"。此外，为了确保建筑群和城市环境得到很好的保护，公约未再提及动产与不动产的概念。公约的基础是不同国家起草的文本，如尼德兰的《阿姆斯特丹宣言》（Amsterdam Declaration, 1975）和澳大利亚的《布拉宪章》（Burra Charter, 1979）。

从文化遗产管理的发展历程可以看出，在早期，相较于非物质文化遗产，物质文化遗产更受重视。联合国教科文组织也意识到了这个问题，因此，之后便将培养和提高人们对非物质文化遗产保护的意识作为国际组织的使命。

玻利维亚政府于 1973 年提出要提高对非物质文化遗产保护的意识，并申请将本国的民俗音乐、巴洛克手工艺、魔鬼舞和口头文化遗产（Asia-Pacific Cultural Center for UNESCO, 2007）加入《世界版权公约》（Universal Copyright Convention），但没有成功。然而，玻利维亚的努力并没有白费，此举推动了非物质文化遗产保护在国际范围内的发展。

然而，由于当时全球笼罩于石油危机和地区危机的阴影下，加之冷战直接影响了对非物质文化遗产的正式认可，联合国教科文组织未能采取正式的战略来鉴别并保护非物质文化遗产（Bouchenaki, 2008）。但联合国教科文组织并没有忘记这一使命，最终在世界知识产权组织的协助下，于 1982 年起草了《关于保护民间文学表达形式以防止非法利用和其他有害行为的国家法律示范法条》（Model Provision for National Laws on the Protection of Expression of Folklore against Illicit Exploitation and Other Prejudicial Action），对民间文学的表达形式进行了定义（WIPO, 1982）。

随后，联合国教科文组织在巴黎提出了《保护民间创作建议案》（Recommendation on the Safeguarding of Traditional Culture and Folklore），采用同一模式（UNESCO, 1989），强调民俗文化具有普遍的人类文化多样性特征，所有国家应保护民俗文化免受任何威胁。联合国教科文组织加入了史密森尼学会（Smithsonian Institution）的"人类瑰宝与人类口头及非物质文化遗产代表作宣言"（Living Human Treasures and Proclamation of Masterpieces of Oral and Intangible Heritage Humanity）项目，从而使民俗文化的重要性得到了一致认同（Asia-Pacific Cultural Center for UNESCO, 2007: 8）。这个项目直接影响了《世界遗产公约》（The World Heritage Convention）的实施。最终，联合国教科文组织通过努力在 5 年后成功促成了《保护非物质文化遗产公约》（Convention for the Safeguarding of the Intangible Cultural Heritage）的出台。该公约于 2003 年在巴黎通过并实施（联合国教科文组织，2003），将非物质文化遗产的含义扩大到五个领域：口头传统、表演艺术、社会实践、知识和传统工艺。

《保护非物质文化遗产公约》的签署实施还促成了"人类非物质文化遗产代表名录"（Representative List of the Intangible Cultural Heritage of Humanity）、"急需保护的非物质文化遗产名录"（List of Intangible Cultural Heritage in Need of Urgent Safeguarding）和"非物质文化遗产保护基金"（Fund for the Safeguarding of the Intangible Heritage）的建立。此外，该公约还解释了物质文化遗产和非物质文化遗产之间的密切关系，即"非物质遗产必须被视为更大的体系，在这个体系内，物质文化遗产则呈现其形式和意义"（Bouchenaki, 2008: 6）。除了文化遗产，联合国教科文组织还关注文化权利方面的人权。提升文化权利作为人权的意识可以确保所有人都能平等且不受歧视地全面参与文化活动（UNESCO, 1970: 105-107）。这些文化权利还得到了《世界文化多样性宣言》（Universal Declaration on Cultural Diversity）（UNESCO, 2001）的支持，确认了作为人权的文化权利是人类的共同遗产，并且这些权利可以保证文化多样性和表达自由的多元化。

此外，联合国教科文组织还试图将文化纳入其他知识领域，以应对社会变革和当代社会问题。因此，在后来，旅游业成为公约、政策或报告的重点关注方向，例如：《旅游、文化和可持续发展》（Tourism, Culture and Sustainable Development）（UNESCO, 2006A）展示了文化作为旅游关键资源的重要性，以及政府在文化资源的开发和保护之间的平衡作用；《迈向创意旅游的可持续战略》（Towards Sustainable Strategies for Creative Tourism）（UNESCO, 2006B）定义了创意旅游的含义及其与创意城市网络的联系。

四、泰国文化遗产管理理念的萌芽

不同于西方，泰国最初便拥有自己的文化遗产管理理念。佛教对泰国人的生活和信仰产生了很大的影响，因此泰国的文化遗产管理更重视寺庙和礼拜场所，而非欧洲那样重视纪念碑和历史遗迹。因此，泰国所有的手工艺品、雕塑和建筑都是在宗教的启发下创造出来的。通常情况下，当这些圣物受到损坏时，人们会用本土方法对其进行修复、维护或复原，遵循佛道，创造功德。遗憾的是，代代相传下来的本土方法仅限于人们的口述和实际的手艺，并没有书面记录或系统化的管理方式来证明他们的修复技术和能力。然而，最古老的文化遗产管理证据却是在佛像修复的石刻中发现的（Kanchanatthiti, 2009: 18）。

拉玛四世（Rama Ⅳ）统治时期，西方思潮开始在泰国传播。拉玛四世出家修行时，对新的现代知识，如天文、科学和外语感兴趣。他意识到了这种新的知识体系对暹罗（Siam）的重要性。如果暹罗在 19 世纪初没有充分意识到殖民主义对邻国的威胁，那么这种新的知识体系就会成为不利因素（Thawornthanasarn, 2002）。因此，拉玛四世谨慎地尝试在暹罗实行各方面的现代化改造。当然，文化保护的概念也被内化了。这个概念始于他个人对泰国建筑的兴趣。当拉玛四世在西萨查那莱（Srisatchanalai）、素可泰（Sukhothai）和佛统（Nakhon Pathom）等古城朝圣时，目光所至皆为破败，特别是佛统最大的佛塔，于是他产生了修复它们的想法。登基后，他下令建造一个钟形的佛塔来覆盖原来的佛塔，并对周围地区进行翻新（Chanphangpetch, 2000）。可以说，泰国的文化遗产管理的概念始于拉玛四世统治时期。

朱拉隆功国王（Chulalongkorn）在位期间，文化遗产保护的概念得以推广。他曾调查拉康寺（Wat Rakhang）的壁画因火灾而受到的损害，并成立了一个由丹龙·拉差努帕王子（Prince Damrong）和那里沙拉·努瓦迪翁亲王（Prince Naris）领导的临时委员会，以收集数据并寻找恰当的技术来修复壁画。最终修复所采用的基本技巧是在泰国传统风格的基础上模仿而来的（Tangphan and Werasuksawad, 1990: 162）。在拉玛六世统治时期，国王委员会已经转变为常设单位，即艺术司（Department of Fine Arts），以保护泰国遗产（Fine Art Department, 1995: 162）。然而，由于经济危机和 1922 年的革命，这个部门面临许多变革和困难，它的职能也遭到了削弱。16 年后，该部门因与艺术、历史和考古学与经济、社会、传统和文化背景相适，逐步恢复了活力，并在保存和保护作为国家财富和实物证据的考古遗址方面发挥了关键作用，如 1965 年对素可泰历史公园（Sukhothai Historical Park）的挖掘，对佛像和壁画的保护等。此后，艺术司的主要责任便侧重于"考古遗迹，即基于年限、建筑风格和历史证据的不动产，这对艺术、文化、历史和考古学（包括附属的物品或装饰品）的保护十分有利"（Fine Art Department, 1985）。

因此，艺术司的主要作用一是加强对考古财产的保护，以保护、保存、养护和恢复艺术、文化、传统、国家和皇家仪式为发展基础；二是继承、创造和传播艺术和文化，创新文化管理的体系和动态，管理文化管理的知识体系，改善文化遗产作为学习和旅游的来源的现状，提供详尽知识；三是通过恰当的科学技术保持其意义与价值，以达到对文化遗产的保护、继承和可持续发展的目标。（Fine Art Department, 2016）该部门的职能受到多部国际宪章的启发，如关于遗产保护的第一部宪章《威尼斯宪章》和关于历史园林保护的《佛罗伦萨宪章》。它还借助关注历史城镇和城市地区重要性的《华盛顿宪章》、有关考古保护管理的《洛桑宪章》和有关乡土遗产建筑的《墨西哥宪章》（Mexico Charter）等宪章来扩展视野并推动相关项目发展。

　　泰国文化遗产管理的发展历程与联合国教科文组织相似，都由物质文化遗产层面递进至非物质文化遗产层面。艺术司负责管理考古遗址，而文化促进司则专注于地方文化知识。文化促进司是泰国文化部的新设机构，1958 年因政治危机取缔，2002 年因《政府机构重组法》（Restructuring of Government Agencies Act）得以重建。该机构将文化视为加强泰国人民的社会意识、道德和美德的战略，发展社会、经济和提高生活质量的基本动力，巩固国家和国际联盟的关键因素。目前，文化部的主要任务是处理与文化相关的各种事务，下设十个机构：部长办公室、常务秘书办公室、艺术司、宗教事务部、文化促进司、泰国艺术发展研究院、当代艺术文化办公室、诗琳通公主人类学中心（公共组织）、泰国电影档案馆（公共组织）和道德促进中心（公共组织）（Ministry of Culture, 2016）。

　　根据《政府机构重组法》，文化促进司于 2010 年重新设立。它的前身是国家文化委员会办公室（Office of National Culture Commission），负责提出文化政策和规划的相关建议，加强文化活动和研究，监督和评估文化行动方案，促进泰国文化发展。转变为文化促进司后，其任务也变为鼓励创意经济发展过程中保护文化精髓的完整性，开发文化学习资源以作为各级文化传播和交流的重要方式，加强对地方知识和文化的保存、恢复、传播和保护，研究和管理文化知识，以及鼓励和监督电影和视频产业发展（Department of Cultural Promotion, 2016）。

　　如前所述，文化促进司主要负责地方文化知识的管理，具体职责是对非物质文化遗产进行分类和管理。泰国的非物质文化遗产分为七类：表演艺术、传统工艺、民间文学、民间游戏和体育、社会实践、仪式和节日活动、有关自然和宇宙的知识和实践以及语言。非物质文化遗产的提名名单将由委员会批准和认可，并每年进行宣传。许多地方文化入选了提名名单，如泰国孔剧（mask dance）、绢织工艺（Mat Mi cloth）、《猫的诗》（text on Thai cats）和泰拳（Thai boxing）（Department of Cultural Promotion, 2016）。此外，这一重大举措还得到了 2016 年 2 月颁布的《非物质文化遗产促进和保护法》（Act of Promotion and Preservation of Intangible Cultural Heritage）的支持。该法案的主要目的是确立非物质文化遗产的重要性，这是前所未有的。该法案共有 26 条，大致分为三部分：第 1—4 条确立了非物质文化遗产和相关传承人的定义，第 5—17 条描述了各府委员会和曼谷委员会的资格和任务，第 18—26 条显示了文化促进司作为秘书处的任务和委员会的权力。值得注意的是，该法案授予了文化促进司极大的权力，并大力强调了社区的重要性，特别强调社区对非物质文化遗产保护的参与，但它缺乏对非物质文化遗产的保存和保护方法的细节描述。

在泰国，不仅是上文提到的政府机构参与文化遗产管理，像宪法这样的最高法律也涉及文化遗产。"文化使命"这一词便出现在《泰王国宪法》（The Constitution of the Kingdom of Thailand, 2550 B.E）中，"社区权利"（Community Rights）部分便提及了文化使命：第 66 条提道"社区成员有权保护或恢复其社区和国家的习俗、地方知识、艺术或优秀文化，并以平衡和可持续的方式参与自然资源、环境和生物多样性的管理、维护和开发"；第 67 条"个人有权与国家和社区一起参与保护和开发自然资源和生物多样性以及保护、促进和保持环境质量，以便在不危害其健康和卫生条件、福利或生活质量的环境中正常和持续生存，而且这项权利应得到适当保护……"；第 80 条"宗教、社会、公共卫生、教育和文化政策"中的部分条款申明"国家应遵照社会、公共卫生、教育和文化政策行事，鼓励民众树立民族团结和知识学习的正确意识，积极宣传民族艺术、传统和文化，以及良好的价值观和地方文化知识"。

泰国虽然拥有处理文化遗产的完整条件和相关法律，但是文化遗产管理经验的匮乏和专业知识的不足，导致在正确处理遗产和社会变革方面依然困难重重。

五、泰国的文化遗产管理现状及影响

在宪法的支持下，泰国设有专门的机构负责文化遗产管理，因此，与之前相比，泰国文化遗产管理的情况似乎有所好转。此外，其他机构也提供了相应支持，如泰国教育部，通过教育提高泰国人民文化遗产保护的意识（Ministry of Education, 2016），可持续旅游管理指定地区（Designated Area for Sustainable Tourism Administration, DASTA）在创意旅游方面突出文化元素，以及村级行政机构（Tambon Administrative Organization, TAO）也在分担文化遗产管理的重任。以下六个案例研究表明，泰国的文化遗产管理分为两个方面：物质文化遗产管理和非物质文化遗产管理。其中，前三个案例与物质文化遗产管理相关，后三个案例则是关于非物质文化遗产的管理，具体如下。

案例研究 1：曼谷马哈坎要塞

马哈坎要塞是拉玛一世（Rama Ⅰ）在位期间建造的十四个要塞之一，周围环绕的社区沿运河而建，紧挨着金山寺（Golden Mountain Temple）。因为泰国的传统生活主要依靠水路，所以该地区成了交通和商业的中心。这个小小的社区也是泰国传统乐器、德南万戏（Likay）、烟花和钵盂的重要发源地。如今，马哈坎要塞变得杂乱不堪，已经失去了往日的光辉。因此，曼谷谷市政府（BMA）计划将这一地区改建成公园，并根据曼谷内区的旅游保护和发展计划恢复古迹和遗址（Glumsorn, 2006）。

然而，当地居民拒绝离开此地。他们要求将公园的公共区域留出四分之一的土地建造社区，使其成为一个受到保护和能够发展的区域，成为一个"活的"博物馆。这与普拉基农塔坎（Prakitnonthakan, 2003）的观点一致，他认为这个地区可以成为一个"活的"博物馆，因为这个社区的地理位置和历史身份有利于旅游业的发展。此外，他还认为，这个地区不是一个开放空间，容易发生犯罪事件，所以不适合改建为公园。但是，曼谷市政府无视了当地居民的诉求和学者的建议，坚持要将此地改建为公园（Wangsrangboon, 2016）。

案例研究 2：北碧府地狱火通道纪念博物馆

地狱火通道纪念博物馆是与澳大利亚政府合作建造的，于 1998 年开放。这座博物馆致力于纪念盟军士兵，尤其是澳大利亚英国士兵，他们被迫在第二次世界大战中徒手搬运岩石修建从曼谷到仰光（Rangoon）的铁路，饱受折磨，数千人因此死亡。博物馆的建立是为了纪念他们，昭示他们所经受的苦难。博物馆主要用两种方式来展示敌军的残暴。第一种是在馆中展示真实的器具、照片和影像，按时间顺序还原这条铁路可怕的建设过程。第二种是在长 500 米、深 26 米、宽 17 米的步行道上，展示几个切割点，包括桥梁的遗迹和火车在相当狭窄的铁路上相向通过的欣达河车站，这还原了山石地貌修建铁路的难度，游客可以很好地感受和体验当时的情况（Tourism Authority of Thailand, 2016）。

这个博物馆每年都能吸引大量游客。但在文化遗产管理方面，博物馆引发了是否要以繁荣的西方观念作为普遍标准的争论。这种西方的管理模式是通过建筑外观来体现的，它几乎没有反映东方或泰国的特点。这意味着文化遗产管理可能与当地生活脱节。因此，当地社区在博物馆中缺乏存在感。可见，若将文化背景与地方参与性相结合，可能会削弱独立的管理概念（Arrunnapaporn, 2011: 13）。

案例研究 3：清迈府茵塔垦窑址博物馆

茵塔垦窑址博物馆建于兰纳（Lanna）高原。当地居民在此意外地发现了考古遗址，进行挖掘后发现该地区是大型陶瓷窑址。之后该地出土了大量的浅绿色釉面石器和绿褐色釉面石器。经放射性碳测定证实，这些陶瓷可以追溯到兰纳王国时期，而且土壤的质量与西萨查那莱遗址一样好。虽然这个窑址既没有体现出历史和考古的演变，也没有展示出兰纳陶瓷生产的过程，但它却是一个能展现当时繁荣景象的完整窑址，这在北部地区是从未发现过的。因此，甘城市政府（Muangkaen Municipality）在充分考虑了遗址价值后，建立了带有文献解释的考古博物馆，以保护兰纳陶瓷的窑址，并将其发展为学习中心和文化旅游场馆（Muangkaen Municipality, 2013）。

在甘城政府的支持下，博物馆定期举办如兰纳陶瓷生产演示、青年营和文化研究等与陶瓷有关的活动，并鼓励社区居民参与其中。此外，为了与南邦的青瓷竞争，当地还曾努力提高具有茵塔垦特色的兰纳陶瓷产品的生产率，但因其材料成本高、图案不具吸引力及营销不成功而失败。于是，甘城陶瓷的发展止步于此，这也影响了博物馆和社区的发展，当地几乎再也没有举办活动，也没有游客到来（Sookkasem & Bhattarabhatwong, 2016）。

案例研究 4：曼谷班布社区（Baan Bu）石磨青铜器

班布社区兴建于拉达那哥欣王国（Rattanakosin）时期，位于曼谷市湄南河（Chao Phraya River）吞武里河岸的曼谷莲区（Bangkok Noi）。人们认为他们的祖先是在阿瑜陀耶王国（Ayutthaya）衰落后迁移过来的。该社区被苏旺那润寺（Suwannaram Temple）和邦瓦内寺（Amarinthraram Temple）两座寺庙围绕着。当地居民以售卖石磨青铜器为生，而这些青铜器是重要的器皿，尤其是水瓢和僧侣用的钵盂。在这个社区里，这种正宗的制作技术得以延续、世代相传。坚硬和美观是班布石磨青铜器的主要特点。此外，这种技术还可以应用于制作其他器皿，如米容器或乐器，在特殊的技术和材料的作用下，器皿的某些特性能够得到更好的优化。例如，石磨青铜米容器可以使米饭更香，使乐器的声音更加洪亮。

如今，由于高昂的成本和复杂的手工制作过程，石磨青铜器皿的家用作用逐渐弱化，被塑料器皿取而代之。凝聚当地文化知识的石磨青铜器和手艺人也逐渐消失在大众视野中。仅有一个家族的第六代传人在努力通过泰国"一村一品"计划（OTOP）和海外市场，将石磨青铜器作为泰国正宗的纪念品推广出去，以此来传承这种地方文化。然而，由于工作场所无吸引力，而且手艺人的形象像劳工一样不讨人喜欢，这项工作在劳动力市场上并不受欢迎，无法吸引青年劳动力。此外，年长的手艺人只想把这些知识传授给泰国的年轻人，石磨青铜器的制作工艺已经面临后继无人的危险（Anonymous craftsman, 2016）。

案例研究 5：素林班纳塘（Baan Natang, Surin）的纺织品和天然工艺

班纳塘（Baan Natang）锡素林府考锡那县（Khwao Sinarin）的一个村庄，位于素林府北部。大约有 200 户人家生活于此，其主要收入来源是水稻种植。此外，还有一些收入来自制作银器和编织工艺，作物收获后，当地人便开始着手这些副业。随着旅游业的发展，当地纺织品因其天然的材料、卓越的工艺和独特的图案，备受欢迎。当地村民对天然材料染色的使用有着有独到的见解和高超技艺，如用紫草茸染红，用构棘（maclura cochinchinensis）和藤黄（garcinia）染黄，用靛蓝植株（indigo）染蓝。使用其他天然材料如紫荆花、罗望子和椰子汁来加深颜色的特殊技术也非常高超。此外，班纳塘纺织品受到了其与柬埔寨（Cambodia）的历史渊源和当地所处地理位置的极大影响。班纳塘纺织品会借鉴高棉图案，并用高棉语命名，如霍尔拉

隆（Hol Lalun Siem），一种扎染纬线的织物；乌普隆（Umprom）又名帕卡玛（Phaka-Om），一种有小方格布纹，寓意繁荣昌盛的织品。

受旅游业和绿色理念的推动，素林纺织品广受欢迎。但是，这种纺织品制作成本高、耗时长，无法与化学纺织品相比，也难以成为大众游客首选的纪念品。由于纺织品不够时尚，无法满足游客的需求，这种独特的技术和图案的传承也受到影响，掌握正宗的制作技术和图案的往往是年迈的居民。此外，与待在家靠编织谋取低收入相比，大多数年轻女性更愿意在大学学习，获取现代知识，寻找好的工作。因此，班纳塘目前也面临着制作技艺后继无人的问题（Sae-Wang, 2015: 96）。

案例研究6：南奔班农-多波高地区（Baan Nong-Doo Bo Kaw, Lamphun）孟族食谱和服装

班农-多波高地区为孟族聚居区，据说他们从印度南部移居到缅甸建立王国，之后遭到缅甸军队入侵。这次溃败促使孟族人迁往暹罗，从那时起，他们就分散地居住在暹罗各地，南奔府也成为其聚居区之一。巴山（Wat Koh Klang）的考古证据证实了孟族自15世纪哈里奔猜王国（the kingdom of Hariphunchai）到现在的长期辉煌和富有的存在。孟族有其独特的文化，特别是食谱、语言和服装，他们依靠孟族节日和特殊场合努力恢复并保存这些文化。孟族食谱已得到广泛收集、印刷和出版。孟族祈祷书中保留着孟族语言，最初，和孟族传统服装一样，这些祈祷书在宗教日时使用，后来发展为日常生活对话的教科书。

目前，社区中的老人一直在努力保存孟族的地方文化知识，由于它的可接受性有限，年轻人并不重视，使得这些文化遗产被当代社会淘汰。由于缺乏继承人，班农-多波高地区的孟族非物质文化遗产或在未来面临重大损失（Sae-Wang, 2012: 82-84）。

这些案例研究表明文化遗产管理有两种形式：一种是以博物馆为代表的物质文化遗产形式，即前三个案例；另一种是在不同地区和背景下以社区参与为代表的非物质文化遗产形式，即后二个案例。第一个案例中的曼谷马哈坎要塞位于城市地区，研究通过重复的政策强调了当地社区和曼谷市政府之间的种种问题和冲突。文化中的人权和文化权利两个概念得以提出，来保护这个古老的社区并帮助其从文化旅游中受益。第二个案例中的北碧府地狱火通道纪念博物馆位于半城市地区，博物馆的建立是基于国际上对第二次世界大战的认知，而非对本地的认知。此外，由于泰国和澳大利亚政府之间的协议是在决策层处理的，所以当地社区没有任何参与性。第三个案例中的清迈府茵塔垦窑址博物馆位于农村地区。当地政府，即甘城政府，努力鼓励当地社区参与有关陶瓷的活动以促进文化旅游。刚开

始，这看似很有趣，也很有吸引力，但是当甘城政府几乎不参与博物馆管理的时候，活动的数量变少了，游客也就变少了。这说明当地政府可以依靠其权力带动博物馆的发展，但带来的影响却是当地社区居民与他们的文化遗产脱离关系。很明显，所有这些案例虽然发生在不同的背景和地区，但都缺乏社区参与性。

文化遗产管理中社区参与性不足的情况反映了泰国社会根深蒂固的集权观念，即使宪法第 66、67 和 80 条赋予了社区相应的权力。但实际上，这些案例研究表明，在发现问题、规划、运作和评估等过程中，当地居民和社区都没有参与其中。一些社区对非物质文化遗产的忽视甚至丢失是政府实施等级管理和自上而下政策所导致的。国家和政府在执行政策方面起着主要作用，而居民则顺从和服从其管理，因而政府和人民处于"高/低"的二元对立关系，这种描述符合东方主义的观念（Said, 1978: 204）。①

> 东方主义从根本上说是一种强加于东方的政治学说，东方比西方弱，因此东方的各种文化差异被抹掉了……作为一种文化工具，东方主义体现着侵略、活动、评判、对真理的意志和知识。东方主义最终是一种对现实的政治愿景，其结构加深了西方和东方之间的差异

显然，泰国在评估文化遗产管理方面受到了联合国教科文组织的启发。但是，西方的话语体系总是被应用于遗产管理中，以西方/东方、优越/劣势、统治者/人民这样的二元对立形式贬低东方国家和其他发展中国家。这个概念得到广泛传播并且被认为是理所当然的。萨义德（Said）认为西方的观念充满优越感，这种优越感不可避免地传递到泰国的文化遗产管理中。主观的、客观的或以任何形式的优越感和偏见都会导致对某种文化贬低，使其失去人性。曼谷马哈坎要塞的管理便是一个很好的例子。

另外，后三个案例研究突出了社区的参与性，为保存和保护地方文化知识他们做出了很大努力。通过推出产品、组织活动和制定行动计划等保护措施，班布的石磨青铜器、班纳塘的素林纺织品和班农-多波高地区的孟族语言及服装等当地文化得以复兴、发展。然而，案例中的社区都面临同样的问题。首先，缺乏继承人加速了当地文化知识的没落。尤其是年轻一代，他们受过更好的教育，熟悉城市地区的工作，尽管知识渊博、思想开明，但他们几乎没有意识到非物质文化遗产的意义。其次，人们很可能已经失去对地方的认识和自豪感。因此，积极参与非物质文化遗产保护的主要是当地的老人。最后，社会变革极大地影响了人们

---

① 译者注。"东方主义"（Orientalism）或译为"东方学"，原是研究东方各国的历史、文学、文化等学科的总称。萨义德（Edward Said）认为它是一种西方人藐视东方文化，并任意虚构"东方文化"的一种偏见性的思维方式或认识体系。"Orientalism"本质性的含义是西方人文化上对东方人控制的一种方式。

的生活方式、信仰和观念。在案例中，具体体现为由于塑料制品、现代服装和英语等广泛使用的语言的普及，人们逐渐放弃石磨青铜器，同时认为素林纺织品已过时，此外，孟族语和服装也不太为人所接受。

根据上述案例研究，我们发现，由于当地文化知识——德南万戏的起源地马哈坎要塞，北碧府的真实生活方式和茵塔垦的独特陶瓷知识——的丧失，社区无法参与文化遗产管理。此外，博物馆、学习中心或物质文化遗产可以通过科学和新技术保持可持续性，在社区的大力支持下，人们还可以通过各种文化工具，如节日、服装、书籍、食谱等，积极恢复当地文化知识。无论如何，社区如何应对文化上的不断变化，以此来保护已经过时和消失的非物质文化遗产，依然有待思考。

泰国的文化遗产管理和其他国家一样，面临着全球变化的挑战，这不可避免地影响到文化发展（Sarashima, 2013: 148）。因此，变革是正确应对这些变化的有力措施，在社区参与的基础上对文化遗产进行保护和保存，以实现文化的可持续性发展。

六、结论

上述案例研究反映了泰国文化遗产管理的现状，也反映了保护和保存文化遗产的部分观点。泰国文化遗产管理的难点在于社区参与度不高。因此，国家应当执行相关法律，通过实际行动和自下而上的政策，授权社区根据其需求、理念和地方归属感来管理文化资产。此外，人们的归属感和文化意识也应在日常活动和文化解释中不断得到培养，以此长久地保护文化遗产。

值得注意的是，在泰国，以博物馆或学习中心为形式的文化遗产管理是复兴、保护和保存文化遗产的有效手段，也更受欢迎。但是，泰国人民仍然希望政府部门与博物馆合作，在财政上给予支持，将更有利于博物馆古董的维护（Wongthes, no date）。然而，通过这种方式管理文化遗产，尤其是非物质遗产，既无法达到预期目标，也不符合现代社会需求，无法应对文化和社会的急剧变化。文化促进司每年通过提名名单来提高非物质文化遗产的重要性。值得注意的是，文献和书面材料作为政府和学术部门保护文化遗产的基本方法，对于社区利用这些文化资产并不适用。商品化（Sae-Wang, 2015: 96-97）是将文化遗产商业化为文化产品。例如，众所周知的非物质文化遗产泰拳，可以吸引感兴趣的外国人来练习和体验。泰拳所蕴含的文化知识可以转化为经济价值，泰国人可以从中获得收益，包括泰拳教练和拳击场、泰拳课程，以及在国际电视节目中播出的泰拳相关节目，如"Thai Fight"（由泰国协调人举办的国际拳手与泰国选手的比赛）、"Kunlun Fight"（国际拳击比赛，由中国协调人与泰国 Workpoint Entertainment 公司举办，参赛者是包括来自中国和泰国的国际拳击手）等。

此外，在当代社会，文化遗产应提高其适应性以保持其生命力，因为具有良好适应性的非物质文化遗产可以代代相传。例如，素林坎特鲁姆（Surin Kantruem）民间音乐是高棉民族神圣仪式的一部分，用于治疗由恶灵引起的疾病。这种民间音乐由簧片双簧管、小提琴、音鼓、钹和梆子伴奏，用高棉语演唱，可以满足和安抚人们的心灵（Princess Maha Chakri Sirindhorn Anthropology Center, 2013: 30-31）。传统的坎特鲁姆音乐不仅在灵媒仪式上表演，也在婚礼和建房仪式等社区仪式和典礼中表演。然而，由于老一辈传承者的逝世、社会变革和媒介仪式的意义日渐式微，传统坎特鲁姆音乐很可能会消失。但是后来，坎特鲁姆民间音乐表演中融入电子吉他和键盘等现代乐器，受到了年轻人的追捧，并一直在包括专业的坎特鲁姆民间音乐活动在内的文化活动中表演。

然而，文化遗产的商品化和适应性改变必须保持其原有的真实性，要特别考虑和评估他们的消极和积极影响，否则这些解决方案将直接降低文化遗产的价值，在游客眼中可能成为虚假文化（Timothy & Boyd, 2003: 240-244）。合理的商品化或适应性改变不仅可以传播文化遗产，还可以缩短表演时间，在有限的时间内满足游客的观光需求，比如清迈的传统舞蹈，它将所有的传统舞蹈如剑舞（sword dance）、绸舞（drawing silk dance）和兰纳刀舞（Jerng dance）结合在一起。这种方式受到了游客和学校的欢迎。学校为新一代学生提供这些舞蹈的课程，鼓励他们练习并从舞蹈表演中获得收益。这种做法可以成为复兴和传播文化遗产的另一种方式（Sitthilert, 2016）。商品化也可以作为一种有效的手段来保护和保存文化遗产的真实性。以夸诺克（Kwanok, 2016）关于餐馆中的古典舞蹈真实性的案例研究为例。该研究显示，由于游客看重素可泰水灯节（Loy Krathong Festival），所以素可泰舞蹈水平高，在服装和舞蹈编排上也极具真实性。游客看中真实性，旅游从业者也非常重视这一点。

最后，虽然泰国一直致力于通过国际古迹遗址理事会泰国分会（ICOMOS Thailand）来颁布实施相关文化遗产管理的宪章，但这一做法仅得到了学术机构和相关政府部门的认可。因此，泰国实际上并没有正式颁布和实施与本国相关的文化遗产管理宪章。相关宪章有望以综合功能的形式广泛且有效地应用于物质和非物质遗产的管理之中。

参 考 文 献

Anonymous craftsman. 2016. Baan Bu Local Inhabitant.Interview, February 22, 2016.

Arrunnapaporn, A. B. 2011. Guideline for interpretation and development of new tourism destinations along the Death Railway, Kanchanaburi, Thailand. *Silpakorn University Journal,* 31 （2）, pp.6-20.

Asia-Pacific Cultural Center for UNESCO. 2007. Conference on Intangible Cultural Heritage and Intellectual Property Under the 2003 Convention: Seeking a Collaborative between ICH and IP. （2007）, p.7, 23-27 March 2007, Maidens Hotel, New Delhi, India.

Australia ICOMOS. 1979. *Burra Charter.* Retrieved on June 16, 2017, from http://australia.icomos. org/wp-content/uploads/Burra- Charter_1979.pdf.

Bhattarabhatwong, P. 2016. Local inhabitants. Interview, May 14, 2016 Bouchenaki, M. （2008）. The 2003 UNESCO Convention for the Safeguarding the Intangible Heritage: Development of the Convention and the First Step of Its Implementation, Training Course for Safeguarding the Intangible Heritage by ACCU.

Chaiyasut, S. 1981. *Roman Art.* Bangkok: Faculty of Archaeology.

Chanphangpetch, A. 2000. *Temples and Budda Images of King Rama IV..* Retrieved on on June 9, 2016, from www.arch.kmitl.ac.th/publish/files/journal/2-43/ 2-2543-1.pdf.

Council of Europe. 1992. *European Convention for the Protection of the Archaeological Heritage: Valetta.* Retrieved on June 16, 2017, from https://rm.coe.int/168007bd25.

Department of Cultural Promotion. 2016A. *Vision, Strategy and Mission.* Retrieved on June 18, 2017, from http://www.culture.go.th/culture_th/ewt_news.php? nid=3.

Department of Cultural Promotion. 2016B. Intangible Cultural Heritage. Retrieved on June 16, 2017, from http://ich.culture.go th/.

Fine Art Department. 1985. *Regulations on Conservation of Archeological Sites* （2528 B.E）. Retrieve on June 9, 2016, from http://www.finearts. go.th/inburimuseum/plugins/2012-11-27-14-10-05//item/A82528.

Fine Art Department. 1997. *84th of Fine Art Department and Pulpit.* Bangkok: Fine Art Department.

Fine Art Department. 2016. *Task and Responsibility.* Retrieved on June 9, 2016, from www.finearts.go.th/th/history.php? PHPSESSID= 477f6c1fabe8ba84 30f2f552e30d2856.

Glumsom, Pranee. 2006. Mahakarn Fortress Community: ʻthe Pastʼ without the Future in *Ancient Area in Bangkok 2.* Bangkok: Muang Boran Press. pp. 229-247.

ICOMOS.1975. *Amsterdam Declaration.* Retrieved on June 16, 2017, from http://www.icomos. org/en/charters-and-texts/179-articles-en-francais/ressources/charters-and-standards/169-the-decl aration-of- amsterdam.

ICOMOS. 1931. *The Athens Charter for the Restoration of Historic Monuments.* Retrieved on June 16, 2017, from http://www.icomos.org/en/charters-and-texts/179-articles-en-francais/ressources/ charters-and-standards/167-the-athens-charter-for-the-restoration- of-historic-monuments.

ICOMOS. 1964. International Charter for the Conservation and Restoration of Monuments and Sites （the Venice Charter 1964）. Retrieved on June 16, 2017, from https://www.icomos.org/charters/ venice_e.pdf. available.

ICOMOS. 1981. *Historic Gardens the Florence Charter 1981.* Retrieved from on June 16, 2017, from https://www.icomos.org/charters/ gardens_e.pdf. available.

ICOMOS. 1987. Charter for the Conservation of Historic Towns and Urban Areas （the Washington Charter 1987）. Retrieved on June 16, 2017, from https://www.icomos.org/charters/towns_e.pdf. Access

ICOMOS. 1990. *Charter for Protection and Management of the Archaeological Heritage.* Retrieved June 16, 2017, from http:// www.icomos.org/charters/arch_e.pdfthe Lausanne Charter.

International Committee of the Red Cross. 1954. Convention for the Protection of Cultural Property in the Event of Armed Conflict. Hague Convention.

Kanchanatthiti, P. 2009. *Architectural and Urban Conservation.* Bangkok : Chulalongkorn Press.

Kwanok, A. 2016. *The Authenticity of Thai Archaeological Dances in Restaurants.* Master of Arts Program （Cultural Management）. College of Innovation. Thammasat University.

Ministry of Culture Thailand. 2016. *History and Philosohy.*p Retrieved on June 10, 2016, from http://www.thaiwhic.go.th/en/Content. aspx?pid=2.

Ministry of Education. 2015. *Strategies of Ministry of Education.* Retrieved on June 12, 2016, from http://www.moe.go.th/moe/th/office/index.php?SystemModule Key=office

Muangkaen Municipality. 2013. *Tourism Source.* Retrieved on June 28, 2017, from http://www.muangkaen.go.th/index.php?_ mod=dHJhdmVs&no=Mg.

Ombudsman. 2007. *The Constitution of the Kingdom of Thailand.* （*2550 B.E*）. Retrieved on June 16, 2017, from http://www. ombudsman.go.th/10/documents/ law/Constitution2550.pdf.

Parliament. 2016. *Act of Promotion and Preservation of Intangible Cultural Heritage 2559*（*A.D*）. Retrieved on June 16, 2017, from http://library2. parliament.go.th/giventake/content_nla2557/ law19- 010359-1.pdf.

Pearson M., and Sullivan S. 2001. Looking After Heritage Places: The Basics of Heritage Planning for Managers, Landowners and Administrators, Melbourne: Melbourne University Press.

Prakitnonthakan, C. 2003. Mahakan Fortess: Preserve or Damage History. *Art and Culture Journal,* 24 （3）, pp.129-135.

Princess Maha Chakri Sirindhorn Anthropology Center. 2013. *Mapping Intangible Cultural Heritage in Surin Province: Intangible Cultural Heritage and Museums in Surin Province.* Edited by Alexandra Denes.Bangkokk: Princess Maha Chakri Sirindhorn Anthropology Center.

Sae-Wang, R. 2012. *Femininity in Lanna Architecture*: An Interpretative Essay. Dissertation. Faculty of Architecture. Silpakorn University.

Sae-Wang, R. 2015. Spirit of the loom: The Conservation and commodification of Surin's textile cultural heritage, *International Journal of Intangible Heritage,* 10, pp.85-100.

Said, E. 1978. Orientalism. New York: Vintage Book.

Sarashima, S. 2013. Community as a landscape of intangible cultural heritage : Basho-fu in Kijoka, a Japanese example of traditional woven textile and its relationship with the public. *International Journal of Intangible Heritage*, 8, pp.136-152.

Sitthilert, Suphachai. 2016. Curator of Royal Museum, Chiangmai. Interview. April 21, 2016.

Sookkasem, Y. 2016. Archaeologist, Regional Office of Fine Arts, Chiangmai. Interview. May 14, 2016.

Tangphan, S., &Werasuksawad, W. 1990. *Mural Painting in Bangkok,* Bangkok: Department of Mural Paintings and Sculpture.

Thawornthanasarn, W. 2002. *Thai Elite and Acceptance of Western Culture.* Bangkok: Muang Boran Press.

Timothy, D., & Boyd, S. 2003. *Heritage Tourism.* London: Pearson Education Limited.

Tourism Authority of Thailand. 2016. *Hellfire Pass Memorial Museum.* Retrieved on June 17, 2017, from https://thai.tourismthailand.org/ --258.

UNESCO. 1956. *Recommendation on International Principles Applicable to Archaeological Excavation.* Retrieved on June 16, 2017, from http://portal.unesco.org/en/ev.php-URL_ID= 13062&URL_DO=DO_TOPIC&URL_SECTION=201.html.

UNESCO. 1970. *Cultural Rights as Human Rights.* Paris: Instituto Grafico Casagrande.

UNESCO. 1972. *Convention Concerning the Protection of the World Cultural and Natural Heritage.* Retrieved on June 17, 2016, from http://whc.unesco.org/en/conventiontext/.

UNESCO. 1989. *Recommendation on the Safeguarding of Traditional Culture and Folklore.* Retrieved on June 17, 2017, from http://portal.unesco.org/en/ev.php-URL_ID= 13141&URL_ DO=DO_TOPIC&URL_SECTION=201.html.

UNESCO. 2001. *Universal Declaration on Cultural Diversity.* Retrieved on June 17, 2017, from http://portal.unesco.org/en/ev.php-URL_ID=13179&URL_DO=DO_TOPIC&URL_SECTION= 201.html.

UNESCO. 2003. *Convention for the Safeguarding of the Intangible Cultural Heritage.* Retrieved on June 17, 2017, from http://portal. unesco.org/en/ev.php-URL_ID=17716&URL_DO=DO_ TOPIC&URL_SECTION=201.html.

UNESCO. 2006A. *Tourism, Culture and Sustainable Development.* Retrieved on June 17, 2017, from http://unesdoc.unesco.org / images/0014/001475/147578e. pdf.

UNESCO. 2006B. *Towards Sustainable Strategies for Creative Tourism.* Discussion of the Planning for 2008 International Conference on Creative Tourism. Santa Fe, October 25-25, 2006.

Wangsrangboon, S. 2016. Why eviction from Mahakan Fortess Community is significant?. Retrieve on June 12, 2016, from http:// www.posttoday.com/social/think/424984.

WIPO. 1982. Model Provision for National Laws on the Protection of Expression of Folklore against Illicit Exploitation and Other Prejudicial Action, Section 2, p.1.

Wongthes, Suchit （no date）. *Article of Museum: Wisdom of Museum.* No publish place.

泰国的平衡发展政策：国家现代化发展战略与社会发展战略的对比研究[①]

末广昭[②]

摘要： 在 1997 年金融危机之后，泰国采取了两种不同的发展策略应对其经济面临的外部冲击。第一种策略旨在将泰国建设成为一个能够有效应对危机的强大国家，同时，使泰国能够通过产业升级成为高收入国家。这一策略体现在由他信政府提出的泰王国现代化框架（Kingdom of Thailand Modernization Framework, KTMF）之中。第二种策略则依赖于更加灵活的社会网络，更加重视经济韧性而非经济增长，以确保社会发展。由普密蓬国王（King Bhumibol）提出的"充足经济哲学"（Sufficiency Economy Philosophy）就是这一策略的代表。

为了避免极端思想和行动，泰国在制定发展政策时更倾向于采取平衡之道。这种平衡之道可见于二十世纪八十年代初，泰国既制定了东部沿海开发项目（Eastern Seaboard Project），又实施了哥西的农村发展项目（Kosit's rural development project），前者是典型的新型工业化国家的发展方式，后者是典型的新型农业工业化国家的发展方式。后来，泰国一方面在 2017 年提出了泰国 4.0 战略，另一方面又在 2016 年推出了与世界银行联合发布的包容性增长方案，并在 2019 年提出了 BCG 经济模式。然而，在面对诸如老龄化社会导致的劳动力短缺以及数字创新领域人力资源发展不足等结构性问题时，这种泰国式的平衡政策便显现了其局限性。

关键词： 泰国经济政策；国家现代化；充足经济哲学；中等收入陷阱；泰国 4.0 战略；BCG 经济模式；外部冲击；高收入国家

---

① 原文出版信息 Suehiro, Akira. State Modernization vs. Social Development: Two Directions in Thailand's Development. In "Thailand at a Global Turning Point," edited by Hayami Yoko, *Southeast Asian Studies*, Vol. 12, Supplementary Issue, December, 2023, pp. 5-41. DOI: 10.20495/seas.12.SupplementaryIssue_5. 本文由京都大学东南亚研究中心（Center for Southeast Asian Studies, Kyoto University）《东南亚研究》编辑部授权翻译。
② 作者：末广昭（末廣昭），日本东京大学荣誉教授。译者：张婷，成都大学外国语学院、四川省泰国研究中心助理研究员。

一、引言

（一）从发展中国家到中等收入国家

今天的泰国与十年前截然不同。1985 年以来，泰国经济繁荣发展，发生了巨大的变化（Pasuk and Baker, 1996: 1）。在描述泰国 1987 年至 1995 年间前所未有的经济繁荣时，巴素·邦帕琪（Pasuk Phongpaichit）和克里斯·贝克（Chris Baker）着重强调了变革。如图 1 所示，泰国在那段时期以及之后都经历了巨大的变化。[①]图 1 中的 3 个指标可以证明这一点：（1）人均国内生产总值作为经济增长的总体指标；（2）人均水泥产量作为工业基础设施发展的指标；（3）人均啤酒产量（≈消费量）作为生活水平提高的指标。值得一提的是，即使在亚洲金融危机时期（1997 至 2001 年），啤酒的产量也一直在稳步增长。民众或许为了缓解压力而增加了啤酒消费，但这也表明这场危机并没有像国内生产总值增长率大幅下降所显示的那样严重扰乱人民的生活。

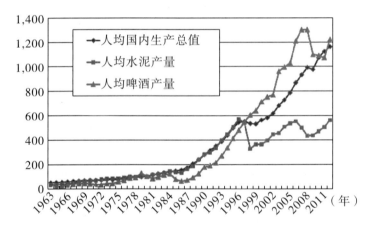

图 1　1963 年至 2012 年人均国内生产总值、人均水泥产量和人均啤酒产量的变化（1980 年=100）
来源：根据泰国央行（Bank of Thailand）的《月刊》（*Monthly Bulletin*）、《*Raingan setthakit raiduean*》和《*Sathiti setthakit lae kanngoen*》的数据整理

泰国在 1958 年至 1997 年 40 年间的社会经济发展轨迹可以分为两大阶段。第一阶段是发展中国家时期，沙立（Sarit）政府于 1958 年提出并实施了一系列国家发展政策（Suehiro, 1993: Chapter 1）。随着 1987 年经济繁荣的开始，泰国

[①] 有关二十世纪八十年代中期泰国经济繁荣的更多信息，参见 Pasuk and Baker（1996）及 Suehiro（2009）。1996 年泰国国家经济和社会发展委员会（National Economic and Social Development Board, NESDB）这样总结了当时的经济状况："过去 30 年来，泰国取得了非凡的经济发展成就，国民经济以年均 7.8% 的速度增长。1995 年，泰国的人均收入达到了 68000 铢，而在 1961 年时，人均收入仅为 2100 泰铢"。（Thailand, NESDB, 1996: 1）

开始进入下一个阶段，即中等收入国家时期，并开始面临各种新问题。图 2 比较了在这两个不同时期泰国政府在各个领域的目标和任务（Suehiro, 2009; 2020）。

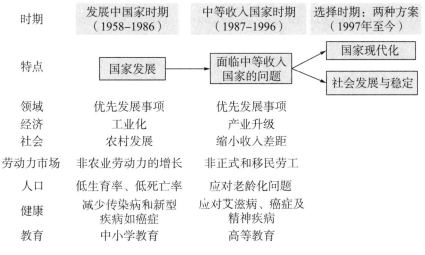

图 2　1958 年至 1996 年泰国经济和政策重点
来源：Suehiro（2009：26）

在发展中国家时期，政府为各个领域设定了优先发展事项，具体如下：经济领域实施工业化以替代进口依赖，社会领域侧重农村发展，劳动力市场需促进非农业劳动力的增长，人社部门需通过计划生育控制人口增长率，公共卫生领域侧重传染病的消除，教育领域的中小学教育普及。泰国政府制定这些优先发展事情目的是将泰国的经济地位从低收入国家提升至中等收入国家。[①]

相比之下，在中等收入国家时期，政府根据社会发展变化调整了政策目标：经济领域优先进行产业升级，社会领域着重缩小收入差距，控制劳动力市场中的非正规就业的劳动力，人社部门需应对老龄化社会带来的问题，公共卫生领域需应对癌症、糖尿病、精神疾病和艾滋病等新疾病（Suehiro, 2009: 123; 2014a: 200）[②]，促进和普及高等教育。

（二）应对外部冲击的两种策略

1997 年的亚洲金融危机暴露了泰国经济和社会方面的脆弱性，使泰国的发展发生了转折（Natenapha, 2006; Suehiro, 2008a）。泰国应该如何应对此类外部

---

① 费利佩等人依据 1990 年的购买力平价（purchasing power parity, PPP）计算出泰国在 1976 年成为中低收入国家，并在 2004 年进一步转变为中高收入国家，符合世界银行对中高收入国家的定义（Felipe *et al*, 2012: 51 - 53）。作者根据人均收入市场价格计算出，泰国在 1996 年成为中高收入国家（Suehiro, 2018: 72）。

② 癌症、糖尿病、心脏病和高血压等被称为"富贵病"，在发达国家中常见。

冲击，自此以来一直备受关注。金融危机后，泰国出现了两种应对策略。第一种策略旨在建立一个能够有效应对危机的强大国家，同时在全球资本主义体系内提升国家竞争力。这一策略的代表性人物是前总理他信·西那瓦，他提出在泰国现代化框架（Kingdom of Thailand Modernization Framework, KTMF）下建立强大国家的理念，政府应通过政治和经济改革促使泰国发展为高收入国家。第二种策略基于佛教传统的价值观，通过更加灵活的社会网络来应对外部冲击。这一策略的典型代表是普密蓬·阿杜德国王提出的"充足经济哲学"（Sufficiency Economy Philosophy）理念，以及巴威西·瓦西（Mo Prawase Wasi）在金融危机后提出的韧性社会理念。[1]

简言之，他信的策略旨在推进国家现代化，其特点是在公立和私立机构均强调竞争力和效率，重视商业发展而非社会发展。相比之下，普密蓬国王的策略旨在推进社会发展，其特点是在社会和个人生活中均强调和谐与安全（参见图5），重视社会稳定而非经济增长。

两种策略并行的状态并非是他信政府执政时期（2001年至2006年）特有的现象。二十世纪八十年代初，当时泰国正从两次石油危机导致的长期经济衰退中复苏。1980年至1988年，炳·廷素拉暖（Prem Tinsulanond）政府推出了一系列工业政策，促进以天然气为基础的重工业的发展，这是由于1973年泰国湾发现了大量天然气资源。除了促进服装等出口导向型产业，发展重工业被认为是泰国应对长期经济衰退最适合的政策。这一政策也得到了国家经济社会发展委员会（National Economic and Social Development Board, NESDB）工作促进组以及以纳隆猜·阿卡拉森尼博士（Dr. Narongchai Akarasenee）为首的新古典经济学家的支持。[2]

另外，二十世纪八十年代初的经济衰退严重损害了农村经济。与此同时，推动重工业的发展需要大量的外国投资。为了解决这些问题，由哥西·潘边叻（Kosit Panpiemras）领导的国家经济社会发展委员会工作小组提出了农村发展的平衡战略，即政府分配预算以减少农村的贫困问题，促进依赖国内资源的农业产业化发展。[3]到了二十世纪八十年代中期，前一个小组加入了1980年12月成立的促进东部沿海项目委员会（Committee to Promote the Eastern Seaboard Projects），而后一个小组于1981年加入国家农村发展委员会（National Committee for Rural Development）。

[1] 更多关于该理念的内容，参见 UNDP（2007），Prawase（1998; 1999）和 Paiboon（2010）。
[2] 纳隆猜博士是泰国法政大学经济学院前院长。当时，他是泰国工业金融公司（IFCT）的项目顾问。1996年11月至1997年10月，他担任差瓦力政府的商务部长。2014年10月至2015年8月，他担任巴育第一届政府时期的能源部长，后来任参议员。
[3] 关于农村发展倡议的详细信息，请参见 Shigetomi（2000）。哥西关于国家发展的观点收录在 Kosit（1993）一书中。

　　前一个小组推动了典型的新兴工业化国家（NICs）的工业化发展，而后一个小组推动了典型的新兴农业工业化国家（NAIC）的发展。（Suehiro and Yasuda, 1987）事实上，这两种发展方式在二十世纪八十年代炳·廷素拉暖政府执政期间是相互重叠的。从作者观察来看，在克服长期经济衰退的过程中，这两种方法是相互补充而非相互排斥的。

　　表 1 比较了自二十世纪八十年代以来，在每个关键时期国家现代化和社会发展两种策略在应对外部冲击时的不同表现，包括二十世纪八十年代工业升级政策与农村发展政策，二十世纪初他信的现代化战略与普密蓬国王的充足经济理念，由颂奇的经济技术专家团队提出的泰国 4.0 战略与世界银行 2016 年提出的包容性增长战略，及巴育政府执政时期的泰国 4.0 战略与 BCG 经济模式。

表 1　两种策略（1980 年至今）

主要推动者	国家现代化发展战略 追求高收入国家地位	主要推动者	社会发展战略 追求社会和谐稳定
国家经济社会发展委员会、泰国工业金融公司、纳隆猜博士	东部沿海项目（1980—）推进重工业	国家经济社会发展委员会、国家农村发展委员会、哥西	消除农村贫困问题农村发展规划（1980—）
他信、颂奇、素威	泰国现代化框架（2005）	国王、国家经济社会发展委员会、巴威、派汶	充足经济哲学（1997）韧性社会（1998）
英拉	2 万亿泰铢的大型投资项目（2012）	国家经济社会发展委员会	创造性经济（2013）
巴育、宋奇、素威、乌达玛、颂提叻、坎尼特	泰国 4.0 战略（2016）2017-2036 年国家发展战略	世界银行、泰国团队	包容性增长（2016）支持 40%最贫困人口
巴育、泰国内政部、国家经济社会发展委员会	泰国 4.0 战略新的 2 万亿泰铢的大型投资项目	素威、泰国高等教育、科研与创新部、国家科学技术发展局	BCG 经济模式（2019）

来源：根据 1979 年至 2019 年间的田野调查结果整理

　　需要指出的是，英拉·西那瓦（他信最小的妹妹）政府和巴育政府（在政治立场上主要反对他信）都沿袭了他信的策略，即政府推动大型项目的发展促使国家成为高收入国家。[①]

　　（三）文章结构

　　本文通过三个比较，阐明每个关键时期两种不同策略的差异。第二部分比较了 1997 年金融危机后他信的现代化框架与普密蓬国王的充足经济哲学。第三部分比较了两种摆脱中等收入陷阱的战略：第一种是注重生产创新的泰国 4.0 战略，

---

① 2012 年，英拉政府宣布了总投资达 2 万亿泰铢的大型项目。2018 年，巴育政府为 2019 年至 2025 年间的发展规划推出了类似的大型项目，投资额也达到了相同的规模。

第二种是世界银行及其团队在 2016 年提出的包容性增长战略。第四部分比较了在第 26 届联合国气候变化大会（COP 26）和联合国可持续发展目标（SDGs）等国际压力下泰国 4.0 战略与 BCG 经济模式。最后，第五部分分析了在不断变化的环境中这两种战略的局限性，并指出泰国需要引入新议程的必要性。

二、他信的现代化框架与普密蓬国王的充足经济哲学

（一）他信的经济改革及其"他信经济学"（Thaksinomics）

他信·西那瓦于 2001 年上台执政，在 2006 年 9 月的军事政变后被迫流亡海外。由于权力过度集中、政治裙带关系及腐败问题，他信当时受到了大众媒体和反他信集团的抨击。然而，很少有学者关注他雄心勃勃的改革举措，这些举措旨在将泰国从传统官僚政治体制转变为现代化强国，与全球资本主义世界中新兴的中等收入国家并驾齐驱（Suehiro, 2014b: 299）。[①]

在 2001 年 1 月他信赢得大选时，泰国经济已经开始从金融危机引发的经济衰退中恢复。如图 3 所示，1996 年，泰国经济年度增长率为 5.8%，1998 年下降至 -10.5%，而到 1999 年已恢复至 4.4%。然而，在国际货币基金组织（IMF）和世界银行（World Bank）对财政支出的严格控制下，泰国经济仍然没有强烈的复苏迹象。因此，国家经济社会发展委员会决定在第九个国民经济和社会发展计划（2002—2006 年）期间将目标增长率设定为 4.0% 至 5.0%。[②]然而，在他信政府执政期间，经济增长率超过了国家经济社会发展委员会设定的目标，2002 年到 2004 年分别为 5.3%、7.1% 和 6.3%（Suehiro, 2009: 160; 2014b: 306）。

他信担任总理期间，泰国经济能够有如此亮眼的成绩，主要原因是他信政府实施的双轨政策（dual-track policy），即在农村地区推广草根经济，同时在城市地区对大企业投资给予优惠待遇。推广草根经济的举措包括提供乡村发展基金、通过人民银行提供信贷、为农村居民提供债务减免、实施一村一品计划（OTOP）以及 30 泰铢的全民医疗服务（Thailand, NESDB 2005; Suehiro, 2009: 159-167）。另外，对大企业的优惠待遇包括通过股票市场改革动员外资，通过国家竞争力计划促进投资以及将国有资产证券化所有这些经济政策和改革措施统称为"他信经济学"。[③]

---

① 他信的改革理念源于他在信息和通信技术行业的商业经验。关于他信作为商业大亨的更多信息，参见 Sorakon（1993），Suehiro（1995），and Pasuk and Baker（2004: Chapter 2）.
② 国家经济社会发展委员会在第七个五年计划（1992—1996 年）中设定的经济平均年增长率目标为 8.2%，相比之下，第九个五年计划的经济增长目标相对较低。
③ 关于他信经济改革和"他信经济学"的背景和效果，参见 Pasuk and Baker（2004），Thailand, NESDB（2005），Rangsan（2005），Oizumi（2008）和 Suehiro（2008b; 2009; 2014b）。

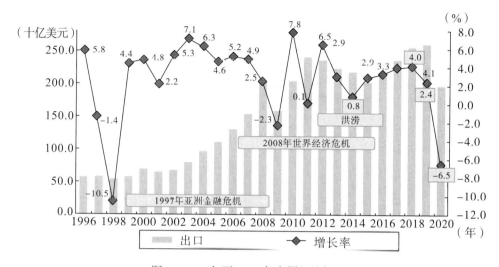

图 3　1996 年至 2020 年泰国经济概况
来源：作者根据泰国央行和亚洲开发银行编制的经济数据汇编而成
备注：出口规模以十亿美元为单位，增长率以百分比显示

　　多位学者指出，他信的政治风格符合颂奇·乍都西披塔提出的未来泰国领导力理念。颂奇是他信所属政党泰爱泰党（Thai Rak Thai）的经济政策团队负责人。[1]在他信组建内阁时，颂奇被任命为副总理，分管经济事务。

　　他信经常公开表达他的理念，即"国家就是一家公司，而总理就是国家的首席执行官"（Pran, 2004: 223-233; Pasuk and Baker, 2004: 101）。这意味着，总理就像首席执行官一样，实施公司战略，全权负责最终决策和高层人员管理。此外，他信要求所有政府机构和官员每三个月报告他们的任务、目标和绩效，就像私营公司的董事会成员必须向所有股东提交季度财务报告一样（Suehiro, 2008b: 241）。

　　他信的主要关注点在于确保泰国在全球化的新浪潮中保持竞争力。为此，他聘请了哈佛商学院著名教授迈克尔·波特（Michael Porter）担任首相特别顾问，就借鉴了美国商学院理念的国家竞争力计划提供咨询。[2]然而，他信为了优先发展经济，提高泰国在世界市场上的竞争力，降低了国防预算。

---

① 颂奇提出的"泰国公司"（Thailand Inc.）概念以及他对泰国领导层作为全球参与者的构想，详见颂奇（Somkid, 2001: 71-97）。关于他信的政治风格的描述参见 Pasuk and Baker（2004: Chapter 4），McCargo and Ukrist（2005）和 Rangsan（2005）。

② 波特关于泰国竞争力的观点汇总于他给政府的提问中，详见 Porter（2003）。

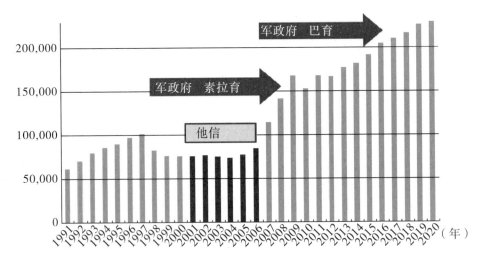

图4　1991年至2020年国防预算与他信政府国防预算（单位：百万泰铢）
来源：根据泰国预算局《泰国预算简述》及其他相关资料汇编而成

　　他信认为，军备竞赛是冷战时期的遗留传统，因此，他并不想增加国防预算。①事实上，如图4所示，在他信执政期间，政府的总预算从2000年的8600亿泰铢增加到2005年的12500亿泰铢，但国防预算总额几乎没有增加。因此，国防预算在总预算中的占比从1991年的16.0%下降到2000年的8.9%，再到2005年的6.2%（Suehiro, 2008b: 262-263）。因此，这样的政策引起了军方人士的强烈不满。

（二）他信的政治改革与现代化框架

　　如前所述，他信政府推行的是双轨经济政策。推动草根经济提高了他的声望，但面向民众的政策和项目只是他整体策略的一个方面。2005年2月，他信领导的泰爱泰党（Thai Rak Thai Party）在众议院大选中赢得了500个席位中的377个。此后，他信开始优先推行双轨政策中的另一项内容——促进城市地区的大型企业集团的发展。

　　因此，自2005年开始，他信的国家改革进入了第二阶段。首先，他提出了一项雄心勃勃的计划，旨在将泰国重组为一个具备中等收入国家经济地位的现代化国家。在他看来，泰国的政治体制、官僚机构和公共服务都已过时，这些陈旧的方式和机构使泰国脱离了全球资本主义发展的轨道。他认为，一个经济发达的

---

① 然而，他信确实直接干预了军中高级人员的人事管理。例如，在他的特别关照下，他信的侄子乌泰·西那瓦（Uthai Shinawatra）于2002年10月被提升为国防部常务副秘书长，而乌泰的弟弟柴亚西特（Chaiyasit）则在2003年10月被提升为陆军司令。这些晋升忽视了军队中正常的晋升秩序（Suehiro, 2009: 157-158）。

国家必须根据新的形势对其制度、发展方式和社会价值观进行改革，正如一家现代化公司需要改革其管理方式以适应时代发展一样（Suehiro, 2014b: 301-302）。

他信的泰国现代化框架正是他为确保泰国在全球资本主义竞争中得以生存而采取的战略。在解释框架的精髓时，他经常使用"知识""技术""管理"和"金融"等关键词。2005 年 12 月，他信在总理府向 1000 多名国内外投资者介绍了泰国现代化框架①，概述了总额高达 18000 亿泰铢（约合 450 亿美元）的大型项目。

泰国现代化框架所投资的行业领域及其投资占比如下：能源项目（23.6%）、交通运输（18.4%）、公共交通（包括曼谷的地铁和 BTS 轻轨，16.9%）、住房（13.8%）、水资源（11.7%）、教育（5.7%）和公共卫生（5.6%）。至于投资资金，政府当时估计可以从借款中筹集 6280 亿泰铢（36.9%），从国有企业收入中筹集 2470 亿泰铢（14.5%），从国有资产证券化渠道筹集 1720 亿泰铢（10.1%），其余部分（38.5%）来自私营企业的投资（Suehiro, 2008b: 258-259）。

泰国现代化框架在推行中面临两大障碍：一是由于传统官僚制度的僵化，公共服务效率低下；二是现有的预算制度受各部门的严格控制。因此，他信在公共部门发展委员会（Public Sector Development Commission, PSDC）的主持下，加速了公共部门的改革，该委员会于 2002 年 10 月成立。同时，他启动了预算制度的根本性改革，实行战略绩效预算制度（Strategic Performance Based Budget System, SPBBS），取代了以前基于各部门申请的规划编制预算制度（Planning Programming Budget System, PPBS）（Suehiro, 2008b: 255-273; 2014b: 324-334）。

尽管他信无意改变现有的以国王为元首的民主制度，但泰国现代化框架（Kingdom of Thailand Modernization Framework, KTMF）的命名使用了"Kingdom of Thailand"，而非"Thailand"，似乎暗示了改革的最终目标是政治体制改革。除了谨慎的政治立场，他信确实经常表现出与普密蓬国王相似的行为，比如对普通民众的仁慈。这样的行为不可避免地让人觉得他会挑战国王作为国家之父的地位，这也在某种程度上导致了他被迫离开政治舞台（McCargo, 2009; Puangchon, 2020）。从长远来看，他信的政治举措，包括权力集中、国家改革和挑战传统价值观，导致了 2006 年 9 月由陆军司令颂提·汶雅叻格林（Sonthi Boonyaratglin）将军领导的军事政变。然而，他信之后的政治领导人并没有完全摒弃他的理念。事实上，后来的英拉政府、阿披实政府和巴育政府都采纳了他信邀请外国资本投资大型项目的计划。

---

① 泰国现代化框架草案最初由财政部制定，并于 2005 年 6 月 14 日在泰国北部帕天府举行的移动内阁会议上获得批准（Suehiro, 2008b: 259）。

（三）普密蓬国王的充足经济哲学

他信的现代化改革和双轨经济政策的目的是应对 1997 年亚洲金融危机引发的经济衰退。而普密蓬国王的充足经济哲学则是应对危机的另一种理念。1997年 12 月 4 日，也是他生日的前一天，普密蓬国王在都实宫（Dusit Palace）发表年度讲话时，向全国电视观众介绍了充足经济哲学。在讲话中，国王提出了现阶段的优先发展事项：

> 最近，泰国实施了很多项目，建造了许多工厂，以至于人们认为泰国会从一只"小虎"发展为"大虎"。人们热衷于成为"老虎"，但成为"老虎"并不重要。对我们来说，重要的是拥有充足的经济。充足的经济意味着有足够的资源来支持我们自己……这不必是完整的，甚至不必是一半，可能只是四分之一，这样我们就能生存下去……那些喜欢现代经济学的人可能不认同这一点。但是我们必须谨慎地退后一步（UNDP, 2007: 20）。[①]

国王提到的"老虎"指泰国希望作为亚洲新兴工业经济体成为亚洲第五虎。1993 年，世界银行在其著名的报告《东亚奇迹》（*The East Asian Miracle*）中将泰国认定为新的"小虎"，将其称为高绩效亚洲经济实体（High-Performance Asian Economy, HPAE）（World Bank, 1993）。一年后，在泰国工作多年的美国发展经济学家马斯喀特（R. Muscat）也将泰国称为"第五虎"（Muscat, 1994）。然而，从上述引文中我们可以看出，国王似乎认为这些雄心壮志过于狂妄，并明确告诉泰国需要重新思考国家经济和人民生活的方向。

最初，充足经济并非国家经济发展计划中编制的经济政策，而是一种引导经济生活方向的哲学。"phophiang"这个词本身来源于佛教教义，强调少欲知足（Nonaka, 2009: 139）。充足经济哲学（SEP）的主要概念如图 5 所示，"节制""理性"和"免疫力"是实现"和谐""可持续发展"和"安全"的三大工具。"免疫力"指社会应对外部冲击的能力。充足经济哲学并不是提倡回到古代的自给自足经济，而是试图建立一种社会韧性，或者是处理社会和人民面临的各种外部冲击的能力。换句话说，充足经济哲学为人们提供了有效应对全球化对其生活、社会和环境产生的严重影响的方法，同时也为实现和谐、安全和可持续的社会提供了指引。

[①] 国王的泰语演讲原文汇编于 Thailand, SCSEP, NESDB（2007）。

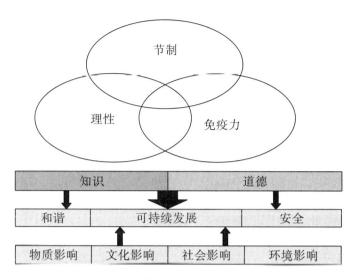

图 5　普密蓬国王充足经济理念

来源：作者参考 UNDP（2007: 30）编制

在金融危机发生之前，普密蓬国王已经在北标府（Saraburi Prefecture）实施一个实验性的农业项目，以展示其综合农业理念。该项目将一个占地 2.4 公顷的农场划分为四个区域：（1）30%用于水稻种植；（2）30%用于水果和其他作物；（3）30%用于建造养鱼池塘，同时便于在旱季提供水源；（4）10%用于住房和畜牧业（UNDP, 2007: 28）。这种综合农业的理念随后发展成为皇家的农业理论，并在金融危机之后向农民普及。[①]

1998 年，泰国内政部开始通过地方政府宣传充足经济哲学理念，与此同时，泰国教育部则命令小学根据充足经济哲学理念宣传综合农业。[②]在 1999 年 12 月到 2001 年 1 月的 14 个月里，泰国教育部发放了 25000 份宣传手册，介绍国王的新农业理论。这些手册被重印了六次，创下了泰国出版界的记录（Thailand, Ministry of Education and Ruam Duai Chuaikan Printing House, 2001）。

2000 年初，泰国经济和社会发展委员会将充足经济哲学确定为推动第九个国家经济社会发展计划（2002—2006）的核心概念。值得一提的是，第九个五年计划开始的时间是他信政府上台执行的第二年。如前所述，他信政府采取的国家发展战略与充足经济哲学的理念完全相反。例如，他信倡导营利性农业而非有机综合农业。他还下令利用最新技术开发化石燃料，而不是使用清洁能源。

因此，在他信政府执政期间，国家经济和社会发展委员会不得不同时执行两

① 关于皇家农业理论的更多内容，参见 Thailand, SCSEP, NESDB（2015）。关于对农村地区宣传充足经济哲学的批判性评论，参见 Walker（2010）。

② 根据作者的观察，泰国东北部大部分小学都在校园内引入了有机蔬菜种植以及家禽和鱼类养殖。

种不同类型的国家发展战略，即他信经济学和王室支持的充足经济学。[1]在 2006 年 9 月军事政变后，第十个国家经济和社会发展计划（2007—2011）更加强调充足经济哲学，并在泰国经济和社会发展委员会内部成立了特别小组专门负责推广充足经济哲学。2007 年，在军方的支持下，充足经济哲学正式被列入 2007 年《泰王国宪法》第五章第 83 条（Suehiro, 2009: 135）。[2]

从经济角度来看，充足经济哲学（SEP）几乎未对泰国的国内生产总值（GDP）做出贡献。然而，充足经济哲学似乎起到了晴雨表的作用，可以检验在推动社会发展的前提下，国家经济发展方向是否合理。实际上，充足经济哲学得到了世界银行社会政策小组和社会投资基金（Social Investment Fund, SIF）项目的认可，后者是在亚洲金融危机之后与非政府组织合作推出的。[3]同样，在巴育政府领导下，充足经济哲学的理念在包容性增长政策和 BCG 经济模式中得到了部分再现。

三、泰国 4.0 战略与包容性增长

（一）经济停滞与收入不平等加剧

自 2006 年军事政变以来，泰国的经济长期停滞不前，仅在 2010 年和 2012 年有所增长（见图 3）。从表 2 泰国 2013 至 2019 年泰国的经济增长率的相关数据也可以看出这一点。在 1996 年之前，泰国的经济一直保持着持续性的增长（见图 1）。然而，在 2010 年之后，泰国的经济表现不仅在东盟国家中一直最差，而且与其他亚洲新兴经济体相比也是如此，比如中国和印度。因此，到 2015 年左右，经济学家们坚称泰国陷入了中等收入陷阱。[4]

表 2 2013 年至 2019 年主要亚洲国家经济年增长率（%）

国家	平均值	2013	2014	2015	2016	2017	2018	2019
印度	7.23	6.4	7.4	8.2	7.1	6.6	7.3	7.6
缅甸	7.16	8.4	8.0	7.0	5.9	6.8	6.8	7.2
中国	6.94	7.8	7.3	6.9	6.7	6.9	6.6	6.4
菲律宾	6.66	7.1	6.1	6.1	6.9	6.7	6.8	6.9
亚洲发展中经济体	6.61	7.0	6.8	6.6	6.4	6.6	6.5	6.4

[1] 作者于 2004 年 1 月在国家经济和社会发展委员会办公室对 Arkhom Termpittayapaisith 进行了采访。

[2] 第 83 条规定："国家应促进和支持充足经济哲学的实施"（constituteproject.org 2022）。

[3] 社会投资基金由两位关键人物发起：派汶·瓦塔纳西里他（Paiboon Wattanasiritham）和巴威西·瓦西（Mo Prawase Wasi）。派汶在 1988 年至 1997 年期间担任泰国农村重建运动基金会的主任，该基金会由王室赞助；后来在颂提政府（2006 年 10 月至 2008 年 2 月）中担任社会发展与人类安全部部长。巴威西·瓦西是一个推广韧性社会理论的非政府组织的杰出领导人。关于社会投资基金的背景、过程和成果参见 Shigetomi（2010）和 Suehiro（2022: 133-135, 138）。

[4] 关于泰国中等收入陷阱的讨论，参见 Suehiro（2014a: Chapter 6），Veerayooth（2015），Suehiro and Natenapha（2022）和 Natenapha（2023）。

续表

国家	平均值	2013	2014	2015	2016	2017	2018	2019
越南	6.43	5.4	6.0	6.7	6.2	6.8	7.1	6.8
印尼	5.17	5.6	5.0	4.9	5.0	5.1	5.3	5.3
马来西亚	5.16	4.7	6.0	5.0	4.2	5.9	5.3	5.0
泰国	**3.14**	**2.7**	**1.0**	**3.0**	**3.3**	**3.9**	**4.0**	**4.1**

来源：依据亚洲开发银行的数据编制（April 2018, 310）

备注：（1）2013 年至 2016 年的数据为实际数据，2017 年为暂定数据，而 2018 年和 2019 年为预测数据；（2）本表省略了包括新加坡在内的新工业经济体；（3）"亚洲发展中经济体"指的是按人均国内生产总值计算的亚洲国家（经济体），不包括发达国家（经济体）。

一般来说，任何国家陷入中等收入陷阱的原因都不能归咎于单一因素。但是，可以肯定地说，陷入中等收入陷阱的国家普遍存在一个共同现象，即依赖低成本优势的发展模式。换句话说，这些国家继续遵循　种依赖廉价劳动力和低成本资金持续投入的发展模式，而没有提高生产率或改善投资效率（Gill and Kharas, 2007; ADB, 2017）。在这种情况下，一旦工资开始上涨，增长率就不可避免地会放缓。泰国正是这样一个例子。

除了长期的经济停滞，泰国还面临着另一个严重问题，即经济不平等加剧。图 6 描述了从 2002 年到 2020 年期间贫困人口比例和基尼系数的变化。几十年来，减少贫困一直是泰国历届政府要实现的最重要的国家目标之一。然而，他信政府却宣布结束与贫困问题的斗争，将政策重点转向为低收入阶层提供福利保障（Suehiro, 2008b: 253-255; Oizumi, 2008）。随后，贫困人口比例显著下降，从 2002 年的 32.4% 降至 2020 年的 6.8%。然而，同期基尼系数却没有发生显著变化，仅从 2002 年的 0.418 略降至 2020 年的 0.350。通常，如果某个国家的基尼系数超过 0.350，那么该国在收入分配方面就被认为是较不平等的。泰国无疑属于收入分配不平等的国家之列。[①]

图 7 清楚地展示了当代泰国的经济不平等状况。为了了解经济集中程度，我们根据《福布斯》（Forbes）的数据，计算了泰国前 20 个最富有家族的资产总市值占泰国名义 GDP 的百分比。令人震惊的是，多年来，这些家族的资产迅速增加，从 2009 年占 GDP 的 7.6% 增长到 2014 年的 18.2%，再到 2018 年的 29.0%。休伊森（Hewison, 2019）还利用基尼指数（1981—2017 年）的收入数据和福布斯（2006—2020 年）对泰国最富有的 50 个家族财富增长的调查，研究了经济集中的发展趋势。此外，根据《2018 年全球财富数据手册》（Global Wealth Databook 2018），泰国最富有的 1% 的人口占有泰国总资产的 66.9%，在调查的 40 个国家

---

① 2012 年，亚洲开发银行（ADB）的一份开创性报告分析了亚洲国家日益严重的经济不平等现象，并首次包含了各国当前的状况、主要原因和政策建议。

中，泰国在财富分配平等性方面排名最靠后（Credit Suisse Research Institute, 2018: 156, Table 6-5）。①

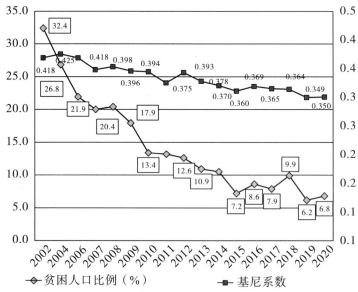

图 6　2002—2020 年泰国贫困人口比例和基尼系数

来源：作者依据世界银行的基尼系数在线数据以及 2002—2020 年泰国国家经济和社会发展委员会发布的贫困数据制作

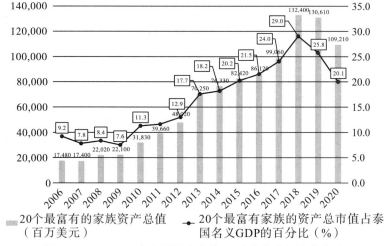

图 7　2006—2020 年泰国最富有的 20 个家族和经济集中度

来源：（1）福布斯"泰国 50 大富豪榜"（2006—2020）；（2）Hewison（2019: 262-277）；（3）世界银行指标在线数据，访问日期为 2020 年 7 月 18 日

---

① 其他在财富分配不均方面排名靠前的还有俄罗斯（最富有的 1% 人口拥有全国 57.1% 的资产）、土耳其（54.4%）、印度（51.5%）和印度尼西亚（46.6%）。

（二）泰国 4.0 战略

2016 年，素威·梅信西（Suvit Maesincee）在亚洲理工学院（AIT）的一次讲座中指出，泰国需要制定新的国家战略主要有两大原因。第一个原因是泰国需要效仿先进国家制定国家战略，如美国的"制造强国"（A Nation of Makers）战略、英国的"设计创新"（Design Innovation）战略、新加坡的"智慧国家"（Smart Nation）战略以及韩国的"创意经济"（Creative Economy）战略。这些战略都非常重视"创新"和"信息技术"（Suvit, 2016: slides 2 to 7）。第二个原因是泰国需要走出前文提到的中等收入陷阱。[①]

在此背景下，巴育政府在军事政变发生两年后，即 2016 年年中宣布了新的国家战略"泰国 4.0"。有意思的是，提出泰国 4.0 概念的经济团队成员中，有几位成员曾在他信政府的经济团队中任职。主要人物包括：颂奇·乍都西披塔（Somkid Jatusripitak），他在他信政府和巴育政府时期都曾担任分管经济事务的副总理；素威·梅信西，他曾在他信政府中担任商务部副部长，并于 2016 年 12 月被任命为总理办公室部长级官员[②]；乌塔玛·萨瓦纳亚那（Uttama Savanayana），他于 2015 年 8 月至 2016 年 9 月期间担任信息通信部部长，在 2016 年 12 月至 2019 年 1 月担任工业部部长，并于 2019 年 7 月至 2020 年 7 月担任财政部部长；颂提叻·颂提基拉望（Sontirat Sontijirawong），他于 2017 年 11 月被任命为商务部部长，后来担任能源部部长。（Suehiro 2018, 91）

泰国 4.0 战略的概念源自德国政府提出的"工业 4.0"（Industry 4.0）理念。工业 4.0 指的是在人工智能（AI）、物联网（IoT）和智能工厂的基础上，推进制造业进入的一个新的发展阶段。"工业 1.0"是推动基于水蒸气为能源的工厂生产，"工业 2.0"是推动基于电力为能源的批量生产，"工业 3.0"是推动基于使用计算机系统的灵活生产（Suehiro, 2018: 87-89）。

德国"工业 4.0"主要关注制造业生产系统，而"泰国 4.0"战略考虑了整体经济体系的变化，具体如下："泰国 1.0"侧重农业发展，"泰国 2.0"侧重轻工业和进口替代品发展，"泰国 3.0"侧重重工业发展及促进出口。而"泰国 4.0"则标志着泰国经济体系的发展进入新的阶段，其特点是通过信息技术和数字经济实现创新。"泰国 4.0"的原型是素威于 2016 年提出的，如图 8 所示。之后，工业部（Ministry of Industry）依据这一理念于 2016 年 10 月制定了"泰国工业 4.0"

[①] 新加坡的"智慧国家"战略旨在基于技术创新中心和信息技术生态系统，打造一个全新的经济体系，而韩国的"创意经济"战略则希望通过创新来打造一个充满活力的新型经济。中国的"中国制造 2025：中国制造业新纪元"战略则重点推进包括新一代信息技术、机器人、航空航天装备和新材料等在内的 10 个目标产业的发展。

[②] 素威于 2017 年 11 月被任命为泰国科技部部长，后来在 2019 年 7 月至 2020 年 7 月期间担任泰国高等教育与科研创新部第二任部长。

的总体规划。图 9 总结了工业部的计划，包括其背景、三大陷阱、克服这些陷阱的三大增长引擎以及预期的经济成果。该计划首先指出了泰国的工业部门在过去十年（2006—2015 年）的糟糕表现，具体表现为工业年增长率为 3.0%、制造业投资年增长率为 2.0%、制造业出口年增长率为 5.4% 和全要素生产率（TFP）年增长率为 0.7%。特别是全要素生产率的缓慢增长，是泰国长期经济停滞的主要原因。

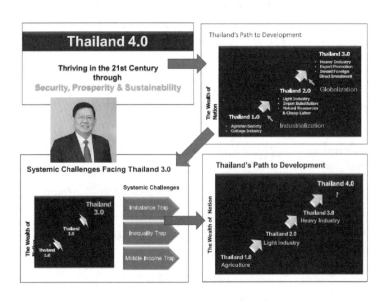

图 8   素威·梅信西提出的泰国 4.0 计划的最初构想
来源：素威在亚洲理工学院的讲座（2016）

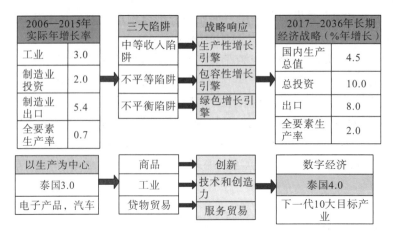

图 9   泰国 4.0 战略与 2017—2036 年长期经济战略
来源：依据泰国工业部（2016）资料制作

　　这些糟糕的表现主要原因是泰国过去十年一直面临的三大陷阱，即中等收入陷阱、不平等陷阱以及经济增长与环境失衡的陷阱。为了走出这些陷阱，政府推出了三大增长引擎：生产性增长引擎、包容性增长引擎和绿色增长引擎（Thailand, Ministry of Industry, 2016: 5）。[①]根据泰国 4.0 战略，如果政府成功发动这些增长引擎，泰国有望在 2036 年由中高收入国家转变为高收入国家（Thailand, Ministry of Industry, 2016: 23-24）。

　　除了这些战略，政府还重组了现有的基于商品、工业和货物贸易的泰国 3.0 生产系体系，将其转向基于创新、技术和创造力以及服务贸易的新生产体系。最后，在未来二十年内，泰国 4.0 战略计划将经济基础从以电子产品和汽车生产为中心的制造业转向伴随下一代战略产业的数字经济（见表 3）。

表 3　1997 年 13 个目标产业与 2015 年 10 个目标产业的比较

1997 年产业结构调整计划中的 13 个目标产业		新一代 10 大产业 ◎依赖外商直接投资，#BCG 经济模式	
1997 年 11 月内阁会议		2015 年 11 月内阁会议	
1	食品、食品加工	**A**	**第一 S 曲线产业**
2	纺织、服装	1	新一代汽车#◎
3	鞋类和皮革制品	2	智能电子产品◎
4	天然橡胶及其制品	3	医疗与健康旅游#
5	塑料制品	4	农业与生物技术#
6	家具	5	新型食品加工#
7	汽车及汽车零部件	**B**	**新 S 曲线产业**
8	电气和电子部件	6	机器人技术◎
9	石油化工	7	航空与物流◎
10	钢铁	8	生物燃料与生物化学#◎
11	医药产品	9	数字经济◎
12	宝石和珠宝	10	医疗中心#◎
13	陶瓷和玻璃制品			

来源：Suehiro（2010: 147）和 Thailand, Ministry of Industry（2016: 10-12）

　　因此，泰国 4.0 战略的目标是发展 10 个战略产业，这些产业分为两组（Thailand, Ministry of Industry, 2016: 9-12）。第一组是五个现有产业，需要根据新技术的发展进行重构。这些产业具体为：（1）新一代汽车，包括插电式混合

---

① "生产性增长引擎"是泰国工业部从泰语"นวัตกรรมเพื่อการยกระดับผลิตภาพ"，意为"创新促进生产力提升"。本文中作者使用了"创新驱动增长引擎"和"生产性增长引擎"两种表达。关于泰国创新和研发活动的发展情况，参见 Patarapong（2017）。

动力汽车（PHEVs）和电动汽车（EVs）；（2）智能电子产品，如柔性印刷线路板（Flexible Printed Circuit）和微电子设计；（3）医疗与健康旅游；（4）农业与生物技术；以及（5）新型食品加工，如医用食品和食品补充剂。第二组是未来导向型产业，是新发展目标。这些产业具体为：（6）机器人；（7）航空与物流，包括航空航天工业的维护、修理和大修（MRO）；（8）生物燃料与生物化学品；（9）数字经济，包括数据中心、智能城市和创意媒体与动画；以及（10）医疗中心。

与川·立派政府 1997 年提出的工业重组计划中的 13 个目标产业相比，巴育政府的发展目标野心勃勃，专注于"下一代产业"而非出口导向的劳动力密集型产业，如纺织品、服装、运动鞋和塑料制品（Suehiro, 2010）。①与此同时，几个战略性产业（包括表 3 中的第 1、2、5、7、8、10 项产业）与第十一个国家经济和社会发展计划（2012—2016 年）重点推广的 11 个产业重合（Oizumi, 2017: 97-98）。毫无疑问，这些重合的产业将在新技术和数字经济的基础上进行重构，以符合长期愿景。

（三）东部经济走廊（EEC）经济特区

与以往的工业或经济政策相比，泰国 4.0 战略主要有两个特点。第一个特点是泰国已经立法将泰国 4.0 战略纳入二十年国家战略。2017 年，泰国政府向立法机构提交了二十年国家战略草案，并在获得国会批准后在《皇家公报》（*Royal Gazette*）上公布。②这意味着，即使巴育政府被另一政府取代，下一届政府仍有义务在此期间（2017 年至 2036 年）推进这一国家战略。

第二个特点是，2018 年 5 月，泰国通过立法确定了将泰国东部地区作为特定的战略区域来推进泰国 4.0 战略的实施。选择泰国东部作为战略区域的主要原因如下。首先，东部在现有工业基础设施方面具有比较优势，这得益于自 1981 年开始的前东部海岸计划。现有的基础设施包括深海港口、天然气工厂、机场设施、高速公路和铁路，不过这些基础设施几乎都需要全面升级（Kanit, 2017）。③其次，东部有多达 16 个工业园区，以汽车、石化和其他相关产业为主。工业集群中制造业企业的多边集聚效应有望推动电动汽车、智能电子、机器人和生物燃料的发展，以及下一代产业的研发活动。第三，2015 年，泰国人均 GDP 为 5937 泰铢，

---

① 自 2000 年以来，由于劳动力成本上升，这些出口导向型的劳动密集型产业在泰国已经逐渐衰落。

② 在 2018 年 5 月《东部特区法》（Act of the Eastern Special Development Area）颁布之前，军政府，即国家和平与秩序委员会（NCPO），分别在 2017 年 1 月 17 日、5 月 26 日和 10 月 25 日，通过国家和平与秩序委员会主席（总理巴育）发布的第 2 号令（《东部经济走廊发展计划框架》）、第 28 号令（《提高效率》）和第 47 号令（《通过强制手段征收土地》），为《东部经济走廊发展计划 》的实施提供了法律保障。

③ 值得一提的是，东部经济走廊发展委员会办公室（Office of the EEC Development Committee）秘书长是坎尼特·桑苏班（Kanit Sangsubhan），他曾是负责东部沿海项目的国家经济和社会发展局（NESDB）的官员，曾在担任财政研究所所长期间担任总理他信的特别顾问。

而东部三府——春武里、罗勇和巴真武里府——的人均 GDP 平均值为 16741 泰铢，是全国平均水平的 3 倍，而且也超过了大曼谷区（14990 泰铢）的平均水平（Suehiro, 2018: 96-99）。这样的经济条件被认为适合作为智能城市发展的试点。最后，泰国东部不仅有望成为东南亚大陆的战略枢纽，还将成为连接泰国与北方的中国和日本、东方的美国、西方的印度、中东和欧洲，以及南方的东盟国家的门户。

出于这些原因，政府在东部地区实施了一系列大型项目，例如升级 Laem Chabang 和 Map Ta Phut 的深水港口以及 Satthahip 商业港口，将乌塔堡机场打造为航空航天工业的 MRO 中心，建设连接三个国际机场的高速铁路（Thailand, Ministry of Industry, 2017: slide 9）。同时，政府还向计划在 EEC 经济特区投资下一代产业的投资者提供全面的税收激励措施。

据泰国工业部估计，东部经济走廊的总投资将达到 16560 亿泰铢（475 亿美元）（Thailand, Ministry of Industry, 2017: slide 11; Suehiro, 2018: 101）。从投资规模可以看出，东部经济走廊的大型项目与他信政府时期的国家现代化框架相当。同时，泰国 4.0 战略的发展方向也与他信的改革方向相似，两者的目标都是实现泰国的现代化，达到高收入国家的经济地位。

（四）世界银行的替代方案

如图 9 所示，泰国 4.0 战略确定了三个不同的增长引擎，以推动泰国迈向高收入国家行列，即：（1）生产性增长引擎（或创新驱动增长引擎），以提高人均收入；（2）包容性增长引擎，以更公平地分配增长成果；（3）绿色增长引擎，以协调发展与环境保护之间的关系（见图 9）。

然而，泰国 4.0 战略的内容显示，这一战略仅将创新驱动增长引擎作为优先发展的重点[①]。因此，国际机构及泰国经济学家提出了有利于包容性增长和绿色增长两个引擎的平衡性增长方案。在这些方案中，世界银行提出的《重回正轨》（*Getting Back on Track*）是制定泰国 4.0 战略替代方案的有效借鉴。

这份报告是世界银行"国家系统诊断"（Systematic Country Diagnostic）系列报告的一部分。在针对泰国的调查中，由拉斯·桑德加德（Lars Sondergaard）领导的一个 17 个小组组成的研究团队，分别专注于农业、气候变化、能源、就业、治理方式、教育、交通、社会保障等方面进行研究。这份报告是世界银行与泰国相关的工作团队共同完成的，包括国家经济和社会发展委员会（NESDB）、泰国央行（Bank of Thailand）、预算局（Office of Budget Bureau）、财政政策办

---

① 泰国工业部的总体规划主要聚焦于工业部门（创新驱动增长引擎），其他部门本应为包容性增长引擎和绿色增长引擎制定长期战略，但实际上其他部门并未付诸行动。因此，工业部的规划实际上代表了泰国 4.0 战略的核心内容。

公室（Fiscal Policy Office, FPO）、财务部公债管理办公室（Office of Public Debt Management in the Ministry of Finance）和国家统计局（National Statistical Office）。泰国团队的负责人是布差·查拉桑送布（Boonchai Charassangsomboon），他曾在 2010 年至 2012 年担任财政政策办公室宏观经济政策主管，并于 2013 年被任命为世界银行东南亚区域办公室的执行董事（World Bank Group, 2016: 10-11）。从这个意义上说，与泰国 4.0 战略提出的新方法相比较，这份报告在一定程度上反映了当时泰国与经济相关政府机构的官方立场。

世界银行及其研究团队强调当代泰国面临以下三大主要问题：（1）现有发展模式依赖低成本优势，存在局限性；（2）收入分配方面的经济不平等现象日益加剧；（3）国家经济增长与环境保护目标之间的矛盾日益突出。这三个问题恰好与泰国 4.0 战略中强调泰国经济发展所面临的三大障碍相吻合，即中等收入陷阱、不平等陷阱和失衡陷阱。

报告还提出了泰国"重回正轨"、重振经济增长、确保繁荣发展的三大关键措施。第一条途径是通过增加基础设施投资、通过自由贸易协定和放松管制增加竞争，以及通过创新提高企业层面的竞争力，来创造更多更好的就业机会。第二条途径是为最贫穷的 40% 人口提供更多支持，包括提高劳动力教育水平和技能水平，提高农业生产率，以及为穷人建立更安全、智能的社会保障体系。第三条途径是通过改善泰国自然资源和环境的管理，减少自然灾害和气候环境的脆弱性，以及促进能源效率和清洁能源的使用，使经济增长更加环保、更有韧性（World Bank Group, 2016: 14）。

这些理念在 2016 年部分纳入由国家经济社会发展委员会制定的二十年国家经济和社会发展战略中，该战略旨在平衡经济、社会和环境，以实现可持续发展（Thailand, NESDB, 2016）。与此同时，这些理念也被整合到巴育政府于 2019 年提出的"生物循环绿色经济模式"（Bio-Circular-Green, BCG）中。

四、泰国 4.0 战略与生物循环绿色经济模式（BCG 经济模式）

（一）BCG 经济模式的起源与背景

BCG 经济模式将泰国 4.0 战略与充足经济哲学、科技创新战略以及联合国可持续发展目标的国际目标相结合（Thailand, MHESI, 2021: 54）。2019 年 11 月，"BCG 行动方案"首次由泰国高等教育、科研与创新部（MHESI）提出，泰国高等教育、科研与创新部前身为科技部（Thailand, MHESI, 2019）。当时，素威·梅信西担任泰国高等教育、科研与创新部第二任部长（第一任部长是颂奇），负责监督该提案的实施。泰国高等教育、科研与创新部认为：

BCG 模式充分利用了国家在生物多样性和文化丰富性方面的优势，利用技术和创新将泰国转变为一个以价值为基础、以创新驱动的经济体。该模型符合联合国可持续发展目标，也与充足经济哲学的理念一致，后者也是泰国社会和经济发展的关键原则。（Royal Thai Embassy, 2022）

根据"BCG 行动方案"，BCG 经济模式由三大经济体系组成：（1）生物经济，基于当地自然资源生产环保产品；（2）循环经济，旨在通过"制造=使用=返还/回收"这一实践模式，从线性经济转向循环经济；（3）绿色经济，旨在通过节能和增加清洁能源的使用来保护环境 （Thailand, MHESI, 2019: 2-3; Kumagai, 2022a）。

2020 年 5 月，素威在其报告《世界在变，人在调整》中结合后新冠时代人们的生活探讨了 BCG 经济模式的概念。该报告是为纪念泰国高等教育、科研与创新部成立一周年而发表的。

2020 年 10 月，巴育政府成立了 BCG 管理委员会。国家科学技术发展局（NSTDA）被指定为该委员会秘书处，同时确定了 23 名委员会成员[①]。2021 年 1 月，内阁批准了"BCG 经济模式 2021—2026"六年国家发展计划。与泰国 4.0 战略不同，BCG 经济模式并不是国家战略，而是通过包容性增长引擎和绿色增长引擎来支持泰国 4.0 战略。

巴育政府敢于将 BCG 作为国家议程推出，主要原因如下。

首先，素威本人意识到了泰国 4.0 战略的弱点，即过度倾向于生产性增长引擎。因此，他试图通过 BCG 经济模式对泰国 4.0 战略进行纠偏，回到最初三个增长引擎共同发展的理念。

其次，巴育政府期望加速 BCG 经济模式的发展，以符合泰国对可持续发展目标的国际承诺。根据《可持续发展报告 2021》（*Sustainable Development Report 2021*），泰国在可持续发展目标指数（SDGs Index）方面全球排名第 43 位。这一排名虽然并不突出，但比其他东盟国家要高，例如越南，排名第 51 位；马来西亚，第 65 位；新加坡，第 76 位；印度尼西亚，第 97 位；以及菲律宾，第 103 位（Sachs *et al.*, 2021）。作为东盟国家中的领跑者，政府有必要准备更具体的计划，以向国际社会展示。

第三，巴育政府被要求在 2021 年 11 月第 26 届联合国气候变化大会（COP 26）在英国举办之前采取一些行动。因此，在参加此次大会之前，巴育总理宣布泰国

[①] 委员会成员由两大群体组成：14 名成员为现任政府官员，包括总理、泰国高等教育、科研与创新部部长（阿内·老塔玛塔）、能源部长、自然资源部长、国家经济社会发展委员会和泰国投资委员会的官员、国家科技发展局秘书长等；另外 9 名为委任成员，包括泰国两仪集团董事长汪东财（Issara Vongkusolkit）、泰国国家石油公司（PTT）前 CEO 德文·汪瓦尼可（Dhevin Vongvanich）、泰国数字委员会（Digital Council of Thailand）的克里特·纳·拉姆良（Krit Na Lamliang）等人（Order of the Prime Minister Office No. 325/2563, October 22, 2020）。

将在 2050 年成为碳中和社会，在 2065 年成为净零排放社会。然而，最初的 EEC 计划鼓励在泰国东部建设能源消耗大的大型项目。因此，巴育需要倡导节能发展的项目，而非能源消耗型的项目。这些原因共同促使政府在 2021 年 1 月将"BCG 经济模式 2021—2026"作为国家议程推出（Thailand, Cabinet Secretariat Office, 2021）。

（二）BCG 经济模式的概念与目标

素威提出的 BCG 经济模式如图 11 所示。该模式以充足经济理念为驱动，结合泰国 4.0 战略中的科技和创新政策与活动，将引领泰国朝着符合国际可持续发展目标的方向发展（Thailand, MHESI, 2019:11; 2021: 54）。该模式将他信的政治理念和普密蓬国王的哲学整合到一个发展议程中，以应对国际可持续发展目标和第 26 届联合国气候变化大会的国际压力。

在此概念下，BCG 模式被应用于重点推动四个产业的发展：（1）农业和食品，通过产品多样化、产品差异化、产品高价值化、减少浪费和提高资源使用效率等方式，提升产品价值；（2）医疗与健康，包括疫苗、生物制药和医疗设备的研发和生产技术；（3）生物能源、生物材料和生物化学，由于政府制定了可再生能源目标，这些领域具有巨大的发展潜力；（4）旅游与创意经济[①]，这与健康旅游、生态旅游和体育旅游相关联（Thailand, MHESI, 2019: 18-19）。这四个产业与泰国 4.0 战略的十个目标产业中的第 1、3、4、5、8 和 10 项产业重合（参见表 3）。

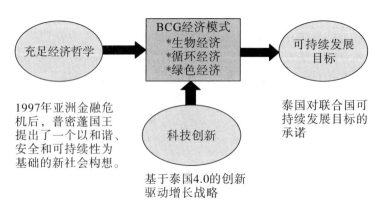

图 11　泰国 4.0 与 BCG 经济模式的关系

来源：依据 Suvit（2020: 37-38）编制

---

① 创意经济的概念最初是由国家经济社会发展委员会秘书长阿空·丁拔他耶拜实（Arkhom Termpittayapaisith）在 2011 年 3 月的一次演讲中提出的（Arkhom 2011）。他将创意经济描绘为一种基于泰国独特竞争优势或"泰国特色"的经济框架，利用文化资产、人民的热情好客和自然资源取得经济发展。他对泰国工业发展模式的独特见解，参见 Arkhom（2013）。

此外，2021 年 6 月，泰国高等教育、宣布了一项更为详细的 BCG 计划，涵盖了 2021 年至 2027 年的发展计划。该计划包括四个主要目标和 14 个绩效指标。如表 4 所示，每个指标都非常雄心勃勃，有些指标对于泰国来说似乎难以实现。

表 4　2021 年至 2027 年 BCG 经济模式发展计划：四个主要目标和 14 个绩效指标

序号	主要目标	实现目标的指标
I	提高经济增长率	1. 将 BCG 经济活动附加值对 GDP 的贡献从 3.3 万亿泰铢提高到 4.4 万亿泰铢。 2. 将 BCG 经济活动占 GDP 的百分比提高到 24%或更高。 3. 将基础产业经济活动占 GDP 的百分比提高到 50%或更高。
II	减少社会不平等	1. 改善 1000 万收入不平等人群的经济状况。 2. 将遭受食物短缺和营养不良的人口比例降低至总人口的 5%以下。 3. 在疫情期间为至少 30 万人提供药品、疫苗和医疗工具。 4. 保留 20%或以上的社区进行自给自足活动。
III	自然资源和环境的可持续发展	1. 将自然资源消耗减少至现有水平的四分之一。 2. 与 2016 年的水平相比，到 2030 年将温室气体（GHG）排放量减少 20%至 25% 3. 新增森林面积 20 万莱①。
IV	自力更生	1. 为一百万人提供培训和新技能。 2. 帮助至少 1000 家 BCG 初创企业实现商业化。 3. 将国际收支平衡中专利服务逆差减少 20%或更多。 4. 将医疗/健康产品进口价值减少 20%或更多。

来源：Thailand, MHESI（2021：9）

这些难以实现的指标包括：（1）将 BCG 经济活动在国内生产总值的占比提高到 24%或更高；（2）改善 1000 万受收入不平等影响人群的经济状况；（3）将自然资源消耗量减少至现有水平的四分之一；（4）与 2016 年的水平相比，到 2030年将温室气体（GHG）排放量减少 20%至 25%。关于第一个目标，据泰国高等教育、科研与创新部估计，2021 年泰国国内生产总值中约有 21%可归因于 BCG 经济活动（Royal Thai Embassy, 2022）。然而，根据熊谷（Kumagai）的估计，作为BCG 经济活动中最大的项目，生物经济占国内生产总值的比例从 2011 年的 18%下降到 2020 年的 14%（Kumagai, 2022b: 170）。这表明政府很难在 2027 年实现将 BCG 经济活动在国内生产总值的占比提高到 24%。

另一个问题与负责实现这些目标的组织有关。在 BCG 管理委员会的 14 名政府官员中，有泰国高等教育、科研与创新部和国家科学技术发展局这两个核心机构的代表。与负责泰国 4.0 战略的工业部和国家经济和社会发展委员会不同，这

---

① 莱（Rai），泰国面积单位，1 莱等于 1600 平方米。

两个核心机构在执行国家计划方面缺乏经验。同时，也没有一个组织来协调 BCG 经济模式和泰国 4.0 战略。显而易见，要想成功实施 BCG 困难重重。

2022 年 2 月，内阁批准了一项 2022 年至 2027 年的行动计划，以推进 BCG 经济模式，总预算约为 410 亿泰铢（Bangkok Post, February 9, 2022）。与其庞大的目标范围相比，预算规模极小，还不到东部经济走廊发展计划预算（16560 亿泰铢）的 3%。

五、泰国平衡政策的局限性

泰国人倾向于避免极端的思想和行为。如果一个群体坚持极端的政策 A，另一个群体则会反对政策 A 或提出政策 B 来作为平衡，以减轻政策 A 的影响。这种做法通常会使整个社会收益，而非某个特定的利益集团。避免极端行为的做法也与泰国人习惯选择中庸之道有关，根据佛教的实用教义，这种选择是正确的（Nonaka, 2009: 5-79）。

泰国经济政策所采取的两个不同的发展方向与佛教的中庸之道异曲同工。两个不同发展方向的经济政策相互影响，引导泰国构建一个健全的宏观经济体系和稳定和谐的社会。20 世纪 80 年代，泰国同时采用了新兴工业化国家发展模式和新兴农业工业化发展模式便是一个很好的例证。新兴工业化国家的发展模式旨在促进出口导向型产业和重工业的发展，以支持城市地区的大型产业；而新兴农业工业化国家的发展模式旨在减少收入差距，以支持农村地区发展。这两种发展模式在维持国民经济方面保持着互补的关系。尽管同时采用两种发展模式是泰国人均收入较亚洲其他新兴工业化国家较低，但也使其在面对外部冲击时更加灵活，更具韧性。

在应对 1977 年经济危机时，他信和普密蓬国王所采取的方法也存在类似的关系。如果政府持续推进他信的方法，强调竞争力、效率和经济效益，那么泰国社会很可能会出现两极分化，一方是他信政策的追随者，另一方是被排除在这些政策之外的人。在这种情况下，普密蓬国王的充足经济哲学便起到了稳定器的作用，减少了极端政策对社会的影响。

然而，近年来，负责管理和监督国家计划的主要人物以及有效协调不同利益诉求的政府机构都面临着挑战。首先，由副总理颂奇领导的经济团队成员在 2020 年 7 月全部辞去了巴育政府内阁的职务。团队成员包括：颂奇、素威·梅信西（高等教育、科研与创新部长）、乌塔玛·萨瓦纳亚那（财政部长）、颂提叻·颂提基拉望（能源部长）及戈沙·普特拉库尔（Kobsak Pootrakul，总理副秘书长）

（*Bangkok Post*, July 16, 2020）。①这意味着巴育政府内部没有核心团队来管理泰国 4.0 战略和 BCG 计划。

其次，政府没有设置专门的组织来平衡两个国家计划之间的利益竞争，东部经济走廊发展的高能耗大型项目和 BCG 经济模式的碳中和目标之间的竞争。虽然巴育总理同时主持泰国 4.0 战略的东部经济走廊管理委员会和 BCG 管理委员会，然而，从现实情况来看，巴育既没有监督这两个国家计划的远见，也没有相应的能力。同时，在实施过程中也没有官方渠道来交流信息和想法。

第三，泰国 4.0 战略和 BCG 经济模式之间存在根本性的矛盾，泰国 4.0 战略依赖外部资源进行发展，而 BCG 经济模式则倡导自力更生。BCG 计划旨在提高自力更生的能力（见表 4 的第四个目标），但泰国 4.0 战略所推广的大多数下一代产业完全或部分依赖外国资本和技术（除了医疗和健康旅游、农业和生物和新型食品加工，参见表 3），没有制定具体计划来发展有能力承担下一代产业的本土企业。此外，与马来西亚和印度尼西亚相比，泰国在 BCG 初创企业领域的表现也不尽如人意。

更重要的是，泰国 4.0 战略和 BCG 经济模式两个国家计划最终缺乏解决以下重要问题的原始视角。首先，泰国没有制定在数字经济这一关键领域的人才培养计划②。这可能成为泰国实现泰国 4.0 战略目标的障碍。其次，在过去的二十年里，泰国的老龄化问题加剧，劳动力短缺。除非政府推出长期计划，实施更全面的社会保障体系，并保护劳动力市场上的移民工人，否则泰国迟早会面临经济增长的进一步下滑。最后，如果政府计划真正实现零排放，就必须从根本上改变主要依赖化石燃料的能源消耗结构。这三个问题严重挑战着泰国实现长期愿景的能力。

泰国应该采取的替代方式是寻求实现泰式社会发展，而不是单方面追求高收入国家地位。自他信时代以来，泰国一直在寻求实现高收入国家的地位。然而，要实现这一目标，泰国需要选择以牺牲社会发展为代价的经济增长，或者以牺牲个人和社会幸福③为代价提升国家的经济地位。大多数泰国人并不希望这样做。因此，泰国不应该单方面追求高收入国家的地位，而应该寻求实现泰国式的社会发展，即使这意味着泰国可能继续维持中高收入国家的地位。

---

① 据报道，此次辞职的主要原因是颂奇团队与巴育政府执政党人民国家力量党（Palang Pracharath Party, PPRP）的领导人之间存在冲突。
② 目前，巴育政府和私营部门都严重依赖中国企业（如阿里巴巴集团、中国移动和腾讯）来构建数字经济的基础设施。
③ 这里的"幸福"强调精神层面的安宁，而非物质生活。

参 考 文 献

Arkhom Termpittayapaisith อาคม เติมพิทยาไพสิฐ. 2013. *The Next Generation of Thai Industry*.
Bangkok: NESDB.

—. 2011. Setthakit sangsan khong Thai เศรษฐกิจสร้างสรรค์ ของไทย [Creative economy in Thailand].
A lecture presented to the senior officers at the Ministry of Culture on March 28, 2011.

Asian Development Bank （ADB）. 2018. *Asian Development Outlook 2018: How Technology Affects Jobs*. April. Manila: ADB. http://dx.doi.org/10.22617/FLS189310-3.

—. 2017. Asian Development Outlook 2017: Transcending the Middle-Income Challenge. April.
Manila: ADB. http://dx.doi.org/10.22617/FLS178632-3.

—. 2012. Asian Development Outlook 2012: Confronting Rising Inequality in Asia. April. Manila:
ADB.

Bangkok Post. 2022. Cabinet Okays B41bn BCG Action Plan for 2022-27. February 9, 2022.
https://www.bangkokpost.com/business/general/2261083, accessed on May 10, 2022.

—. 2020. Somkid Quits before Reshuffle. July 16, 2020.

Bank of Thailand （BOT）. Sathiti setthakit lae kanngoen สถิ ติเศรษฐกิจและการเงิน [Economic and financial statistics]. Quarterly, 2001-08. Bangkok: BOT.

—. *Raingan setthakit raiduean* รายงานเศรษฐกิจรายเดือน [Monthly economic report]. Monthly,
1977-2001. Bangkok: BOT.

—. Monthly Bulletin. Monthly, 1961-78. Bangkok: BOT.

Constituteproject.org. 2022. *Thailand's Constitution of 2007*. PDF generated on April 27, 2022.
https://www.constituteproject.org/constitution/Thailand_2007. pdf, accessed December 22, 2022.

Credit Suisse Research Institute. 2018. *Global Wealth Databook 2018*. Zurich, Switzerland: Credit
Suisse Group AG.

Felipe, Jesus; Abdon, Arnelyn; and Kumar, Utsav. 2012. Tracking the Middle-Income Trap: What Is
It, Who Is in It, and Why? Working Paper No. 715, April. New York: Levy Economics Institute
of Bard College.

Forbes, ed. Thailand's 50 （40） Richest List. Annually, 2006-20. https://www.forbes.com/
thailandbillionaires/list/.

Gill, Indermit and Kharas, Homi. 2007. *An East Asian Renaissance: Ideas for Economic Growth*.
Washington D.C.: The World Bank.

Hewison, Kevin. 2019. Crazy Rich Thais: Thailand's Capitalist Class, 1980-2019. *Journal of
Contemporary Asia* 51 （2）: 262-277. https://doi.org/10.1080/00472336.2019.1647942.

Kanit Sangsubhan. 2017. Eastern Economic Corridor: The Prime Gateway to Asia. A lecture presented to the Suehiro's mission at the office of the EEC Development Committee in Makkasan, Bangkok on August 22, 2017.

Kosit Panpiemras โฆสิต ปั้น เปี่ ยมรัษฎ์ . 1993. *Kan phatthana prathet Thai: Naewkhit lae thitthang*การพัฒนาประเทศไทย: แนวคิด และ ทิศทาง [Development of Thailand: Ideas and direction]. Bangkok: Samnakphim Dokbia.

Kumagai Shotaro. 2022a. BCG（Bio-Circular-Green）Economy in Thailand. *RIM Pacific Business and Industries* 22（84）: 2-31. https://www.jri.co.jp/en/MediaLibrary/file/english/periodical/rim/2022/84.pdf.

—熊谷章太郎. 2022b. BCG（baio, junkan-gata gurin）keizai o suishinsuru Tai（バイオ・循環型・グリーン）経済を推進するタイ [Thailand with the promotion of the BCG（Bio-CircularGreen）economy]. *Kan Taiheiyo bijinesu joho RIM* 環太平洋ビジネス情報 RIM [RIM Pacific business and industries] 22（85）: 157-185.

McCargo, Duncan. 2009. Thai Politics as Reality TV. *Journal of Asian Studies* 68（1）: 7-19. https://doi.org/10.1017/S0021911809000072.

McCargo, Duncan and Ukrist Pathmanand. 2005. *The Thaksinization of Thailand*. Copenhagen: NIAS Press.

Muscat, Robert. 1994. The Fifth Tiger: A Study of Thai Development Policy. New York: M.E. Sharpe.

Natenapha Wailerdsak เนตนภา ไวเลิศศักดิ์. 2006. *Klumthun-thurakit khropkhrua Thai kon lae lang wikrit 2540* กลุ่ มทุน-ธุรกิจครอบครัวไทย ก่อน และ หลังวิกฤต 2540 [Thai family business groups before and after the 1997 crisis]. Bangkok: Brand Age Books.

Natenapha Wailerdsak Yabushita. 2023. Business Groups and the Thailand Economy: Escaping the Middle-Income Trap. London: Routledge.

Nonaka Koichi 野中耕一 （translated and edited based on the teachings of P. A. Payutto）. 2009. *Bukkyo jiten: Buppo-hen（Zouhokaiteihan）*仏教辞典—仏法篇（増補改訂版）[Dictionary of Buddhism: Collection of Dharma（enlarged revised edition）]. Bangkok: P. Press Co., Ltd.

Oizumi Keiichiro 大泉啓一郎. 2017. "Tairando 4.0" towa nanika（zenpen）: Koseicho-rosen ni kajio kiru Tai「タイランド 4.0」とは何か（前編）—高成長路線に舵を切るタイ [What is "Thailand 4.0"（part I）: Thailand switched to the high economic growth policy]. *Kan Taiheiyo bijinesu joho RIM* 環太平洋ビジネス情報 RIM [RIM Pacific business and industries] 17（66）: 91-103.

—. 2008. Shakai fukushi seido kaikaku: Kokka kainyu-naki fukushi senryaku 社会福祉制度改革—国家介入なき福祉戦略 [Reform of social welfare system: Strategy for welfare system without state intervention]. In Tai seiji gyosei no henkaku 1991-2006 nen タイ政治・行政の変革 1991-2006 年 [Thailand in motion: Political and administrative changes, 1991-2006], edited by Tamada Yoshifumi 玉田芳史 and Funatsu Tsuruyo 船津鶴代, pp. 287-314. Chiba: JETRO Institute of Developing Economies. http://doi.org/10.20561/00042569.

Paiboon Wattanasiritham. 2010. Development and Global Well-Being: The 21st Century Challenges. A paper presented at the International Conference on "Understanding Quality of Life and Building a Happier Tomorrow." Bangkok, December 8-11.

Pasuk Phongpaichit and Baker, Chris. 2004. *Thaksin: The Business of Politics in Thailand*. Chiang Mai: Silkworm Books.

—. 1996. *Thailand's Boom!* Chiang Mai: Silkworm Books.

Patarapong Intarakumnerd. 2017. *Mismanaging Innovation System: Thailand and the Middle-Income Trap*. London: Routledge.

Porter, Michael. 2003. *Thailand's Competitiveness: Creating the Foundations for Higher Productivity*. Bangkok: NESDB

Prachachat Thurakit ประชาชาติธุรกิจ. 2018. Khrung thang mega project 2 lan lan pi 62 thuk mot reng sang reng poetchai ครึ่งทาง เมกะโปรเจคท์ 2 ล้าน ล้าน ปี 62 ทุกโหมด เร่งสร้าง เร่งเปิดใช้ [Half way of megaprojects with 2 trillion Baht, the year of 2019: Accelerate construction and accelerate launch all projects]. July 20. https://www.prachachat.net/property/news-193012, accessed on August 30, 2023.

Pran Phisitsetthakan ปราณ พิสิฐเศรษฐการ, ed. 2004. *Thaksinomics ruam suntharaphot samkhan khong pho.to.tho. Dr. Thaksin Chinnawat* ทักษิโณมิกส์ รวมสุนทรพจน์สำ๋ำคัญ ของ พ.ต.ท. ดร. ทักษิณ ชินวัตร [Thaksinomics, a collection of important speeches by Pol. Lt. Col. Dr. Thaksin Shinawatra]. Volume 1. Bangkok: Matichon.

Prawase Wasi ประเวศ วะสี, ศ. นพ. 1999. *Yutthasat chat pheua khwam khemkheng thang setthakit sangkhom lae silatham* ยุทธศาสตร์ชาติเพื่ อความเข้มแข็ง ทาง เศรษฐกิจ สังคม และ ศิลาธรรม [National strategy to construct economic, social, and cultural resilience]. Bangkok: Mo Chaoban.

—. 1998. *Setthakit phophiang lae prachasangkhom* เศรษฐกิจพอเพียง และ ประชาสังคม [Sufficiency economy and civil society]. Bangkok: Mo Chaoban.

Puangchon Unchanam. 2020. *Royal Capitalism: Wealth, Class, and Monarchy in Thailand*. Madison. Wisconsin: The University of Wisconsin Press. https://doi.org/10.2307/j.ctvvsqcgz.

Rangsan Thanaphonphan รังสรรค์ ธนะพรพันธุ์ . 2005. *Chak Thaksinomics su Thaksinathipatai* จากThaksinomics สู่ ทักษิณาธิปไตย [From Thaksinomics to Thaksinocracy]. Bangkok: Open Books.

Royal Gazette ราชกิจจานุเบกษา. 2018. *Phrarachbanyat khet phatthana phiset phak tawan-ok pho.so.* 2561พระราชบัญญัติ เขตพัฒนาพิเศษ ภาคตะวันออก พ.ศ.๒๕๖๑ [2018 Act of the Eastern Special Development Zone]. 135 （34） Ko. May 14: 1-33.

—. 2017. Phrarachbanyat kanjat-tham yutthasatchat pho.so. 2560 พระราชบัญญัติ การจัดทำยุทธศาสตร์ชาติ พ.ศ.๒๕๖๐[2017 Act of the Planning of the State Strategy]. 134 (79) Ko. July 31: 1–12.9

Royal Thai Embassy, Washington D.C. 2022. Bio-Circular-Green Economy Model （BCG）. https://thaiembdc.org/bio-circular-green-bcg, accessed on December 23, 2022.

Sachs, J.; Kroll, C.; Lafortune, G.; Fuller, G.; and Woelm, F. 2021. *Sustainable Development Report 2021: The Decade of Action for the Sustainable Development Goals.* Cambridge: Cambridge University Press. https://doi.org/10.1017/9781009106559.

Shigetomi Shinichi. 2010. The Social Investment Fund of Thailand: New Intermediaries for Local Development. In *Social Policy and Poverty in East Asia: The Role of Social Security*, edited by James Midgley and Kwong-Leung Tang, pp. 155-166. Abingdon: Routledge.

—重冨真一. 2000. Noson kaihatsu seisaku: Henkaku ni okeru seido to kojin 農村開発政策—変革における制度と個人 [Rural development policy: Institutions and individuals in changes]. In *Tai no keizai seisaku: Seido, soshiki, akuta* タイの経済政策—制度・組織・アクター [Economic policy in Thailand: The role of institutions and actors], edited by Suehiro Akira 末廣昭 and Higashi Shigeki 東茂樹, pp. 215-258. Chiba: JETRO Institute of Developing Economies.

Somkid Jatusripitak สมคิด จาตุศรีพิทักษ์. 2001. *Wisaithat khun khlang Somkhit: Waduai naewkhit lae kolayut borisat prathet Thai* วิสัยทัศน์ขุนคลังสมคิด: ว่าด้วย แนวคิด และ กลยุทธ์ บริษัทประเทศไทย [Vision of Mr. Finance Minister Somkid: Concept and strategy of Thailand incorporated]. Bangkok: Matichon.

Sorakon Adunyanon สรกล อดุลยานนท์. 1993. *Thaksin Chinnawat: Assawin khluenlukthi sam* ทักษิณ ชินวัตร: อัศวินคลื่น ลูกที่สาม [Thaksin Shinawatra: The knight of the third wave]. Bangkok: Phikhanet Printing.

Suehiro Akira ซูเอะฮิโระ อะกิระ. 2022. *Kanphatthana utsahakam baep laikuat: Senthang lae anakhot khong setthakit Asia Tawan-ok* การพัฒนาอุตสาหกรรม แบบไล่ กวด: เส้นทาง และ อนาคต ของ เศรษฐกิจเอเชียตะวันออก[Catch-up industrialization: The trajectory and prospects of East Asian economies]. Bangkok: Fah Diaokan.

—末廣昭. 2020. Gendai no keizai shakai 現代の経済・社会 [Economy and society in contemporary Thailand]. In *Sekai rekishi taikei Taishi* 世界歴史体系タイ史 [History of

Thailand], edited by Iijima Akiko 飯島明子 and Koizumi Junko 小泉順子, pp. 352-422. Tokyo: Yamakawa Shuppansha.

—. 2018. "Chushotoku-koku no wana" no kokufuku: "Tairando 4.0" to Tai daikigyo no taionoryoku 「中所得国の罠」の克服—「タイランド 4.0」とタイ大企業の対応能力 [Getting out of the middle-income trap: Thailand 4.0 and capabilities of the Thai big firms]. *Keizai shirin* （Hosei Daigaku） 経済志林 （法政大学） [Hosei University, Economic review] 85 （4）: 67-129. http://doi.org/10.15002/00014916.

—. 2014a. *Shinko Ajia Keizai-ron: Kyatchi appu o koete* 新興アジア経済論—キャッチアップを 超えて [Study on newly emerging Asian economy: Beyond the catch-up industrialization]. Tokyo: Iwanami Shoten.

— 2014b. Technocracy and Thaksinocracy in Thailand: Reforms of the Public Sector and the Budget System under the Thaksin Government. *Southeast Asian Studies* 3 （2）: 299-344. https://doi.org/10.20495/seas.3.2_299.

—. 2010. Industrial Restructuring Policies in Thailand: Japanese or American Approach. In *Sustainability of Thailand's Competitiveness: The Policy Challenges*, edited by Patarapong Intarakumnerd and Yveline Lecler, pp. 129-170. Singapore: ISEAS. https://doi.org/10.1355/9789814279482-008.

—. 2009. T*ai: Chusin-koku no mosaku* タイ—中進国の模索 [Thailand: Challenge to the middle-income country]. Tokyo: Iwanami Shoten.

—. 2008a. Catch-up Industrialization: The Trajectory and Prospects of East Asian Economies. Singapore: NUS Press.

—. 2008b. Keizai shakai seisaku to yosan seido kaikaku: Takkushin shusho no "Tai okoku no gendai-ka keikaku" 経済社会政策と予算制度改革—タックシン首相の「タイ王国の現代 化計画」 [Socio-economic policies and reform of the budget system: "The Kingdom of Thailand modernization framework" proposed by prime minister Thaksin]. In *Tai seiji gyosei no henkaku 1991-2006 nen* タイ政治・行政の変革 1991-2006 年 [Thailand in motion: Political and administrative changes, 1991-2006], edited by Tamada Yoshifumi 玉田芳史 and Funatsu Tsuruyo 船津鶴代, pp. 237-285. Chiba: JETRO Institute of Developing Economies. http://doi.org/10.20561/00042568.

—. 1995. Chinawatto gurupu: Tai no joho-tsushin sangyo to shinko zaibatsu チナワット・グルー プ—タイの情報通信産業と新興財閥 [The Shinawatra group: Information and communication technology industry and newly emerging business group]. *Ajia keizai* アジア経 済 [Asian economy] 36（2）: 25-60.

—. 1993. *Tai: Kaihatsu to minshushugi* タイ―開発と民主主義 [Thailand: Development and democracy]. Tokyo: Iwanami Shoten.

Suehiro Akira ซุเอะฮิโระ อะกิระ and Natenapha Wailerdsak เนดนภา ไวเลิดศักดิ์ . 2022. *Tharusadi setthakit koet mai nai Asia: Anakhot khong kanlaikuat* ทฤษฎีเศรษฐกิจเกิดใหม่ในเอเชีย: อนาคต ของ การไล่ก วด [Study on newly emerging Asia: The future of catch-up industrialization]. *Fah diaokan* ฟ้าเดียวกัน [Same sky] 20（1） January-June: 91-137.

Suehiro Akira 末廣昭 and Yasuda Osamu 安田靖, eds. 1987. *NAIC eno chosen: Tai no kogyo-ka* NAIC への挑戦―タイの工業化 [Challenge to NAIC: Industrialization of Thailand]. Tokyo: Ajia Keizai Shuppankai.

Suvit Maesincee สุวิทย์ เมษินทรีย์. 2020. Lok plian khon prap: Lut chak kap dak khayap su khwam yangyuenโลกเปลี่ ยน คนปรับ: หลุดจากกับดั ก ขับขับสู่ความยั่ งยืน [The world changes, people adjust: Overcoming the middle-income trap and driving towards sustainability]. Bangkok: MHESI.

—. 2016. *Thailand 4.0 Thriving in the 21st Century through Security, Prosperity & Sustainability.* Pathum Thani: Asian Institute of Technology.

Thailand, Bureau of the Budget. *Thailand's Budget in Brief.* Annually, 1991-2020. Bangkok: BOB.

Thailand, Cabinet Secretariat Office สำ ำนักเลขาธิการคณะรัฐมนตรี. 2021. *Yutthasat kankhapkhleuan prathet Thai duai model setthakit BCG pho.so.* 2564-2569 ยุทธศาสตร์ การขับเคลื่ อนประเทศไทยด้วย โมเดลเศรษฐกิจ BCG พ.ศ. ๒๕๖๔-๒๕๖๙ [Strategy of Thailand BCG economy model 2021-2026]. January 21. Bangkok: CSO.

Thailand, Ministry of Education and Ruam Duai Chuaikan Printing House กระทรวงศึกษาธิการ ร่วมกับ สำ ำนักพิมพ์ ร่วมด้วยช่วยกัน. 2001. *Tharusadi mai nai luang chiwitthi phophiang* ทฤษฎีใหม่ในหลวง ชีวิตที่ พอเพียง[The King's new theory: Sufficient life]. Bangkok: Samnakphim Ruam Duai Chuai-kan.

Thailand, Ministry of Higher Education, Science, Research, and Innovation （MHESI） กระทรวงการอุดมศึกษา วิทยาศาสตร์ วิชัย และ นวัตกรรม. 2021. *Phaen pathibatkan dan kankhapkhleuan kanphatthana prathet thai duai model setthakit BCG pho.so. 2564-2570* แผนปฏิบัติการด้าน การขับเคลื่ อน การพัฒนาประเทศไทย ด้วยโมเดลเศรษฐกิจ BCG พ.ศ. ๒๕๖๔-๒๕๗๐ [Roadmap promoting Thailand development based on the BCG economy model, 2021-2027]. Bangkok: MHESI.

—. 2019. *Kho sanoe BCG in action: The new sustainable growth engine, model setthakit su kanphatthana thi yangyuen* ข้อเสนอ BCG in Action: The New Sustainable Growth Engine โมเดลเศรษฐกิจ สู่ การพัฒนาที่ยั่ งยืน [Proposal of BCG in action: The new sustainable growth engine, economic model towards sustainable development]. Bangkok: MHESI.

Thailand, Ministry of Industry. 2017. Eastern Economic Corridor Development Project: Driving Forward. February 15. Bangkok: MOI.

—กระทรวงอุตสาหกรรม. 2016. *Yutthasat kanphatthana utsahakam thai 4.0 raya 20 pi: pho.so.2560-2579* ยุทธศาสตร์การพัฒนา อุตสาหกรรมไทย 4.0 ระยะ 20 ปี : พ.ศ. ๒๕๖๐-๒๕๗๙ [20 year development strategy of Thailand Industry 4.0: 2017-2036]. Bangkok: MOI.

Thailand, National Economic and Social Development Board （NESDB） สศช. 2016. *Rang khrop yutthasat chat raya 20 pi* ร่างกรอบ ยุทธศาสตร์ชาติ ระยะ 20 ปี [Draft of the framework of 20 year state strategy （2017-2036）]. May. Bangkok: NESDB.

—. 2007. *Khwam yu-yen pen suk ruam kan nai sangkhom Thai*ความอยู่เย็นเป็นสุขร่วมกนในสังคมไทย: What is Happiness for Thai Society? [Peaceful life is happiness together in Thai society]. Bangkok: NESDB.

—. 2005. *Rai-ngan kantittam pramoenphon kanphatthana setthakit lae sangkhom khong prathet: 3 pi khong phaenphatthana chabap thi 9* รายงานการติดตามประเมินผลการพัฒนาเศรษฐกิจ และ สังคม ของประเทศ: 3 ปี ของ แผนพัฒนาฯ ฉบับที่ 9 [Evaluation report of national economic and social development plan: Three years of the ninth development plan]. Bangkok: NESDB.

—. 1996. The Eighth National Economic and Social Development Plan （1997-2001）. Bangkok: NESDB.

Thailand, NESDB （NESDC）. *Phawa Sangkhom Traimat* ภาวะสังคมไตรมาส [Quarterly report on social situation]. Quarterly, 2002-22. Bangkok: NESDB （NESDC）.

Thailand, Sub-Committee for Sufficiency Economy Promotion （SCSEP）, NESDB คณะอนุกรรมการ ขับเคลื่อ นเศรษฐกิจพอเพียง. 2015. *Khumue kan khapkhleuan kanphattana tam pratya khong setthakit phophiang nai phak kankaset lae chonnabot lae dan khwam mankhong* คู่มือการขับเคลื่อ นการพัฒนา ตามปรัชญา ของ เศรษฐกิจพอเพียง ใน ภาคการเกษตร และ ชนบท และ ด้านความมั่ นคง [Textbook for promotion of the philosophy of sufficiency economy in the agricultural and rural sectors, and in security of livelihood]. Bangkok: NESDB.

—. 2007. Pramuan kham nai phraboromarachowat phrabatsomdet phrachao-yu-hua Bhumibol Adulyadej tangtae phutthasakharat 2493-2549 thi kiaokhong kap pratya khong setthakit phophiangประมวลคำฺำ ในพระบรมราโชวาท พระบาทสมเด็จ พระเจ้าอยู่หัว ภูมิพลอดุลยเดช ตั้ งแต่พฺุทธศักราช ๒๔๙๓-๒๕๔๙ ที่ เกี่ยวข้องกับ ปรัชญาของเศรษฐกิจพอเพียง [Collection of speeches by High Majesty King Bhumibol Adulyadej relating the philosophy of sufficiency economy 1950-2006]. Bangkok: NESDB, Fifth Printing.

UNDP. 2007. Thailand Human Development Report 2007: Sufficiency Economy and Human Development. Washington D.C.: UNDP.

Veerayooth Kanchoochat. 2015. The Middle-Income Trap and East Asian Miracle Lessons. In *Rethinking Development Strategies after the Financial Crisis*, Vol. 1: Making the Case for Policy Space, edited by Alfred Calcagno *et al.*, pp. 55-66. New York. United Nations.

Walker, Andrew. 2010. Royal Sufficiency and Elite Misrepresentation of Rural Livelihoods. In *Saying the Unsayable: Monarchy and Democracy in Thailand*, edited by Søren Ivarsson and Lotte Isager, pp. 241-265. Copenhagen: NIAS Press.

World Bank. 1993. The East Asian Miracle: Economic Growth and Public Policy. New York: Oxford University Press.

World Bank Group. 2016. *Getting Back on Track: Reviving Growth and Securing Prosperity for All.* Thailand Systematic Country Diagnostic. Washington D.C.: The World Bank.

东南亚的技术官员统治和经济决策概述①

邱武德　特瑞萨·塔德　白石隆②

摘要： 本文概述了东南亚技术官员统治和经济决策研究的重要问题。从历史上看，对于这一主题的研究从第二次世界大战后东南亚的非共产主义国家被纳入美国塑造的国际秩序开始，一直持续到1997年的东亚金融危机。在印度尼西亚、马来西亚、菲律宾和泰国，美国、世界银行和其他国际机构的咨询和专家团队承担着制定"最先进的"经济决策和发展规划的任务，使得各国技术官员在政治上处于尴尬的无可作为状态。然而，由于该地区发展滞后、工业化发展缓慢、贸易投资自由化以及金融全球化等问题的不断出现，各方利益冲突不断加剧，使得该地区的技术官员一直备受争议。因此，在评估东南亚的技术官员统治和经济决策之间的关系时，应当从以下几点存在矛盾对立的社会问题进行考虑：技术官员统治的效能与社会公平，对专业效率的要求与对公共责任的要求，对国家优先的呼吁与对民主的呼吁，国家利益的推进与既得利益者的抵抗，对经济目标的达成与对社会目标的实现，技术官员的自主性与裙带政治的困境。

关键词： 技术官员统治；经济决策；东南亚；技术官员统治的效能；社会公平；公共责任；民主；裙带政治

在东南亚地区，尽管专门针对技术官员统治和技术官员的学术研究并不多，但学术界对技术官员统治的学术研究从未间断。与拉丁美洲技术官员统治相关的学术成果数量很大而且目前仍在增长，与之相比，与东南亚技术官员相关的学术成果数量显得微不足道。即便如此，依然有政治经济学和政治学领域的多项成果对技术官员统治对东南亚地区（Milne, 1982；Shiraishi and Abinales, 2005）或东南亚特定国家的经济发展和增长的贡献进行了研究。东南亚地区的技术官员最广为人知的是印度尼西亚被称为"伯克利帮"（Berkeley Mafia）的技术官员，最

---

① 原文出版信息：Khoo Boo Teik, Teresa S. Encarnacion Tadem and Shiraishi Takashi, "Technocracy and Economic Decision-Making in Southeast Asia: An Overview," *Southeast Asian Studies*, Vol. 3, No. 2, August 2014, pp. 241-253. 本文由京都大学东南亚研究中心（Center for Southeast Asian Studies, Kyoto University）《东南亚研究》编辑部授权翻译。

② 作者：邱武德（Khoo Boo Teik），日本国家政策研究所（National Graduate Institute for Policy Studies, GRIPS）；特瑞萨·塔德（Teresa S. Encarnacion Tadem），菲律宾大学政治学系（Department of Political Science, University of the Philippines）；白石隆（Shiraishi Takashi），日本贸易振兴机构发展经济研究所（Institute of Developing Economies, Japan External Trade Organization, IDE JETRO）、日本国家政策研究所。译者：陈红宇，成都大学外国语学院讲师；张婷，成都大学外国语学院、四川省泰国研究中心助理研究员。

受尊敬的是新加坡的技术官员精英，不过现有的研究涵盖了技术官员在印度尼西亚（MacDougall, 1976；Robison, 1986；1990）、马来西亚（Montgomery and Esman, 1966；Hamilton-Hart, 2008）、菲律宾（Bello *et al.*, 1982）、新加坡（Rodan, 2004；Barr, 2006）和泰国（Stifel, 1976；Anek, 1992；Pasuk, 1992）各个方面的角色和影响。

早期关于东南亚技术官员统治的学术研究，除了对技术官员进行零星的点评，大多数集中于特定政权对其工作部署方面，利用他们完成领导经济和发展规划的任务。从现代化理论研究角度而言，技术官员的作用和贡献在很大程度上被认为是国家发展的一个重要因素或重大"投入"。这类研究认为，在政治上，技术官员的角色是中立的，在经济上，技术官员的投入是积极的（MacDougall, 1976；Stifel, 1976）。在这种情况下，良性的技术官员统治是企业发展先锋的专业帮手。而后来的政治经济学研究对技术官员统治在经济政策制定方面提出了更多批评。他们否定了技术官员在政治上的中立性，相反，他们认为技术官员建立专制政权，强制实施不利于社会公平的计划，最终目的是巩固其新自由主义式的治理方式（Bello *et al.*, 1982; Robison, 1986; 1990）。

在这两种对立的观点背后，有几个问题需进行系统讨论，即有关东南亚技术官员统治、经济决策和政治方面的问题。因此，本文将对部分问题进行积极有效探讨。

一、技术官员统治与政治

在西方国家，特别是美国，技术决策被应用于工业生产和管理领域，促使西方国家在二十世纪初开始根据技术官员统治的优势来组织政府。技术官员统治是"一种治理体系，在这个体系中，受过技术培训的专家凭借其专业知识和其在政治、经济中的主导地位进行统治"（Glassman *et al.*, 1993）。这种现象的出现，部门原因在于第二次世界大战后技术官员统治和官僚主义在资本主义发展中的重要性日益凸显，部分原因在于政府内部存在的财政和"过度冗杂"的问题，使"所有大型机构的权威和政府的公信度普遍减弱"（Peters, 1979: 342），从而使技术官员统治更具吸引力，因为它是通过去政治化的、理性的方式来解决社会问题。从这个角度而言，西方国家有关技术官员统治的一个主要论点是其在决策中的问责制的丧失，这削弱了公众对有利于技术官员统治的投入和相应统治实施的讨论。

对技术官员依赖程度逐渐加深的典型例子是被称为美国"最优秀、最聪明"（best and bright）的律师、银行家和教授群体进入美国高级决策层，并参与制定重要决策，尤其是战争方面的决策。[①]美国技术官员所持有的理念在美国国内备受推崇，并迅速走出国门，传播到了东南亚地区新独立的非共产主义国家，并在这些国家付诸实践。在对二战后国际秩序的重塑中，东南亚地区被纳入美国势力范围。对这些国家而言，世界银行及其他国际机构顾问团和美国的政治技术顾问、学者和和平队志愿者，都向这些国家传达了国际上"最先进"的技术官员统治的理念。事实上，美国对东南亚各项事务的影响和干预，都基于一个重要的假设，即"现代发展管理"——技术官员统治在技术和行为上改变了"传统"社会，其功能包括"创新、实验、积极干预经济、接触客户、学习新技能和管理冲突"，也就是说，其功能超出了"西方经典管理模式的范畴"（Esman, 1974: 16）。因此，毫无意外，在高级官员任命方面，旧式的殖民地官员不断被社会科学家尤其是经济学家取代，后者多在美国大学接受教育，或者受到了美国当前现代化发展的理论和模式的影响。

在新独立的不发达国家，技术官员得到了不同程度的重视，他们通常具备"应用现代化理论"的能力。因此，对致力于摆脱"技术、经济落后"的后殖民政权颇具吸引力，因为技术和经济的落后会导致"无知、贫穷和疾病"（Mkandawire, 2005: 13）。技术官员虽然是一个稀少的"拥有专业知识的官僚小群体"（Centeno, 1993: 310），但他们所接受的教育和所具备的专业知识和专业素养，使其具有社会现代化所需的进步的价值观和专业的方法。在东南亚地区存在许多争论，如哪些发展道路在经济上是理想的，在政治上是可行的，或在社会上是可取的。因此，许多国家政府在经济决策和发展规划中保留了或被建议保留了技术官员的一席之地。正如一份关于改进发展管理的国际咨询报告所言：

> 现代政府越来越依赖现代技术来维护国家安全，进行其自身的发展和常规性运作，并履行其监管和控制职能。因此政府的专业和次专业人士所掌握的知识及其熟练程度决定了其在技术层面的最终实力……事实上，由于某些领域的专业和技术知识很快过时，因此有必要对那些日新月异的技术给予更多重视。（Montgomery and Esman, 1966: 14）

技术官员统治吸引人的不仅仅是其能促进发展；反之，若发展失败，"技术官员的技术的持久性、专业能力和匿名性使他们极其可能成为破产政府的接手

---

① 有关"最优秀、最聪明"（best and bright）的出处，见 Halberstam（1972）。加不勒（Gabler, 2010）认为，奥巴马政府中满是这类"最优秀、最聪明"的政客 2.0 版本——他们"冷静、不慌不忙……受过常春藤教育，是自信而坚定的现实主义者和理性主义者。就像他们的先辈一样，他们知道所有答案，这就是为什么他们在经济问题上对其他建议如此不屑一顾，因为经济学家们一直在敦促他们出台更多的经济刺激措施。如在阿富汗问题上，总统一直在加倍下注"。

人"（Peters, 1979: 342）。①在经济危机背景下更是如此，国际机构会敦促当权政府将技术官员引入高级决策层。因此，统治者和技术官员都希望，在"社会危机肆虐"之时，"技术官员对维持和平秩序、理性治国和其采取的非政治标准"，能够安抚民心（Centeno, 1993: 324）。

无论在什么情况下，使用技术官员作为决策力量，都预示着权利的转移："（国家）将由技术官员做决策，然后在社会和经济运行中执行这些决策，并且极小数人会反对。"（Peters, 1979: 340-342）因此，尽管技术官员的无党派身份让其获益，但事实上不参政的技术官员并不存在。实际上，政治和技术官员统治紧密相连。任何政权和领导人都需要技术官员的专业知识，并对其知识恰到好处地应用，做出符合预期的决策。另外，技术官员统治意味着要利用技术官员的技术，而不是让其统治；技术官员若要统治管理，需得到政权统治者的认可。理想情况下，政府将任用技术官员制定政治目标，同时，使其免受干扰，这样他们就可以"无所畏惧或不带任何偏袒"地参与政治。然而现实更为复杂，政权统治者和技术官员之间存在着潜在的冲突。这种冲突在某些形式下显而易见。例如，技术官员看似技术性的建议可能会被统治者拒绝，与之相关的技术官员也会因为触犯了本应使其免受政治干扰的权力而被免职。或者，民众对造成不同社会经济影响的"合理"政策的不满，可能会爆发反政府的抗议，必须通过镇压平息。因此，特定的技术官员可能会发现自己受到持有不同规划和发展理念的竞争对手的反对。或者，非国家部门的私人机构可能通过规避或破坏技术官员的治理形式来维护其既得利益。在以上情况下，技术官员都有可能成为替罪羊，而不是"宏伟无私"的技术专家。

然而政治与技术官员的冲突比想象中更剧烈。政权统治者期待技术专家的投入并产出相应的成果，但这样做是为了将国家权力的行使嵌入不同的经济和发展议程、政策、决定和计划中。因此，一个实际运作的技术官员体制是作为政治结构、体制和权力配置的附属品来运作的。在特定情况下，一些社会经济问题可能只需要技术解决方案。②除此之外，把地位极高的技术官员作为幕后专家，是一种不现实的行为；技术官员的任务是为经济规划、资源分配和社会分配问题提出理性的技术和解决方案，而这些问题本质上都是政治问题。

二、东南亚技术官员统治

在经济快速转型、资源重组或经济崩溃的背景下，因为决策的不同和对预期

---

① 这里作者用"技术官员"（technocrats）一词代替了原文中"官僚"（bureaucrats）一词。
② "显然，无论管理一个统计局抑或建造一座桥梁，都需要一定专业知识。然而，并非只有熟悉计量经济学才能讨论经济政策，也并非只有工程师才能道明新机场选址的优势条件。"（Centeno, 1993: 318）

结果的估量不同，政权统治者和技术官员之间极可能发生重大冲突，无论是哪一类技术官员，都无法避免被政治化。在期望和利益有争议的情况下，二者不可避免相互冲突，具体表现在以下几方面：

- 对技术官员统治的效能要求与对社会公平的要求；
- 对专业效率的要求与对公共责任的要求；
- 对国家优先的呼吁与对民主的呼吁；
- 国家利益的推进与既得利益者的抵抗；
- 对经济目标的达成与对社会目标的实现；
- 技术官员的自主性与裙带政治的困境。

在这种情况下，技术官员必然会以党派的标准接受评判。在评判他们的表现时，支持者和反对者都会大肆渲染技术官员的理想和偏好——对技术和模式的信仰、专业性、意识形态的保守性和亲建制的倾向，以及亲近非民主机构、集中式决策和国家主义优先等。但这些并不是技术官员统治的唯一面。事实上，技术官员的表现是否达到预期，关键评判标准在于他们被赋予的角色、权力范围和制度环境。

东南亚国家曾经历过重大的经济和政治危机，先后经历了发展滞后、工业化发展缓慢、贸易投资自由化以及金融全球化等问题。本研究既不抬高也不诋毁技术官员在经济决策中发挥的作用，特别是在经济紧张时期，而是共同寻求对后殖民时代东南亚社会经济发展中技术官员和经济决策之间的关系进行详细调查和评估。在东南亚的发展路径、技术官员在规划过程中发挥的作用及其发展的条件，是一系列长期、复杂和引人深思的问题。众所周知，半个世纪以来，东南亚的经济经历了多个阶段的发展——现代化、结构转型、后期工业化、债务和危机管理、经济稳定和结构调整、贸易和投资自由化，以及与全球经济紧密融合。为了应对这些曲折漫长的发展过程，东南亚的技术官员们集多种角色于一身，他们既是经济规划者，也是项目实施者、财政管理者、权力经纪人和机构间调解人。同时，许多高级技术官员不得不在国内外徘徊周旋，特别是在经济困难时期，国际金融机构的干预对危机后政策决策起到了关键作用。

在整个发展过程中，不同的技术官员在领导人和政权的庇护下，其个人能力和对经济决策的影响也不尽相同。当国内和全球经济发生剧变时，需要技术官员部署决策，但同时，其工作方法和结果也受到了限制。此时，国内政治条件至关重要，比如在向民主政权的过渡过程中，泰国政权不止一次地被推翻，这让技术官员们拥有了发展自身的条件，然而这并不总是对技术官员有利。二十世纪七十年代至 90 年代，技术官员必须考虑全球化对经济带来的负面影响，包括布雷顿森林固定外汇机制的瓦解、石油危机、商品价格的暴跌、贸易和投资自由化、苏联解体后全球资本主义经济的一体化、"纸面经济"（paper economy）的虚假繁荣，以及货币市场的剧烈波动。

事实上，理解东南亚技术官员统治制度在"过去和现在"的差异的一个方法，便是关注他们在部署决策时所处的不同环境。"过去"，在非殖民化和冷战时期，经济规划目的主要是为了解决紧迫的国内问题。而"现在"，在冷战后的"全球化"时代，经济管理的条件要求与动荡的外部市场建立稳定的联系。如果所谓的"东亚奇迹"标志着东南亚经济发展的高峰，那么，在这个前提下，影响最深远的可能是 1997 年的金融危机。正是"东亚金融危机"标志着东南亚经济发展的逆转。因此，研究东南亚的技术官员统治制度，就是要了解技术官员为何被用来创造此"奇迹"，随后又靠其来应对经济的"崩溃"，以及产生了什么后果。只有这样，才能正确评估技术官员的角色、作用及正面和负面的影响。因此，这些研究旨在确定技术官员统治是如何利用不同的技术官员团队，奠定政策和决策的基础，规划经济转型的方向，应对经济危机，并在不同时期促成或解除某些东南亚经济体。

三、代表性研究简述

白石隆（Takashi Shiraishi）[1]从二十世纪六十年代印度尼西亚技术官员统治制度的起源，到新秩序建立后的过渡状态，以及对东南亚与技术官员统治有关的诸多问题进行了详细研究。在四十年的经济增长、危机和改革中，印度尼西亚早期的技术官员团队陆续参与了经济政策的制定。根据白石隆的评估，这些先驱技术官员在宏观经济政策制定方面表现出色，即保持预算平衡、开放资本账户和固定汇率制度。从他们的任职资格和任命细节可以看出，他们是一群人数少却联系紧密的精英群体，相信自由贸易、比较优势、有限的国家干预和对私营部门的依赖。作为国际金融机构的天然盟友，在"华盛顿共识"（Washington Consensus）之前，作为新自由主义者的技术官员几乎是一群拥护工业政策和国家干预的"工程师"的强劲对手。此外，技术官员的宏观经济改革受到了资源和收入波动的制约。在困难时期，苏哈托（Soeharto）为了赢得国际社会的关注而重用技术官员。一旦形势好转，苏哈托便把国家项目交给这群雄心勃勃"工程师"们。但是，技术官员的影响力只能局限于修正宏观经济政策，他们无法遏制执行政策过程中出现的裙带关系和政治腐败问题。1997 年至 1998 年，他们提出进行金融改革的建议，这与国际货币基金组织（International Monetary Fund, IMF）的想法不谋而合；当他们反对苏哈托的家族和朋党时，技术官员对苏哈托也就没有利用价值了。技

---

[1] Takashi Shiraishi, Indonesian Technocracy in Transition: A Preliminary Analysis, *Southeast Asian Studies*, Vol. 3, No. 2, August 2014, pp. 255-281.

术官员们从专业角度看待他们的工作、任务，及其带来的影响。不过，白石隆认为，技术官员的工作环境是高度政治化的，他们只有在某些政治环境下才能发挥作用：新秩序的集中决策过程，自身对社会的政治动员的异议免疫，以及苏哈托的个人信任。当苏哈托倒台后，他专制的"稳定政治"政策屈服于民主化、权力下放和对"经济增长型政治"的选举要求，新的政治条件缩小了技术官员的影响范围。现在，他们的影响力受到了在国家、各省和地方各级运作的新兴政党和政治家的挑战。在政治化但多极化的秩序中，即使是想把决策权委托给久经考验的技术官员的总统，也无法为新兴政党中的一些人挡住那些作为盟友和伙伴却又极具掠夺性的强劲对手。

与对印度尼西亚的研究者不同，巴素·邦帕琪（Pasuk Phongpaichit）和克里斯·贝克（Chris Baker）[①]，以及末广昭（Akira Suehiro）[②]对泰国技术官员统治的研究从二战后开始，持续到 2006 年 9 月军事政变中被废黜前的他信·西那瓦政府，技术官员们在其地位和影响力方面，经历了更多的波动。巴素和贝克通过研究三代技术官员，简述了泰国技术官员统治的"兴衰"。不同年代的技术官员的观点、职责和工作条件大相径庭，反映了泰国国内和全球经济的变化，这些变化使泰国经济在二十世纪九十年代中期从农业经济转变为新兴的工业化经济，而在 1997 年陷入了最糟糕的境地。少数有凝聚力的第一代技术专家为宏观经济管理奠定了基础。他们的技能很受重视，甚至可以从军方获得一些自主规划的权利。然而，1973—1976 年的政治动荡给技术官员的地位带来了不确定性。最令人震惊的便是，第一代技术官员中的领军人物贝·黄帕功（Puey Ungphakorn）的个人安全受到威胁，不得不流亡，再也没有回到泰国。第二代技术官员分为两派，一派放弃长期规划，转而支持市场的量化发展模式和对市场不稳定的短期管理模式，另一派则希望泰国走东亚发展型国家的工业化道路。简而言之，在贸易和投资自由化不断发展的背景下，技术官员们很可能成为竞争性意识形态立场的倡导者。第三代技术官员，在《广场协议》（Plaza Accord）[③]引发的外国投资主导的经济增长之后开始活跃起来。随着泰国成为外国投资主导的新兴工业化经济体，技术官员的任务转变为全面推行金融自由化。然而到了这个阶段，由于受到新政治家、大企业和政党赞助的智囊团影响，技术官员的行动范围大幅度缩小。巴素和贝克从以上变化推出，新自由主义意识形态的巨大影响削弱了技术官员的管理效能，而相互竞争的机制和跨领域的政治压力则破坏了技术官员的凝聚力。因此，

---

① Pasuk Phongpaichit and Chris Baker, A Short Account of the Rise and Fall of the Thai Technocracy, *Southeast Asian Studies*, Vol. 3, No. 2, August 2014, pp. 283-298.

② Akira Suehiro, Technocracy and Thaksinocracy in Thailand: Reforms of the Public Sector and the Budget System under the Thaksin Government, *Southeast Asian Studies*, Vol. 3, No. 2, August 2014, pp. 299-344.

③ 广场协议（Plaza Accord）：二十世纪 80 年代初期，美国财政赤字剧增，对外贸易逆差大幅增长，美国希望通过美元贬值来增加产品的出口竞争力，以改善美国国际收支不平衡状况，所以签订此协议。

因专业能力、自主性和自我性而受到赞扬并步入全盛期的技术官员群体，在 1997 年泰国货币崩溃时，因缺乏对全球经济的理解、对风险的预测和对政治恐吓的妥协而名誉扫地。

如末广昭对泰国公务员制度的详细分析所示，2001 年，泰爱泰党（Thai Rak Thai party）赢得第一次大选后，他信雄心勃勃地对泰国的经济和金融体系进行改革，削弱了与三大核心计划、预算和财政管理机构以及中央银行有关的技术官员的地位和权力。他之所以能做到这一点，部分原因在于，他放弃了以前的松散的决策机制，取而代之的是由总理及其政治副手和特别顾问更密切地控制的中央决策机制，对有关经济战略、预算分配和资金转移等事项做出决策。事实上，他信重组了官僚机构，使其优先考虑他的议程，改革了人事管理，把任人唯贤放在首位，并迫使国家机构改善公共服务。无论对危机后经济复苏的实际影响如何，他信的公共服务改革都破坏了既定的，稳定且保守的官僚体系。伴随着改革而来的权力转移，使得技术官员和官僚的地位都有可能被削弱。减少技术官员对预算分配和支出的控制，能同时使一些部门的开支减少，包括军队开支，而且他信认为冷战后的安全形势需要减少国防开支。从某种意义上说，他信对曾作为政治体系支柱的技术官员的降级，间接破坏了政治体系的稳定。改革使技术官员对有史以来最受欢迎的总理和政党束手无策，而他信的其他举动导致他在 2006 年 9 月被推翻。而且，具有讽刺意味的是，政变后的内阁有 18 名退休和在职公职人员，只有一位的身份是政治家。这样的内阁组成是否反映了军方对其他政党蔑视，因为无法与他信的泰爱泰相竞争。末广昭认为或许泰国政治正在回到其"官僚政体"的模式。

特瑞萨·塔德（Teresa S. Encarnacion Tadem）[1]评估并对比了在菲律宾技术官员在军事管制法发布前后的影响范围。她指出，在马卡帕加尔政府执政时期（Macapagal Administration, 1961—1964），菲律宾的精英技术官员因在向外国投资和贷款（后者主要来自国际货币基金组织）开放经济方面发挥的作用而首次崭露头角。在军事管制时期（1972—1986 年），技术官员不受反对其经济计划的势力的影响，成为马科斯（Marcos）政权的"三大支柱"之一。他们为马利斯提供了一个由国际金融机构认可的、可靠的发展计划，而国际金融机构的支持也增加了技术官员本身的可信度。在技术官员的监督下，贸易壁垒消除，经济转为以出口为导向，经济发展依赖外国资本的流入。然而，军事管制下的技术官员未能减轻贫困问题，导致马科斯下台，技术官员统治随之衰落。继任者们保留了自由化的经济战略，推行全球化、私有化并放松了管制。由于新自由主义意识形态在有影响力的决策者中的盛行，以及经济决策的普遍跨国性，军事管制后的技术官

---

① Teresa S. Encarnacion Tadem, Philippine Technocracy and the Politics of Economic Decision-Making: A Comparison of the Martial Law and Post-Martial Law Periods, *Southeast Asian Studies*, Vol. 3, No. 2, August 2014, pp. 345-381.

员统治在一定程度上避免了被公众批评。即便如此，民主制度下的技术官员统治也容易受到政治利益集团、非政府组织和商界的批评。现在技术官员的决策范围受到了限制，部分原因是技术官员和官僚机构内部的激烈竞争所导致的。最重要的是，民主制度给技术官员留下了一个具有讽刺意味的影响，使后者丧失了其独立性。选举政治的权宜手段和裙带政治的算计，容易使政治领导人放弃推行不受欢迎的经济政策，有时甚至放弃支持他们的技术官员。

哈迪贾·哈立德（Khadijah Khalid）和马哈尼·扎纳尔·阿比丁（Mahani Zainal Abidin）[①]将马来西亚技术官员的影响变化与决定技术官员在经济管理中地位的几个因素联系起来，即经济的基本方向、国家的社会经济目标、政治领导层与技术官员的关系，以及来自全球经济的压力。从 1957 年到 1981 年，技术官员与前三任总理关系密切，三人都曾是公务员中的精英。无论国民经济的发展方向是自由放任主义（1957—1969）还是带有社会目标的国家干预主义（1970—1981），高级技术官员在制定发展规划、金融管理方式和国有企业管理方式等方面都能很好地避免政治压力。他们制定的政策甚至很少在议会中讨论。在长达 25 年的时间里，技术官员主导着出口导向型工业化发展、高增长战略、石油开发政策和社会经济结构调整。然而，在 1981 年 7 月至 2003 年 10 月，马哈蒂尔·穆罕默德（Mahathir Mohamad）担任总理时，仿效东亚的发展型国家的模式，主导经济决策，并支持私营部门的发展策略。此时，技术官员仍然不受公众压力的影响，但政权在政治理念和政策方面已不需要技术官员贡献其专业技能。在这些方面，马哈蒂尔只依靠自己及其政治、商业顾问。面对 1997—1998 年的经济波动，中央银行和财政部提出了谨慎的建议，这些建议与市场波动和国际货币基金组织的反馈一致。然而，马哈蒂尔却以有限的资本控制和固定的外汇汇率来面对货币市场。至此，技术官员独立性的传统结束了，现在的技术官员只能执行由马哈蒂尔及其危机管理委员会制定的政策。哈迪贾和马哈尼认为，在 1997 年危机之前，技术官员的边缘化已经造成了宏观和微观经济及金融管理的重大问题。2003 年 11 月，阿卜杜拉·艾哈迈德·巴达维（Abdullah Ahmad Badawi）成为总理，他恢复了技术官员失去的一些威信。但是，社会政治条件已经发生了变化，经济政策的制定已经成为官僚、年轻的专业人士和有技术官员背景的政治家们共同承担但有争议之事。

最后，邱武德（Khoo Boo Teik）[②]将东南亚技术官员统治置于国际技术官员统治发展轨迹之中进行研究。他认为，技术官员统治的发展轨迹漫长且烦琐。发

① Khadijah Md Khalid and Mahani Zainal Abidin, Technocracy in Economic Policy-Making in Malaysia, *Southeast Asian Studies*, Vol. 3, No. 2, August 2014, pp. 383-413.
② Khoo Boo Teik, Technocracy and Politics in a Trajectory of Conflict, *Southeast Asian Studies*, Vol. 3, No. 2, August 2014, pp. 415-438.

展中国家开展了许多经济发展和转型的项目，可结果却是使自身处于从发展到负债，从危机管理发展到结构调整和新自由主义对全球经济重新配置的境地。在每个项目中，技术官员都是在不可避免的政治化环境下，作为一种可识别的决策力量出现。技术官员承担着规划者、实施者、管理者、经纪人和中间人等不同角色。然而，除少数发展中国家外，在大多数国家，尽管有技术官员的投入，后殖民时代的发展愿景都在结构调整中崩溃了，而国家干预却成为新自由主义的有效管理方式。为了克服技术官员和政治之间的潜在冲突，人们开始需要利用技术官员的技能，并将其工作与政治压力和干预隔离开来，然而这一基本需求却导致了一种复杂的"技术官僚化"趋势，即技术官员和政治的融合。当技术官员无法解决其政治问题时，政权便不再依赖于技术官员来制定解决问题的方案。因此，技术官员虽然曾在现代化、经济转型或危机管理等非政治化情况下发挥了中心作用，但他们几乎无法摆脱作为独裁政权的合作者、严苛的经济计划的设计者和执行者或一心想通过通货紧缩政策减少社会开支的国际机构的盟友的声誉。

更重要的是，新自由主义的全球化已经削弱了相对自主的，由国家主导、技术官员实施的国家经济战略的实施路径。1997年后的东南亚的政治环境证实了，技术官员的传统角色已经被削弱。技术官员们发现自己被夹在民众对公平社会政策的要求和寡头对改革议程的抵制之间，夹在满足政客们的算计和满足公民社会的要求之间。从这个意义上说，技术官员统治的发展轨迹，包括它在东南亚的发展历程，表明了技术官员统治在危机中对政治经济的影响微乎其微，然而这恰恰是人们认为技术官员统治能最好地发挥其作用的时候。

参 考 文 献

Anek Laothamatas. 1992. The Politics of Structural Adjustment in Thailand: A Political Explanation of Economic Success. In The Dynamics of Economic Policy Reform in South-east Asia and the South-west Pacific, edited by Andrew J. MacIntyre and Kanishka Jayasuriya, pp. 32-49. Singapore: Oxford University Press.

Barr, Michacl D. 2006. Beyond Technocracy: The Culture of Elite Governance in Lee Hsien Loong's Singapore. Asian Studies Review 30（1）: 1-17.

Bello, Walden; Kinley, David; and Elinson, Elaine. 1982. Development Debacle: The World Bank in the Philippines. San Francisco: Institute for Food and Development Policy.

Centeno, Miguel Ángel. 1993. The New Leviathan: The Dynamic and Limits of Technocracy. Theory and Society 22（3）: 307-335.

Esman, Milton J. 1974. Administrative Doctrine and Developmental Needs. In The Administration of Change in Africa: Essays in the Theory and Practice of Development Administration in Africa, edited by E. Philip Morgan, pp. 3-26. New York: Dunellen.

Gabler, Neal. 2010. The Best and the Brightest Redux. The Boston Globe, July 25, 2010.

Glassman, Ronald M.; Swatos, William H. Jr.; and Kivisto, Peter. 1993. For Democracy: The Noble Character and Tragic Flaws of the Middle Class. Westport, CT; London: Greenwood Press.

Halberstam, David. 1972. The Best and the Brightest. New York: Random House.

Hamilton-Hart, Natasha. 2008. Banking Systems a Decade after the Crisis. In Crisis as Catalyst: Asia's Dynamic Political Economy, edited by Andrew MacIntyre, T.J. Pempel, and John Ravenhill, pp. 45-69. Ithaca: Cornell University Press.

MacDougall, John James. 1976. The Technocratic Model of Modernization: The Case of Indonesia's New Order. Asian Survey 16（12）: 1166-1183.

Milne, R. S. 1982. Technocrats and Politics in the ASEAN Countries. Pacific Affairs 55（3）: 403-429.

Mkandawire, Thandika. 2005. African Intellectuals and Nationalism. InAfrican Intellectuals: Rethinking Language, Politics, Gender and Development, edited by Thandika Mkandawire, pp. 10-55. London and New York: Zed Books.

Montgomery, John D.; and Esman, Milton J. 1966. Development Administration in Malaysia: Report to the Government of Malaysia. Kuala Lumpur: Government Printers.

Pasuk Phongpaichit. 1992. Technocrats, Businessmen and Generals: Democracy and Economic Policy-making in Thailand. In The Dynamics of Economic Policy Reform in South-east Asia and the South-west Pacific, edited by Andrew J. MacIntyre and Kanishka Jayasuriya, pp. 10-31. Singapore: Oxford University Press.

Peters, B. Guy. 1979. Bureaucracy, Politics and Public Policy. Comparative Politics 11(3): 339-358.

Robison, Richard. 1990. Power and Economy in Suharto's Indonesia. Manila: Journal of Contemporary Asia Publishers.

—. 1986. Indonesia: The Rise of Capital. Sydney: Asian Studies Association of Australia.

Rodan, Garry. 2004. International Capital, Singapore's State Companies, and Security. Critical Asian Studies 36（3）: 479-499.

Shiraishi, Takashi; and Abinales, Patricio N., eds. 2005. After the Crisis: Hegemony, Technocracy, and Governance in Southeast Asia. Kyoto Area Studies on Asia, Vol. 11. Kyoto: Kyoto University Press; Melbourne: Trans Pacific Press.

Stifel, Laurence D. 1976. Technocrats and Modernization in Thailand. Asian Survey 16（12）: 1184-1196.

泰国技术官员统治的兴衰简述[①]

巴素·邦帕琪　克里斯·贝克[②]

摘要： 从二十世纪六十年代到九十年代，泰国经济持续快速发展，人们常将此归因于技术专家官员，他们虽然政治影响力微弱，但专业技能强大，这从他们的执政发展历程可见一斑。二十世纪五十年代出现的第一批技术官员大多在欧洲接受过教育；到了"美国时代"，更多技术官员在美国接受教育，他们认为政府的作用应是稳定汇率，平衡预算，为资本运行提供安全、自由的环境；1975 年之后，技术官员们必须应对更复杂的环境——来自内部的政治冲突以及外部冲击，同时，由于拥有技能优势，以及国际机构的强力支持，他们掌握的权力越来越大；到了二十世纪八十年代中期，泰国步入繁荣时期，技术官员对政策的控制力开始减弱；1997 年金融危机后，他们因未能适应国内、国际经济的变化，受到来自各方的指责。

关键词： 泰国；技术官员；发展政策；金融危机

二十世纪九十年代，泰国经济取得巨大成功，人们将其归因于技术官员的小心谨慎和保守管理，这已成惯例。第二次世界大战后，泰国一直是亚洲最落后的经济体之一，在经济政策制定方面，甚至缺乏别国殖民政府在其殖民地植入的基本制度。然而在接下来的半个世纪里，泰国经济以每年累计超过 7% 的平均速度增长。在石油危机期间，大多数东南亚国家的经济负增长持续近一年，而这种情况在泰国不曾出现。泰国的通货膨胀和贸易逆差保持在可控范围；石油危机对泰国经济造成了严重影响但未造成灾难性后果。在 1986—1987 年开始的经济大繁荣中，泰国经济增长率飙升至两位数，却未遭受由通货膨胀或经济过热带来的负面影响。泰国政治常受政变及经济危机困扰，且国内法治疲弱，然而经济却能保持持续平稳增长的记录，如何解释这一现象？技术官员的统治则顺理成章地被标榜为是促进泰国经济持续增长的原因。根据这一观点，泰国的技术官员设法不受

① 原文出版信息：Pasuk Phongpaichit and Chris Baker, "A Short Account of the Rise and Fall of the Thai Technocracy," *Southeast Asian Studies*, Vol. 3, No. 2, August 2014, pp. 283-298. 本文由京都大学东南亚研究中心（Center for Southeast Asian Studies, Kyoto University）《东南亚研究》编辑部授权翻译。

② 作者：巴素·邦帕琪（ผาสุก พงษ์ไพจิตร），泰国朱拉隆功大学经济学院；克里斯·贝克（Chris Baker），泰国独立研究员。译者：张婷，成都大学外国语学院、四川省泰国研究中心助理研究员；陈红宇，成都大学外国语学院讲师。

利益集团和政治动荡的影响，奉行保守经济管理的传统，这种措施成功促进了经济发展。这一观点在 1996 年世界银行出版的《泰国的宏观经济奇迹》一书中被奉为经典，书中指出："通过赋予技术官员向政治家说'不'的权力，一个国家可以长期将财政和货币约束制度化，尽管短期内会刺激政客采取行动反制"。

一年后，泰国爆发金融危机，亚洲其他国家随之被卷入其中。此后一年，泰国政府委托撰写了一份解释危机成因的报告，此报告将责任全部归咎于技术官员（Nukul, 1998）。这份"努军报告"（Nukul Report）推翻了先前技术官员稳定经济的观点。报告认为，技术专家官员不了解现代全球经济，受到了政客操纵和恐吓，彼此间亦无协调配合，且试图用外汇储备来冒险，尝试避免此次金融危机，却徒劳无功。泰国对技术官员的作用所持的这两种截然不同的观点，是如何在如此短的时间内形成的？自 1997 年以来，这场金融危机对技术官员所扮演的角色产生了什么影响？

本文简要概述了二十世纪下半叶泰国技术官员统治的兴衰情况。泰国第一代技术官员由少数训练有素的经济学家组成，他们在第二次世界大战后建立了经济管理的基本框架。二十世纪五十年代末开始，泰国进入发展期，美国的援助和赞助推动了技术官员政治影响力的发展。二十世纪八十年代，泰国国内经济开始变得更加复杂，在布雷顿森林体系时代结束后，世界经济冲击着泰国经济，成为泰国经济不稳定的原因之一，在此期间，技术官员的作用发生了变化，政治影响力得以扩大。第二代技术官员之所以具有影响力，源于社会对他们技能的需求，以及国际机构对他们的支持。他们不仅成为经济的管理者，而且成为变革经济政策的杰出倡导者。在经济大繁荣时期出现的第三代技术官员们，既要应对市场自由化的影响，又要应对议会民主制的出现。

一、技术官员出现前的泰国局势（十九世纪末至二十世纪初）

十九世纪最后二十年，泰国第一个现代政府框架得以建立，它是朱拉隆功国王（拉玛五世）在考察印度和印度尼西亚后，仿照这两个殖民地模式建立的。在这些模式中，政府有两个主要职能：税收和管控。因此，泰国也相应设立了财政部和内政部来承担这两项职能。财政部（Finance Ministry）成立后，设立了一个中央办公室，取代原有分散的税收机构。税收机构精简使国家有富余资金改革地方行政管理体系——设立金字塔式的薪酬体系，设立内政部管理下的固定官员管理体系，以及成立一支新式常备军。在最初的殖民模式中，政府还有第三个职能——监督殖民地主体的"道德和物质进步"。在该模式的泰国版本中，这一功能被大大削弱，而主要限于初级教育和佛教僧侣的集中管理。政府机构的成立是为了监督农业、灌溉和经济的其他方面，但因预算极其有限，这些机构几乎不受重视。直到二十世纪三十年代，由于在殖民地条约下缺乏财政自主权，财政收入的增长一直受到限制，而且很大一部分收入用于维持宫廷和皇室的生活。朱拉隆功大学成立于 1917 年，是泰国第一所高等教育机构，专注于法律、公共管理、科学和工程的教学，无经济学或其他社会科学的教学。

1932 年革命结束了对皇室的财政支持，随后，对税收的两项限制被取消，继任政府得以重新谈判殖民条约，并获得了资金，主要投资于基础设施，但这种变化带来的影响被因大萧条和第二次世界大战产生的经济混乱所限制。

比里·帕侬荣（Pridi Banomyong）是 1932 年革命的理论家，他曾在巴黎接受过法律和政治经济学的教育。1933 年，他起草了一份经济计划，提议加强国家对经济的控制，以提高效率，增加收入，改善公平（Pridi, 2000: 83-123）。但该计划被定性为共产主义，不得不被放弃。同时，他起草的其他计划反映了全球一种发展趋势，即国家各部门之间应协调配合，以克服大萧条。1934 年，比里创办了道德与政治科学大学，后更名为法政大学（Thammasat University），并将经济学纳入课程体系。拥有高中文凭的人即可申请法律、政治和经济学学士学位。一些二战后成为官员的人便是通过这种方式接受教育的（Likhit, 1978: 126）。

在二十世纪三十年代末和第二次世界大战期间，政府更多地参与经济管理。众多工业在战时经济的背景下，由国家投资建立或由政府接管。比里通过管理本国存放在伦敦的黄金储备，为建立中央银行奠定了基础。1941 年至 1945 年，日本占领泰国期间，为了保护外汇储备不被日本人侵占，泰国政府成立了中央银行（Sithi-Amnuai, 1964: 97-98）。战后，由于基本物资短缺，再加上战争导致的经济扭曲，通货膨胀失控，货币受到影响。为了控制由此造成的社会混乱，泰国政府开始管制价格、管制商品流通，努力使经济与世界经济的关系正常化。以上措施的实施，离不开技术官员的参与，他们理解现代经济且具备相应的管理能力。

二、贝·黄帕功和第一批技术官员（1949—1960）

二十世纪五十年代出现了一批特征鲜明的技术官员，他们在六十年代逐渐发展壮大，贝·黄帕功（Puey Ungphakorng）是其中最著名的成员之一，体现了这一群体的主要特征。

贝出生于一个普通的华裔家庭，凭自己的才能成就了一番事业（Wannarak, 1996; Puey, 2000）。他的同僚要么与他出身相似，要么来自投资教育的泰国旧式官僚家庭。在出身背景上，他们与旧的王室秩序、新的军事精英或商界群体格格不入。因此，他们组成了一个新阶层——自觉独立、受过良好教育的专业人士群体。

这个时期的技术官员大多数人在欧洲接受过教育。贝在哈罗德·拉斯基

（Harold Laski）①时代就读于伦敦经济学院（London School of Economics, LSE）。他和同僚们深受战后欧洲民主社会主义思潮的影响，认为国家有责任保障社会基本福利，但又不信任中央计划。

贝和他的同僚人数甚少，但国家对他们的专业技能的需求却很大。因此，他们的事业飞速发展。1949 年，贝获得伦敦经济学院的博士学位，学成回国后进入了财政部。4 年后，37 岁的他成为泰国中央银行（Bank of Thailand）副行长。1957 年，他被任命为新成立的预算局（Budget Bureau）的首任局长，1959 年被任命为新设立的财政政策办公室（Fiscal Policy Office, FPO）负责人。同年，43 岁的他成为泰国央行行长。1942 年，素帕·友苏达拉（Suparb Yossundara）从伯明翰大学毕业回国，进入泰国央行，并以世界银行首位女行长的身份登上事业顶峰（Puey *et al.*, 1975: vii）。他们作为第一批技术专家官员，彼此相辅相知，有共同的社会责任感，为实现共同目标砥砺前行，力争为现代经济管理打下基础。从这一时期开始，合作管理文化先于技术专家治国的整套制度开始形成。

他们为军方领导人工作，这些专制的领导人知晓经济的重要性，但对经济管理一无所知。贝和其他技术官员就他们所需的自由与资源和军方讨价还价，暗自忽视军方掠夺经济的行为（具体案例参见 Amnuay, 1964）。

这一时期，泰国经济仍以农业为基础。受季节和世界市场变化的影响，农业经济每年波动很大，为此，新的经济管理者采取了高度保守的策略，包括保持预算平衡，将货币与美元挂钩，微调利率，以防止波动引起通货膨胀或产生其他经济问题（Ammar, 1975; Warin, 1975）。

三、泰美结盟的"美国时代"

二十世纪五十年代，美国将泰国作为冷战期在亚洲的重要战略基地，特别用以对抗中南半岛共产主义的崛起。1957 年，泰国将军沙立·他那叻（Sarit Thanarat）通过政变夺取政权后，泰美开始结盟。

在这个"美国时代"，技术官员的作用发生了改变，他们的政治影响得以扩大（Muscat, 1990; 1994）。美国提供的援助资金和贷款，增加了发展经济的资本。沙立和美国赞助商把"发展"放在首要位置，认为经济增长可使民众免受共产主义的诱惑，并能确保泰国这一可靠的战略基地，为美国在亚洲的行动提供稳定的政治环境。

泰国在美国顾问的帮助下建立了更完善的管理制度，以便管理大笔预算和更复杂的事项。财政部内部新设预算局，使政府资金的配置和相应的监督机制制度

---

① 哈罗德·拉斯基（Harold Laski），英国工党领导人之一，政治学家，西方"民主社会主义"重要理论家，社会民主主义和政治多元主义的重要思想代表。1926 年起任伦敦经济学院政治系教授，直至去世。——译者注

化。同时，成立财政政策办公室（FPO）来规划财政政策，并成立规划局，后改为国家经济和社会发展局（National Economic and Social Development Board, NESDB）。1959 年贝·黄帕功出任泰国央行行长，加强了泰国央行职能。世界银行特派团于 1957—1958 年访问了泰国，其调查报告被改编为泰国第一个五年计划。尽管五年计划的大部分内容出自世界银行（World Bank）或美国顾问之手，但此项计划仍由国家经济和社会发展局负责起草并监督实施。

技术专家作为领导人任职于这些主要机构中，同时继续保持着合作管理的传统。预算局、中央银行和规划局组成了共同管理经济的"铁三角"。这些机构的技术官员利用自己的才能，从军事统治者那里获得相当的自由行动权。此外，他们还得到了美国的支持，亦可请求美国支持他们对抗军方。

世界银行的报告和早期的五年计划中概述了经济方案，方案反映了美国对泰国政府在经济中作用的看法——安全自由的资本环境将带来经济的增长，战时指令性经济的残余迅速瓦解。

尽管这一时期，泰国的经济总量变得更大、更复杂，但是经济管理方式仍然简单而保守，政府极少采取刺激经济增长的措施。在基础设施方面的投资，尤其是道路和港口方面的投资，使私人资本能够更廉价、更容易地开发本国可观的自然资源。经济增长主要依靠初级产品出口。由于战后复苏和布雷顿森林体系时代的稳定，世界经济稳步增长。强劲的世界需求确保了出口的稳步增长，世界经济的冲击和震动对泰国经济影响甚小，技术官员们只需对平衡预算、固定汇率和利率微调的管理方式略微调整（Ammar, 1975; Warin, 1975）。阿马尔·暹瓦拉（Ammar Siamwalla）将这个时代技术官员的管理方式称为一种"行为模式"，他打趣道，"使用……更具目的性的术语'政策'……过于抬举了"（Ammar, 1975: 30）。

贝·黄帕功担任央行行长期间，不仅为经济发展和建立合作经济管理的传统模式做出了贡献，而且为技术专家治国的发展奠定了基础。他设立央行奖学金，资助年轻有为的经济学家赴海外接受教育；设立基金，资助泰国经济研究。他为央行赢得了"卓越"和"专业"的声誉，与不断发展的商业行业相比，央行的薪酬略低，但依然吸引了有才华的青年专业人士（Wannarak, 1996: 77-82）。贝·黄帕功还被任命为泰国法政大学经济学院院长，并从美国基金会获得了充足的资金，用于培养未来的技术官员。

与此同时，多名高级官员被派送到美国接受培训，美国的这项投资意在培养新一代拥有美国价值观的技术官员。1951 年至 1985 年，约有 1500 人获得了富布莱特奖学金（Fulbright）或类似资助，另有 3000 人获得了美国其他资助。在美国接受高等教育的人数从二十世纪五十年代的几百人增加到八十年代初的 7000 人（Muscat, 1990: 60）。

四、第二代技术官员与政策制定（1976—1988）

贝·黄帕功因支持自由主义和左派政治主张，被贴上了共产主义者的标签。1976 年 10 月，贝·黄帕功被迫逃离泰国，并在流亡中度过了余生。他的离开标志着泰国技术官员统治历史上一个时代的终结。他的离开预示着技术官员的角色将发生改变。这种深刻的意识形态分歧的背后，折射出来的是第一代技术官员的经济变革所激起的社会紧张、冲突和人们的期望。此后，政府制定政策时，关注点侧重于社会影响。

二十世纪七十年代末也是一个经济时代的终结，当时世界经济形势无法再为泰国经济增长提供一个稳定、温和的环境。第一次石油危机宣告了后布雷顿森林体系时代一段价格震荡时期的开始，此后，商业形势更严峻，资金流动格外异常。

贝·黄帕功的离开也标志着几代人开始退出历史舞台。战后主要在欧洲接受教育的技术官员逐渐被在美国接受教育的一代人所取代。至 1974 年，在接受过海外教育的高级官员中，71%在美国接受教育，而在欧洲接受教育的官员占比为18%（Likhit, 1978: 124）。一个突出的例子是纳隆查·阿卡拉沙尼（Narongchai Akrasanee），他于 1973 年从美国约翰斯·霍普金斯大学（Johns Hopkins University）毕业，获得贸易政策博士学位（Narongchai, 1973），后来成为讲师、作家和政策顾问。泰国没有特定的政策规定留学人员必须去国外某一所高校就读，但在众多国外高校中，哈佛大学的声望和人气都非常高。

新一代技术官员接受教育的情况反映了美国在冷战中胜利之时的意识形态。他们所学内容中，政治经济学减少了，模型和数学教学增多了。他们认为计划经济是错误的，市场经济才是正确的。技术官员成为贸易自由化的有力代言人。

二十世纪八十年代初至九十年代初，是泰国技术官员统治的黄金时期。随着外部冲击的频率增加，地方政治的敏感性加强。随着经济转向工业化，经济的复杂性增加，对技术官员技能的需求越来越大。世界银行为泰国提供了贷款，帮助其度过第二次石油危机，这为技术官员统治的发展奠定了基础。八十年代初，国家经济社会发展局和财政政策办公室的技术官员在联络世界银行和其他国际金融机构为泰国提供贷款方面发挥了新的重要作用（Bhattacharya and Brimble, 1986）。

在第二次石油危机末期，泰国经济陷入深度衰退期。泰国两家银行倒闭，导致货币贬值。在这场小型危机的冲击下，一部分技术官员在相关政策的公开辩论中脱颖而出。沙诺·乌那军（Snoh Unakul）在规划局召集了一群人，其中包括披实·巴甲森（Phisit Pakkasem）、高斯·潘派玛哇（Kosit Panpiemrat）和实巴暖·革杜达（Sippanonda Ketudhat）。苏缇·森萨呐（Suthy Singsaneh）和帕纳斯·斯玛斯汀（Panas Simasthien）两人曾担任财政部长，应对了 1984 年的货币贬值。差瓦立·他那乍南（Chavalit Tanachanan）和努军·巴蜀莫（Nukul Prachuabmoh）曾领导中央银行。在学术界，威拉蓬·拉曼军（Virabongsa Ramangkura）担任总理顾问，纳龙猜·阿克拉萨尼（Narongchai Akrasanee）担任规划机构顾问。这一群体中的大多数人在二十世纪六十年代和七十年代初在美国赞助下赴美留学，并受到当时市场自由化的观点影响。他们游说政府改变政策，使市场自由化，并将泰国调整为出口导向型的工业化国家，这种模式曾在韩国和中国台湾取得巨大成功。他们认为，更加自由的市场将摧毁阻碍经济增长的垄断企业和寡头垄断市场（Snoh, 1987）。1984 年至 1986 年，技术官员们经常与世界银行顾问密切合作，指导税收、贸易和投资政策的改革，以发展出口导向型产业。

与此同时，经济计划愈发不重要。二十世纪八十年代初，国家经济和社会发展局雄心勃勃，制定经济计划，通过开发石油和储备天然气，将泰国转变为工业化国家。在这些计划中，政府作为投资者发挥了重要作用，国家经济和社会发展局负责全面协调。但在 1983 年至 1985 年间，由于第二次石油危机，这一雄心勃勃的计划被迫放弃。由于政府投资减少，国家经济和社会发展局在该项目中的作用降低，因而将主动权交给了私营企业。

这一转变带来了更多整体性变化。经济计划不再有意义。国家经济和社会发展局虽然继续拟订五年计划，但这些计划只是指示性文件，很少与实际政策挂钩。技术官员更多参与短期决策，制定新举措，以管控由国际经济引起的不稳定（案例参见 Pisit, 1991）。在他们的决策中，平衡预算不再是一个神圣的信条，赤字亦可刺激经济。由于商品出口率卜降，当需要赚取外汇时，便采取相关政策来刺激旅游和劳务输出等特定行业的发展。此外，他们还修改税收制度以促进投资，确保出口导向型工业的发展。一些技术官员开始专注于社会政策的制定，以解决贫困问题，以对抗日益加剧的区域不平衡，重新调整教育体系以适应工业的需要，并跟踪观察经济增长对环境的影响（Warr, 1993; Phisit, 1988）。

随着专业化程度的提高，技术官员们为应对外部冲击，日益重视短期经济政策的微调，而无法进行全面有效的协调。虽然沙诺·乌那军依然担任多个政府部门的私人顾问，是国家经济和社会发展局的长期负责人，也是政策制定的最重要的指导者，但原有的三大金融机构依然逐渐瓦解，国家经济和社会发展局的重要性也随之下降。二十世纪八十年代，议会政治逐渐确立，预算局的作用逐渐减弱。在预算分配上，议会委员会在政治谈判中的影响逐步加强。

到了这一时期，财政部和中央银行已明显成为独立机构，有着各自的内部文化。高级官员不再在不同机构的职位之间流动。中央银行和财政部更容易在各自领域——财政和货币政策——的作用上产生冲突。

1986 年，受到日本产业转移的提振，泰国经济进入了长达 10 年的繁荣时期。此时各部门间的协调性已无足轻重，往往被人忽视。在这一时期，由于技术官员相对独立，三大财政部门积极配合协调，以及遵循保守管理的传统，泰国经济的发展比以往任何时候都迅猛。

五、第三代：金融自由化与政治（1988—1997）

直到二十世纪八十年代末，技术官员们才不必担心肩负选民期待的民选政客。自二十世纪三十年代以来，泰国经历过 4 次选举议会的统治，但议会统治持续的时间还不足以打破将军和高级官员不受制约的统治模式。然而，从 1979 年起，议会开始生根发芽。民选部长和高级官员之间的争议成倍增加。这些争议在炳·廷素拉暖（Prem Tinsulanond）将军领导政府的时候，还悄无声息，但在 1988 年炳·廷素拉暖卸任后，争议迅速升级。新总理差猜·春哈旺（Chatichai Choonhavan）曾是一名军官，但他更像是一名商人而非军人，且在商界议员的支持下上台执政。在此期间，泰国经济处于两位数的高速增长阶段，商界对他的政治和经济统治有了信心。部长们热衷于借用各种理由使用国家权力，既有正当的理由（尤其是升级基础设施以跟上经济增长的步伐），也有违规的理由（在这个过程中获利）。他们首次对高级官僚机构的权力发起了一个世纪以来的重大冲击。

部长们要么解雇，要么重新任职几名不配合工作的高级官员，同时改组政府核心部门的委员会。这些变化向官僚机构传递了权力转移的信号。总理建立了一个由年轻学者组成的内部智囊团，负责政策建议。在这一革新之前，各级政府几乎没有制定政策的能力，政策的制定在很大程度上仍然由官僚机构负责。智囊团很快就与高级官员发生了冲突，尤其是在外交政策方向和经济问题上。政客们认为，官僚主义的保守限制了经济增长和企业利润的获得。之后，内阁通过决议，赋予部长们批准基础设施项目巨额预算的个人自由裁量权。最后，议会质疑军事预算的规模及其使用的机密性，坚持要求将更多资金转用于发展商业活动。

在差猜的领导下，财政部门由一位政治家而不是过去几乎垄断了这个职位的技术官员所掌控。第一个是商人帕拉摩·萨哈巴苏（Pramual Sabhavasu），他想放弃谨小慎微的财务管理方式，以刺激经济增长。因此，他组建了自己的政策顾问小组，试图直接控制财政和货币政策，并直接干预国家经济和社会发展局（NESDB）、财政政策办公室（FPO）和中央银行的运作。中央银行行长甘宗·沙提拉恭（Kamchorn Sathirakul）强烈反对这种干预，认为中央银行应该更加独立。两人之间的冲突成为每日新闻的素材，1990 年初甘宗被解职（Zhang, 2003: 114-115）。帕拉摩后来也对内阁进行了改组，1990 年 12 月，财政大权被移交给班汉·西巴阿差（Banharn Silpa-archa），他是一位民选的政治家，擅长将多余的预算资金转移到他所在的省份，此外，他对经济学的了解非常有限。从这时起，泰国财政部与泰国央行之间就充满冲突。

这些将权力和资金从官员手中转移到政客手中的尝试引发了巨大反响，主要表现在针对部长们的腐败指控上。在此背景下，1991 年 2 月，一个军事集团发动了反对差猜（Chatichai）政府的政变，并以腐败为由传讯了几位部长。

政变组织选择了外交官出身的商人阿南·班雅拉春（Anand Panyarachun）担任总理。阿南为他的内阁挑选了这一代最杰出的技术官员，包括几位在 1983—1985 年间倡导市场自由化的杰出人士。此届内阁抓住机会推行了一系列自由化改革，他们坚信这些改革是提高效率和维持经济繁荣所必需的。值得一提的是，这些改革完成了资本市场的自由化，而资本市场的自由化在二十世纪八十年代后期才开始尝试。随着泰国企业利用更低利率的贷款资金，加之外国投资基金投入泰国股市，国际资金流动迅速增加。在最初阶段，这些资金流动刺激了经济，增加了私人财富，因此被认为是良性的。但长期来看，它们给经济带来了新的不稳定因素，并对经济管理提出了新要求，需要制定新的方法和规则。

资本市场的自由化反映了泰国经济与外部世界关系的重大转变，但无人试图改革体制或调整传统做法以适应新局势。尽管回过头看，在资本自由流动的同时维持固定汇率是致命的尝试，但 7 年来，技术官员们在是否需要放开汇率的问题上争论不休，犹豫不决，没有做出任何决定。

二十世纪九十年代中期，在民主化和金融自由化的双重压力下，技术官员统治遇到重大危机。1992 年，军政府在街头暴力示威被驱逐，由选举产生的议会重新掌权。同年，民主党（Democratic Party）成立联合政府，组建了自己的技术官员团队管理经济，其中大部分是职业银行家。然而，这些技术官员很快就与商人政客发生了冲突，商人政客意图利用国家权力来维持摇摇欲坠的繁荣景象，为选民争取利益，为自己的企业争取利益。

商人政客期望联合政府对经济放宽管制，这让联合政府内部分外紧张，并最终导致联合政府于 1995 年初下台。到这时，经济繁荣开始转向危机的迹象已经开始显现。各政党试图招募技术官员，希望他们能在日益紧张的城市选举中赢得党内选票。但政客们仍然希望找到能够服从他们意愿的技术官员。1995 年至 1996 年间，总理班汉（Banharn Silpa-archa）解雇了他自己提名的财政部长，用一个顺从的税务官员取而代之，紧接着又解雇了证券交易所的负责人。

技术官员和政客之间的冲突在媒体和公众中引发辩论。股市投资者协会（association of stock market investors）呼吁政府下台。商人们抱怨说"政客们过多地干预泰国央行的日常运作"（*Nation*, June 18, 1996）。银行家协会（The Bankers Association）要求经济管理"去政治化"。一位高级技术官员曾呼吁，宏观管理

"非常紧迫并有一定技术性，不能留给这些政客"（*Nation*, August 31, 1996）。学者们也向总理请愿，不要干涉经济管理。

财政部和央行高层的人事变动比以往任何时候都要频繁。1996 年，政府内阁解散，技术官员们先后公开宣布，他们不会出任那些通常是技术官员职业生涯顶峰的职位。在媒体和公共平台上，技术官员发言人主张通过改革使经济管理免受政治压力。泰国央行行长因被指与政界人士及股市的关系过于密切，被迫辞职。由于没有优秀的候选人出任行长职位，故由资历决定继任者。一位官员出身的银行家接受了各个财政部门的领导职位，却也只坚持了数周。由于过于独立，财政部常务秘书实际上被架空了。

1997 年股市崩盘后，政府委托撰写了一份报告，分析危机发生的原因，并提出改革建议，由此产生"努军报告"，将责任归咎于央行的错误政策，认为技术官员治国期间泰国长期衰落的状态与这些错误息息相关。由于经济繁荣拉大了官场与商界之间的薪资差距，公务员招聘质量有所下降。管理经济的政府机构之间不再密切合作，取而代之的是相互之间争夺地盘，抢占优先地位。中央银行完全没有进行金融自由化后所需要的改革。这份报告预示着泰国技术官员统治的终结（Nukul, 1998）。

六、重生与中断

世界银行和国际货币基金组织酝酿了一项复兴计划，帮助泰国从危机中复苏，该计划得到了技术官员的广泛支持，他们加入由民主党领导的新联合政府，该政府于 1997 年底成立。复兴计划改革的重点是使中央银行成为一个更加独立，以规则为基础运行，能成熟地处理国民经济与外部世界之间的联系，以及更加有效地监督银行系统的机构。为实现这一愿景，央行内部进行了重组。该计划已起草立法，旨在使央行免受政治影响，但却一直被推迟。同时，复兴计划把通货膨胀目标制作为一项规定，使货币政策更有原则性和透明性。央行承诺对外汇市场的干预，只是为了对抗短期的异常情况，并设计了新指标来监测经济健康运行状况，预测紧急灾难。

同样的原则被用于财政部的改革，预算局和预算编制流程被彻底改革。财政政策办公室的职能范围扩大，以对财政政策进行长远规划。

二十世纪八十年代中期以来，世界银行一直敦促泰国根据新公共管理（NPM）原则对官僚机构进行更为全面的改革，这意味着现代企业管理模式开始应用于公共部门，重点是设定目标，衡量结果，奖励绩效，惩罚腐败和对其他职权滥用行为方面的管理（Bidhya, 1994）。1997 年危机之后，世界银行一直推进这一议程，直至 1999 年，公务员制度委员会办公室制定了全面的公共部门管理改革计划

（Public Sector Management Reform Plan）。该计划涉及财务、人事管理、法律变革、部门间职能的重新分配，以及消除腐败的措施（Bidhya, 2004; Painter, 2005）。这些后危机时代的改革似乎拯救了技术专家的统治，并确保了他们未来的政治地位。

但是，技术官员和商人之间的冲突很快再次出现，并中断了技术官员统治的复兴计划。2001 年，在金融危机后的第一次选举中，由商界主导的政府重新上台。新总理他信·西那瓦（Thaksin Shinawatra）为争取民众支持而奔走，他认为官僚主义拖累了经济增长，商人而非官僚应该对经济承担更大的责任。这表明，他信回归到了差猜时代的计划，即在官僚机构和政界人士之间转移权力。他信政府团队中出现了几名差猜政策智库成员，其中包括担任外交部长的素拉杰·沙田泰（Surakiat Sathirathai）、担任首席顾问的潘沙·维尼亚纳坦（Pansak Vinyaratn）和担任内阁秘书的波瓦萨·乌万诺（Bowornsak Uwanno）。卜任后的前几个月，政府对高级官员和公共部门委员会成员进行了清洗，其规模之大，自差猜时代以来未曾见过。同样如差猜时代，他信政府创建了一个制定政策的机制，以从官僚机构中获得决策的主动权。他信和各主要部长都有广泛的顾问团队，其中一些是名誉职位或商界朋友，但也有很多是从大学或专业人士中招募的全职员工。根据任命"副部长"的新规则，有些人按官方薪金受聘，有些人则直接受雇于他信的泰爱泰党，或由个别领导人雇用，而由决策机构所雇用的人数大大超过以往任何一届泰国政府。

他信解除了央行行长的职务。此前，该行长一直坚定拥护央行的独立性，以缺乏灵活性著称。因此，保证中央银行独立性的立法逐渐陷入僵局。然而，从那以后，总理就不再插手央行事务了。在政策问题上，他与新行长多次产生分歧，但新行长依然未被免职，或许是因为将其免职会对国际市场产生影响。

他信对泰国财政部的影响更为显著。在他的监督下，预算制度进行了重大调整，整个预算过程被牢牢地置于总理的控制之下。尽管国家经济和社会发展局（NESDB）继续制定五年计划，但现在这些计划完全没有意义。国家经济和社会发展局被转变成一个执行机构，负责执行总理及其政策顾问策划的项目。更多外部人士被任命于关键职位，如国家经济和社会发展局和财政政策办公室的负责人，这样他们就能与总理保持紧密联系，而不是与这些机构的传统和派系关联。

七、结论

泰国和东南亚其他国家的技术官员的统治历史都遵循了类似轨迹。第二次世界大战后，伴随着战后的经济混乱、去殖民化和政府对社会发展肩负的新责任，人们对技术官员有了技能的需求。最初，只有小部分人可以被称为技术专家，他们大多在欧洲接受教育。由于其技能的稀缺性，技术专家官员们很快就获得了相当大的权力。在这一时期，这一团体内部之间密切合作并逐渐壮大。

技术官员的统治在二十世纪八十年代初出现了一个转折点，主要原因是布雷顿森林体系在全球范围内的崩溃，另一个原因是该地区的经济日益复杂。这是一个对宏观发展政策方向在意识形态上展开激烈辩论的时代。一方倡导自由市场，认为更自由的市场将带来更高的效率；另一方支持发展中国家的发展模式，他们认为日本、韩国等的成功来自政府协调一致的政策，以发展工业为目标来设计市场。在这个时代，技术官员不仅成为管理现代经济的必要技术人员，而且极力倡导制定政策时可以有多种选择。

技术官员统治的第三个时期始于 1986 年，更多外国投资涌入该地区，繁荣的经济增强了商人对官员的信心。技术官员在以往的经济管理中采用以规则为基础的经济体系和机构，这些体系和制度不易受到政治操纵，但新自由主义思想却提出了理论依据以取代技术官员的统治。在这个时期，所有国家技术官员团体内部的凝聚力都被相互竞争的事项和贯穿各领域的政治压力打破了。许多潜在的技术专家，投身于回报更高、更具吸引力的私营企业，尤其是金融业。

1997 年的亚洲金融危机在短期内给技术官员们带来了一定负面影响，因为他们未能很好地应对这场大规模危机，对此负有一定责任。但这场危机也促使技术官员建立更强有力的政府机构，并采取措施防范新的危机。二十一世纪初，他信·西那瓦的政治计划阻断了泰国技术官员的重新崛起，但在整个东南亚地区，技术官员重新获得一定声望。

参 考 文 献

Ammar Siamwalla. 1975. Stability, Growth and Distribution in the Thai Economy. In *Finance, Trade and Economic Development in Thailand*, edited by Puey Ungphakorn *et al.*, pp. 25-48. Bangkok: Sompong Press.

Amnuay Wirawan อำนวย วีรวรรณ. 1964. Kan borihan ngan setthakit kan khlang lae kan ngoen การบริหารงานเศรษฐกิจการคลังและการเงิน [Administration of the economy, treasury, and finance]. In *Prawat lae phon ngam khong jompon sarit thanarat* ประวัติและผลงานของจอมพลสฤษดิ์ ธนะรัชต์ [Life and works of Field-Marshal Sarit Thanarat], cremation volume, Wat Thepsirin, March 13, 1964.

Bhattacharya, Amar; and Brimble, Peter. 1986. Trade and Industrial Policies in Thailand in the 1980s: *A Review and Framework for Policy Reform*. Bangkok: Mimeograph.

Bidhya Bowornwathana. 2004. Thaksin's Model of Government Reform: Prime Ministerialisation

Through "A Country Is My Company" Approach. *Asian Journal of Political Science* 12 (1): 135-153.

——. 1994. Administrative Reform and Regime Shifts: Reflections on the Thai Polity. *Asian Journal of Public Administration* 16 (2): 152-164.

Likhit Dhiravegin. 1978. The Bureaucratic Elite of Thailand: A Study of Their Sociological Attributes, Educational Backgrounds and Career Advancement Patterns. Bangkok: Thai Khadi Research Institute.

Muscat, Robert J. 1994. *The Fifth Tiger: A Study of Thai Development Policy*. New York: M. E. Sharpe and United Nations University Press.

——. 1990. *Thailand and the United States*. New York: Columbia University Press.

Narongchai Akrasanee. 1973. The Manufacturing Sector in Thailand: A Study of Growth, Import Substitution, and Effective Protection, 1960-1969. Ph.D. thesis, Johns Hopkins University.

Nukul Prachuabmoh นุกูล ประจวบเหมาะ. 1998. *Kho thet jing kiew kap sathanakan wikrit thang setthakit* ข้อเท็จจริงเกยวกบสถานการณ์วิกฤติทางเศรษฐกจ [Facts about the economic crisis]. Bangkok: Ministry of Finance (the "Nukul Report").

Painter, Martin. 2005. *Thaksinocracy or Managerialization? Reforming the Thai Bureaucracy.* City University of Hong Kong, Working Papers Series, No. 76.

Phisit Pakkasem. 1988. Leading Issues in Thailand's Development Transformation: 1960-1990. Bangkok: D. K. Book House.

Pisit Leeahtham. 1991. From Crisis to Double Digit Growth: Thailand's Economic Adjustment in the 1980s. Bangkok: Dokkya Publishing House.

Pridi Banomyong. 2000. *Pridi by Pridi: Selected Writings on Life, Politics, and Economy.* Translated by Chris Baker and Pasuk Phongpaichit. Chiang Mai: Silkworm Books.

Puey Ungphakorn. 2000. A Siamese for All Seasons: Collected Articles by and about Puey Ungphakorn. Bangkok: Komol Keemthong Foundation.

Puey Ungphakorn et al. 1975. Finance, Trade and Economic Development in Thailand: Essays in Honour of Khunying Suparb Yossundara, edited by Prateep Sondysuvan. Bangkok: Sompong Press.

Sithi-Amnuai, Paul. 1964. Finance and Banking in Thailand: A Study of the Commercial System, 1888-1963. Bangkok: Bangkok Bank.

Snoh Unakul เสนาะ อูนากูล. 1987. *Yutthasat kan phatthana chat adit patchuban anakhot* ยุทธศาสตร์การพัฒนาชาติ อดีต ปัจจุบัน อนาคต [Strategy for developing the nation, past, present, and future]. Bangkok: United Production.

Wannarak Mingmaninakhin วันรักษ์ มิ งมณีนาคิน, ed. 1996. *60 pi achan puai chiwit lae ngan* 60 ปี
    อาจารย์ป่วย ชีวิตและงาน [60 years of Dr. Puey: Life and works]. Bangkok: Thammasat University
    Press.

Warin Wonghanchao. 1975. An Evaluation of Thailand's Monetary Policy in the 1960s. In *Finance,
    Trade and Economic Development in Thailand: Essays in Honour of Khunying Suparb
    Yossundara*, edited by Puey Ungphakorn *et al.*, pp. 99-114. Bangkok: Sompong Press.

Warr, Peter G., ed. 1993. *The Thai Economy in Transition*. Cambridge: Cambridge University Press.

Warr, Peter G.; and Bhanupong Nidhiprabha. 1996. *Thailand's Macroeconomic Miracle: Stable
    Adjustment and Sustained Growth*. Washington, DC: World Bank; Kuala Lumpur: Oxford
    University Press.

Zhang, Xiaoke. 2003. The Changing Politics of Finance in Korea and Thailand: From Deregulation
    to Debacle. London and New York: Routledge.

本文曾发表于《南洋资料译丛》2020 年第 1 期，在本书出版时略有修改。

泰国东北部水稻种植村家庭结构和收入来源现状分析①

白井裕子　特里·兰博②

摘要： 作为泰国东北部农业转型的一部分，当地农村家庭的规模、结构和收入来源发生了重大变化。本研究基于对泰国东北部孔敬府（Khon Kaen Province）一个水稻种植村303户家庭的调查，翔实呈现了泰国当前农村家庭的现状——家庭规模缩小但家庭结构更加多样化；以往最常见的核心家庭（nuclear households）结构，逐渐被扩展的、跨代的以及断代的（truncated households）家庭结构取代。多种因素促成了这些变化，如村民从当地非农就业中赚取收入的机会增加、村内服务的提供、人们寿命的延长、教育水平的提高、结婚年龄的推迟以及未婚人数的增加。与此同时，随着农村家庭结构越来越多样化，农村居民的收入也越来越依赖非农业收入。即使是最依赖农业收入的断代家庭，也只有三分之一的总收入来自农业。非农业收入来源，包括当地非农就业、自由职业、汇款、政府资助和养老金等变得越来越重要。许多家庭负债累累，其中三分之二的跨代家庭负债超过其年净收入的100%。泰国政府出台的旨在改善东北地区人民的社会和经济状况的农村发展与减贫政策以及相关计划，如果要达到预期的效果，就必须考虑到当地家庭性质的变化。

关键词： 家庭构成；当地非农就业；汇款；农村生计

一、引言

作为泰国东北部地区［通常称为"伊桑地区"（Isan）］正在进行的农业转型的一部分，当地农村家庭发生了巨大的变化。例如，家庭平均规模已经缩小，以前占主导地位的核心家庭数量减少，出现了新的家庭类型。与之相关的当地农业家庭的收入来源也日益多样化，直接源于农业的收入减少，非农业来源的

① 原文出版信息：Shirai Yuko and A. Terry Rambo, Household Structure and Sources of Income in a Rice-Growing Village in Northeast Thailand, *Southeast Asian Studies*, Vol. 6, No. 2, August 2017, pp. 275-292. 本文由京都大学东南亚研究中心（Center for Southeast Asian Studies, Kyoto University）《东南亚研究》编辑部授权翻译。

② 作者：白井裕子（Shirai Yuko），泰国孔敬大学农业学院农业系统方法研究项目；特里·兰博（A. Terry Rambo），泰国孔敬大学农业学院农业系统方法研究项目，美国夏威夷火奴鲁鲁东西研究中心。译者：张婷，成都大学外国语学院、四川省泰国研究中心助理研究员。

收入不断增加。这种转变非常明显，以至于现在伊桑地区的农业家庭被称为"兼职农民"（Takeuchi, 2004; Rigg, 2005; Grandstaff *et al.*, 2008）。

学者们对农村家庭及其收入来源的显著变化进行了广泛的讨论（Smith, 1978; Grandstaff *et al.*, 2008; Rigg and Salamanca, 2009; 2011; Keyes, 2010; Rigg *et al.*, 2012; Chawanote and Barrett, 2013），但尚未对村一级农村家庭所发生的本质性变化进行分析。此外，包括许多学者、记者和政策制定者在内的相当一部分人仍然对伊桑村民持有刻板印象，认为他们是贫穷的雨养稻农民，而没有意识到该地区农业社会与经济已经发生了巨大的变化。为维护当地群众的根本利益，制定出更符合现实发展需求的政策措施，深入了解伊桑地区农村人民的现实生计情况至关重要。因此，我们在泰国东北部孔敬府的一个村庄开展了此次调研，以期对当前农村家庭结构及其收入来源进行翔实的描述。本文将从以下几个方面进行分析：（1）对农村家庭的构成进行描述，并将其划分为不同的结构类型；（2）考察近 50 年来家庭规模和家庭结构的变化；（3）考察家庭结构与年龄分布、生计类型和农业活动之间的关系；（4）确定不同家庭类型的收入来源；（5）考察家庭结构与收入和债务水平之间的关系。

二、农本村概况

此次调研工作于泰国孔敬府农本村（Nong Ben Village, 北纬 16°37′12″, 东经 102°49′59″）开展。该村位于孔敬市（Khon Kaen Municipality）东北约 20 公里，2 号国道沿线。农本村是农通区（Non Thon Subdistrict）下辖的 10 个村庄之一，原本是一个独立的村庄（Muban），2006 年被划分为两个行政村，每个行政村都有自己的村长。

农本村占地面积约为 6291 莱①（1007 公顷）（Sunantha, 2002）。2005 年农业用地约为 5039 莱（806 公顷），到 2011 年已降至约 4111 莱（658 公顷）。该村灌溉用水来源于南鹏区（Nam Phong District）乌博拉塔纳（Ubollatana）大坝的一条运河，距离村庄约 30 公里。1968 年灌溉用水首次引入该村后，村民们可以在旱季种植第二季水稻，同时还可以种植如花卉和蔬菜等其他经济作物，这使得村民的家庭经济状况发生了巨大变化。

该村有三种不同的农业用地：（1）旱地经济作物田（种植木薯、甘蔗和橡胶）；（2）灌溉农田（用于种植水稻和其他作物，如花卉和蔬菜）；（3）雨养稻田。2002 年稻田总面积约为 3019 莱（483 公顷），2011 年则降至 2501 莱（400公顷）。2006 年，约 53%的家庭只有灌溉农田，11%只有雨养稻田，36%同时拥

---

① "rai"莱，为泰国常用的土地测量单位，一莱相当于 2.4 亩。——译者注

有两种水田（Shirai *et al.*, 2007）。村民种植的糯米（RD6 品种）主要为自用，种植的茉莉米（KDML105 品种）用于出售。

2013 年农本村的实际人口为 1189 人，共 303 户，均属泰佬族（the Thai-Lao）。大多数家庭（81.1%）从事农业，其中约 96.7% 的家庭种植水稻，39.8% 种植木薯、甘蔗、橡胶等旱地作物，另有 21.9% 种植花卉和蔬菜等其他作物。根据我们在 2006 年对该村所进行的调查显示（Shirai *et al.*, 2007），大约 70% 的农户饲养牛，但只有三户饲养水牛，而到 2013 年，只有 14.1% 的农户仍饲养各种类的牲畜。大多数家庭（79.2%）拥有农地，基本上由他们自主经营，而 11.2% 的家庭没有农地，不从事任何农业活动。2013 年，该村 27.6% 的劳动力在当地从事某种形式的非农就业，如在该村附近的工厂或孔敬市的服务业从事临时或正式工作。

农本村是整个伊桑地区农业机械化的缩影。然而，只有 6.6% 的家庭拥有如四轮拖拉机和联合收割机等大型现代化农业机械，这些农业机械的所有者将他们的机器和司机一起出租给其他村民。现在，大多数村民都租用农业机械来耕种和收割水稻。

三、研究方法

研究所用数据于 2013 年 4 月在该村收集。调研初期进行了多次小组讨论，每次约有 20 名村民参加。讨论的主题涵盖村庄边界、土地使用的现状和历史、农业和文化活动的年度周期、过去和现在的非农就业情况、汇款的使用以及过去和现在村民的生计等方面。关于该村的二手数据，如农业用地面积、农作物类型和户籍数据包括所有家庭成员的姓名和年龄，均来自孔敬的几个政府办公室，例如孔敬府行政办公室、农通区办公室、孔敬府农业办公室和社区发展办公室。

居住在该村的 303 户家庭的构成与收入来源的详细信息则是通过与村长多次的深入访谈获得，必要时会与个别家庭核实确认。收集的数据包括共同居住和移居至其他地区家庭成员的信息，所有家庭成员（包括外迁人口）的性别、年龄、教育程度、婚姻状况、职业、家庭关系、家庭收入来源类型（农业和非农业）、拥有的农业用地面积和土地使用状况，以及农业活动的类型。这些数据用于对样本家庭进行详细的分类调查。

303 家农户根据其生计类型可以分为四组：（1）仅从事农业（24 户）；（2）兼营农业和非农业（222 户）；（3）仅从事非农业（41 户）；以及（4）不从事经济活动（16 户）。从每组中随机抽取家庭样本进行调查。最初计划对每组 20% 的家庭进行访谈，但由于部分组内家庭样本数量相对较少，因此我们针对所有可进行访谈的家庭进行了调查（见表 1）。

表1 不同生计组别的样本住户数目

	生计组别				
	（1）仅从事农业	（2）兼营农业和非农业	（3）仅从事非农业	（4）不从事经济活动	合计
住户总数	24	222	41	16	303
样本户数	8	41	6	6	61
样本户占比（%）	33.3	18.5	14.6	37.5	20.1

2013年5月5日至11日我们对每个样本家庭进行了访谈，访谈内容涵盖了共同居住和移居至其他地区家庭成员，所有家庭成员（包括外迁人口）的性别、年龄、教育程度、职业、婚姻状况以及和家庭成员的关系，同时还包括汇款金额、参与农业和非农业活动的类型、从事农业与非农业的就业状况，拥有农业用地面积和土地使用情况，对农业工具包括农业机械的拥有情况，家庭资产（如拥有电视、机动车情况），家庭月支出与年支出以及个人和家庭的农业与非农业活动收入，债务数额与欠债原因。

所有数据均录入了Excel数据库，并使用SPSS软件21版本进行分析。

四、家庭构成

农本村的家庭规模相对较小，2013年的平均规模为3.9人，与2010年泰国东北部3.5人的平均规模相当（National Statistics Office of Thailand, 2010）。尽管我们没有关于农本村家庭规模的历史数据，但伊桑地区几个府的早期村庄研究数据表明，自二十世纪六十年代以来，该地区的平均家庭规模一直在下降（见表2）。

表2 近50年泰国东北部农村平均家庭规模和不同类型家庭结构发生频率的变化

	年份						
	1961[a]	1963[b]	1964[c]	1965[d]	1981[e]	2002[e]	2013[f]
村	马芒村	农藤村	东登村	萨拉皮村	东登村		农本村
府	乌隆府	玛哈萨拉堪府	孔敬府	珂叻府	孔敬府		
平均家庭规模（人）	5.8	5.9	6.1	6.0	5.1	4.1	3.9
家庭构成类型（%）							
核心家庭	71	76	68	78	64	43	29
扩展家庭	17	24	28	22	29	40	40
其他	12	-	4	-	7	17	31

数据来源：[a] Lux（1961）；[b] Keyes（1975）；[c] Mizuno （1981）；[d] Janlekha （1968）；[e] Funahashi （2006）；[f] Village survey by the authors （2013）

注：每份数据来源对家庭和家庭类型所使用的术语不同，为符合本文所采用的分类，已做相应调整。

　　农本村 303 户家庭的结构类型可以分为四种：核心家庭、扩展家庭、跨代家庭和断代家庭。这种家庭类型的分类由埃塞尔·努奇（Ethel Nurge）于 1965 年提出，后来特里·兰博（A. Terry Rambo）和尼尔·杰米森（Neil Jamieson）于 1973 年对其进行了修改。默多克（G. P. Murdock）将核心家庭定义为典型的"由已婚男女及其子女组成的家庭"（Murdock, 1949: 1）。在本研究中，单亲家庭也被纳入核心家庭类型（Funahashi, 2006）。扩展家庭包括了由纵向和横向相关家庭成员组成的家庭。最常见的垂直延伸类扩展家庭是由已婚夫妇、他们的子女和配偶一方的一位或多位父母组成。跨代家庭由老年人，通常是祖父母，以及他们自己或其他人的一个或多个孙子孙女组成。断代家庭由"孤立无援的个体，如寡妇或鳏夫，或独居且没有子女的老年夫妇组成"（Rambo and Jamieson, 1973: 20）。四种家庭结构类型示意图见图 1。

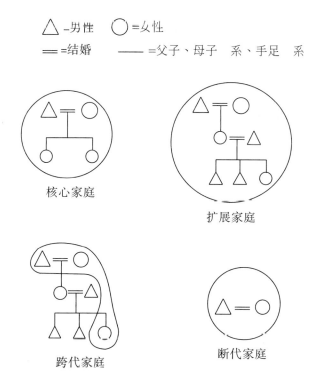

图 1　农本村家庭结构类型（虚线圈起来的为同住的家庭成员）
资料来源：Hammel and Laslett （1974:104），有改动

　　扩展家庭是农本村的主要家庭类型，占比 40.3%，之后依次是核心家庭（29.0%）、断代家庭（19.1%）和跨代家庭（11.6%）。大部分断代家庭产生的原因可能是年轻人接受高等教育并在城市从事非农工作，没有留在农村与父母生

活。据穆卢布汉·阿梅尔（Mulubrhan Amare）、里那·郝菲尔德（Lena Hohfeld）、宋差·季素琮（Somchai Jitsuchon）和赫曼·维贝尔（Hermann Waibel）（2012）的研究报告称，来自伊桑地区的移民普遍受教育程度更高。这种变化导致的结果是农村家庭变得更小、更分散。

尽管无法获得农本村的纵向数据，但可以将目前几种主要的家庭类型与伊桑地区类似的水稻种植村庄在早期研究中所收集的家庭类型数据进行比较，以评估家庭构成随时间所发生的变化（表 2）。二十世纪六十年代，对乌隆府（Udon Thani）、玛哈萨拉堪府（Mahasarakham）、孔敬府和珂叻府（Nakhon Ratchasima）的村庄进行的研究发现，大多数家庭（>68%）属于核心家庭（Lux, 1961; Janlekha, 1968; Keyes, 1975; Mizuno, 1981）。1981 年对孔敬府东登村（Don Daeng）的一项研究发现，64%的家庭属于核心家庭，而 2002 年的一项后续研究表明，核心家庭的比例已降至 43%。同一时期，扩展家庭的比例从 29%增加到 40%。其他家庭类型，如一个人居住的独居家庭和独自居住的老年已婚夫妇（本文将其归类为"断代家庭"）从 1981 年的 6%增加到 2002 年的 12%（Funahashi, 2006）。这与乔纳森·里格和阿尔伯特·萨拉曼卡（Jonathan Rigg and Albert Salamanca, 2009）的研究结果一致，即东北部的家庭结构近年来变得更加复杂化。

多种因素促成了核心家庭数量的减少以及其他家庭类型的出现。舟桥和夫（Funahashi Kazuo, 2006: 94）认为泰国社会有一种家庭组成多样性的文化倾向，但他没有进一步阐释这一观点。国家经济发展带来的区域经济扩张为人们提供了更多的当地非农就业机会，降低了年轻人迁移到其他地区寻找工作的需求，从而导致了扩展家庭数量的增加。结婚年龄的增长和未婚人数的增加似乎都与受教育水平的提高有关，这可能是导致非核心家庭数量普遍增长的因素。例如，如果未婚成年人与其父母和已婚兄弟姐妹住在同一所房子里，则成为扩展家庭，而如果未婚成年人单独住在不同的房子里，则成为断代家庭。

五、不同类型家庭的特点

1. 不同类型家庭成员的年龄分布

不同类型家庭成员的年龄分布存在明显差异。在对农本村 303 户家庭的调查中发现，核心家庭主要由 18 至 59 岁处于劳动年龄（working-age）的人群组成（70.1%），年龄在 18 岁以下的成员占比 22%，年龄在 60 岁或以上的成员占比 7.9%。扩展家庭的大多数成员也处于劳动年龄（56.5%），18 岁以下占比 26.2%，60 岁或以上占比 17.3%。跨代家庭处于劳动年龄的成员比例较低（37.3%），而 18 岁以下成员比例（39.9%）和 60 岁或以上成员比例（22.8%）较高。在断代家庭中，57%的成员处于劳动年龄，39%的成员为 60 岁或以上，只有 4%的成员在 18 岁以下。

2. 不同类型家庭的经济活动类型

农本村 303 户家庭按经济活动可以分为四类：（1）仅从事农业；（2）兼营农业与非农；（3）仅从事非农业；（4）不从事经济活动（见表 1）。在所有家庭中，7.9%仅从事农业活动，73.3%同时从事农业和非农业活动，13.5%仅从事非农业活动，5.3%不从事经济活动。这一发现与早期在东登村（Don Daeng）进行的研究相似，该研究指出非农业收入来源对农村家庭的重要性日益增加：1964年，领取固定工资的家庭比例仅为 2.3%，但在 1981 年和 2002 年分别增加到 7.1%和 22.7%（Kuchiba, 1990; Funahashi, 2006）。根据对农本村 61 个样本家庭的调查，大约 24%的家庭成员领取月薪。

经济活动的类型因家庭结构而异。扩展家庭最有可能既从事农业活动又从事非农业活动（85.1%），扩展家庭只从事农业或非农业活动的家庭占比相同（6.6%），不从事经济活动的家庭占比 1.7%。核心家庭在既从事农业活动又从事非农业活动的占比上排第二（80.8%），15.9%的核心家庭只从事非农业活动，2.2%只从事农业活动，1.1%不从事经济活动。跨代家庭大多同时从事农业和非农业活动（68.7%），只从事非农业活动和非经济活动的家庭比例相等（11.4%），8.5%的跨代家庭仅从事农业活动。断代家庭显示出与其他类型家庭截然不同的经济活动模式，只有 39.6%的家庭同时从事农业和非农业活动，25.9%的家庭只从事非农业活动，19%的家庭只从事农业活动，15.5%的家庭不从事经济活动。由此可见，断代家庭中 60 岁及 60 岁以上的人所占比例最高，他们可能会从活跃的经济活动中退出，但会继续在自家农田从事兼职农业活动。因此，上述不同类型家庭之间经济活动的差异反映了其在年龄结构和教育水平上的不同，年轻、受过良好教育并处于劳动年龄阶段的家庭成员占比较高的家庭类型更有可能从事非农业活动。

3. 不同类型家庭的农业活动类型

尽管每种类型的家庭中都有一部分从事农业活动，但他们从事的具体农业活动类型不同。扩展家庭在水稻种植（89.3%）、经济作物种植（38.5%）、其他作物种植（24.6%）和畜牧业（21.3%）中所占比例最高。核心家庭在水稻种植（79.5%）、经济作物种植（34.1%）、其他作物种植（14.7%）和畜牧业（10.2%）方面的参与程度位居第二。跨代家庭中种植水稻的家庭占比 77.1%、种植经济作物占比 31.4%、种植其他作物占比 17.1%，饲养牲畜占比 5.7%。断代家庭种植水稻的比例最低，为 55.2%，17.2%的断代家庭种植经济作物，8.6%种植其他作物，10.3%饲养牲畜。

对 61 个家庭的抽样调查数据更清楚地显示了不同类型家庭的农业活动之间的区别。扩展家庭的农业活动最为多样化，包括种植水稻、木薯、甘蔗、橡胶和其他作物，以及饲养水牛和猪。核心家庭从事的农业活动种类较少，仅种植水稻、木薯、橡胶和其他作物。这些差异似乎与土地持有规模的大小无关，更可能反映了不同家庭类型劳动力可用性的显著差异。扩展家庭的平均成员数最多（每户 5 人），几乎一半（49.2%）的成员处于劳动年龄。还应注意的是，扩展家庭中的大多数家庭成员仍处于工作的最佳时期，平均年龄为 38 岁。此外，与其他类型的家庭相比，扩展家庭拥有农业机械占比最高（60.9%），这也增强了他们从事农业活动的能力。

六、不同类型家庭的收入来源

以下研究结果和讨论基于对 61 户家庭的抽样调查数据。

（一）农业收入

断代家庭年总收入的 33.3% 来自农业，是所有家庭类型中占比最高的，扩展家庭年总收入的 26.5% 来自农业。跨代家庭和核心家庭的年总收入中农业收入份额占比非常低，分别仅占 15.1% 和 12.1%。

（二）非农业收入来源

非农业来源收入占所有家庭类型年总收入的三分之二以上。到目前为止，核心家庭从非农业来源获得的年总收入份额最大（87.9%），其次是跨代家庭（84.9%）、扩展家庭（73.5%）和断代家庭（66.7%）。

非农业收入来源可分为五类：当地非农就业、个体经营、汇款、养老金和政府资助。当地非农就业包括：（1）临时工，例如按日计酬的建筑工人和在家做计件工作的工人，如缝制枕套、床垫或渔网；（2）固定工资工人，即从私人雇主领取周薪或月薪的工人；（3）政府雇员，即在政府部门工作，每月领取薪水的雇员。个体经营者所经营的项目种类繁多，包括经营美容店、服装店、杂货铺、制冰厂、面馆、摩托车修理店，贩卖蔬菜、日用品、伊桑食品，出租农业机械，收售可回收物品，建造与出售预制临时舞台，以及防治白蚁等。不同类型的家庭从各种非农业工作获得的收入份额存在巨大差异（见图 2）。

1. 当地非农就业

总体而言，扩展家庭从当地非农就业中获得的非农收入比例最高（60.7%），其次是断代家庭（49.6%）、核心家庭（45.3%）和跨代家庭（40.6%）。跨代家庭从事临时工的比例最高（27.6%），其次是断代家庭（17.6%）、扩展家庭（15.5%）和核心家庭（14%）。扩展家庭从事固定工资工作的比例最高（12.9%），其次是核心家庭（7%）和跨代家庭（3.4%）。报告显示没有断代家庭拥有固定工资工作。在所有类型的家庭中，成员为政府雇员的家庭数量都很低（<6%），这可能是因为该村大多数老年居民的受教育水平相对较低，而受教育程度较高的年轻人离开了村子到城市中从事非农工作。

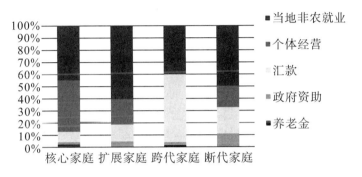

图2　农本村不同类型家庭非农收入占比

2. 个体经营

核心家庭中从事个体经营从而获得的非农业收入的比例最高（42.3%），其次是扩展家庭（20.9%）和断代家庭（18.2%），跨代家庭没有个体经营者。此外，伊桑地区农村的个体经营者数量逐年增长。对孔敬府东登村的早期研究显示，1981 年从事个体经营的家庭占比仅为 4.1%，但在 2002 年增加到了 8.3%（Funahashi, 2006）。而本次调研发现，从事个体经营的家庭占比已增加至 19.1%。村子整体财富的增长让村民有能力从当地企业购买更多的商品和服务，这可能是推动个体经营户不断增长的原因。从对村民的非正式访谈中获知，小商店和服务型企业通常由在曼谷工作期间获得资本和商业经验的返乡村民开设。这些人更喜欢从事个体经费，不愿去工厂工作。

3. 汇款和外出移民

跨代家庭的非农总收入的 55.6%来自汇款，这在所有家庭类型中占比最高，其次是断代家庭（21.5%）、扩展家庭（14.2%）和核心家庭（8.8%）。据政府统计数据显示，在伊桑地区，汇款收入所占份额从 1981 年的 3.8%扩大到 2004 年的 15.9%（Grandstaff et al., 2008: 301-306）。在此次调研中，超过半数的样本家庭（57.3%）有汇款收入。根据小组讨论的结果显示，汇款首先用于改善住房，然后用于偿还贷款，最后用于投资农业。

不同类型的家庭收到汇款的比例与离开村庄到其他地方工作的家庭成员人数有关。收到汇款比例最高的跨代家庭（占家庭总数的 88.9%）都有一名或多名外迁人口，平均每户有 2.1 名家庭成员移居他乡。这些家庭可称为"受扶养家庭"，即收入主要来自外部支持的家庭，由老年人组成，照顾父母外出工作的孙辈（ibid.; Rigg and Salamanca, 2011: 564; Rigg et al., 2012: 1477）。有汇款来源的断代家庭都有外迁人口，且外迁人口数量位居第二，平均每户有 1.4 个家庭成员移居他乡。核心家庭和扩展家庭中的外迁人口平均人数低于前两类家庭，每户分别为 0.9 人和 1.1 人。

令人惊讶的是，核心家庭收到汇款的比例（占家庭总数的 31.6%）和每户外迁人口数均为最低，但收到汇款的中位数却最高（48750 泰铢 ≈ 1405 美元[①]），不过这一数字因其中两个家庭移居海外的成员寄回的巨额汇款而有所偏差。收到汇款比例最高的跨代家庭其汇款金额中位数（46000 泰铢 ≈ 1326 美元）位居第二。核心家庭的外迁人口倾向于定期汇款，而其他家庭类型的外迁人口则倾向于不定期汇款。

4. 政府资助与养老金

在所有类型的家庭中，断代家庭由于其成员年龄在 60 岁及以上人口占比最高，获得政府资助的比例最大（10.7%），其次是扩展家庭（4.2%）、跨代家庭（2.8%）和核心家庭（1.8%）。只有核心家庭和跨代家庭中有成员领取养老金，但所占比例都很低（<2%）。

（三）不同来源的收入情况

如上所述，尽管不同类型家庭之间的收入存在明显差异，但所有家庭的非农业来源年总收入都超过了农业收入。因此，对于所有类型的家庭而言，农业收入只占家庭总收入的一小部分。农本村的农村家庭主要收入来源从农业收入来源向非农业收入来源转变，似乎是整个泰国东北地区的发展趋势（Kuchiba, 1990; Chai, 1991; Rigg, 2005; Funahashi, 2006; Grandstaff et al., 2008; Rigg and Salamanca, 2009; 2011; Keyes, 2010; Rigg et al., 2012; 2014）。事实上，泰国东北部农村的这一发展趋势并非独一无二，随着工厂、办公文职和服务业的就业机会不断增加，世界范围的农业劳动力比例以及农业对国民生产总值的贡献都有所下降（Bernstein, 1992: 5），大量农村人口迁入城市，而许多留在农村的村民也会通勤去从事当地的非农工作。因此，即使在发展中国家的农村家庭中，非农业收入的重要性也在增加（Murray, 2001; Deichmann et al., 2009; Owusu, 2009）。

---

① 2016 年 9 月 20 日的官方汇率是 1 美元 = 34.7 泰铢。

（四）收入和债务

不同类型的家庭在收入和负债水平上也表现出相当大的差异。核心家庭的人均年收入最高（94207 泰铢≈2715 美元），其次是断代家庭（66429 泰铢≈1914 美元），扩展家庭（55084 泰铢）≈1587 美元）和跨代家庭（54941 泰铢≈1583 美元）。核心家庭的人均年净收入也最高（38206 泰铢≈1101 美元），其次是扩展家庭（23344 泰铢≈673 美元）和断代家庭（17453 泰铢≈503 美元），而跨代家庭人均净收入最低（5570 泰铢≈161 美元）。

尽管不同类型的家庭负债程度差异很大，但每种类型的家庭都或多或少有负债。样本家庭数据显示，60%的断代家庭和42.1%的核心家庭没有债务，而74%的扩展家庭和 77.8%的跨代家庭有债务。三分之二（66.7%）的跨代家庭债务超过其年度净收入的100%，其次是扩展家庭（47.8%）、核心家庭（36.8%）和断代家庭（20%）（见表3）。大多数核心家庭和扩展家庭都负债于家庭成员就职的银行或公司，而大部分跨代家庭和断代家庭都借款于朋友和村基金。除断代家庭外，其余类型家庭的借款主要用于日常生活开支，但不同类型家庭的借款用途存在一些差异。扩展家庭的借款用于投资农业的比例最高，核心家庭的借款支付子女教育的比例最高。断代家庭负债最低，因为大多数家庭成员都是在子女独立后退休的老年人——一户断代家庭借款支付生活开销，另一户贷款为他们的小杂货店进货，另一户贷款用于为稻田的种植做准备，还有一户借款来偿还摩托车贷款。大多数跨代家庭（57.1%）借款是为了支付生活费。跨代家庭的经济状况最差，负债水平最高，偿还债务的能力最低。这一调查结果与塔带·坷拉提徬派布（Thuttai Keeratipongpaiboon）在2012年的一项研究结果一致，该研究认为泰国跨代家庭很容易因负债比例的增加而面临财务困难。

表3　农本村不同类型家庭负债占净收入的比例（*n*=61）

负债占净收入的比例	家庭类型			
	核心家庭（*n*=19）	扩展家庭（*n*=23）	跨代家庭（*n*=9）	断代家庭（*n*=10）
无负债	8（42.1%）	6（26.1%）	2（22.2%）	6（60.0%）
1～50%	3（15.8%）	4（17.4%）	1（11.1%）	1（10.0%）
51～100%	1（5.3%）	2（8.7%）	0	1（10.0%）
>100%	7（36.8%）	11（47.8%）	6（66.7%）	2（20.0%）
合计	19（100%）	23（100%）	9（100%）	10（100%）

七、结论

作为该地区农业转型的一部分，泰国东北部农村家庭类型及其收入来源发生了许多重要的变化。家庭规模缩小，而家庭结构更加多样化。以往最常见的核心家庭结构，现在被越来越多的扩展家庭、跨代家庭及断代家庭所取代。后两类家庭的特点是老年人口比例较高，收入水平低。此外，跨代家庭的负债程度非常高。

在家庭结构变得更加多样化的同时，农村家庭越来越依赖于非农业收入。即使是最依赖农业收入的断代家庭，也只有三分之一的总收入来自农业。非农业收入是现代农村经济的组成部分，包括当地非农就业、村内的服务性行业、汇款、养老金和政府资助。

这些农村家庭在家庭结构和收入来源上都已发生巨大变化，特别是非农业收入的重要性日益凸显，这在很大程度上改变了泰国东北部地区农村的社会生活。但泰国媒体、知识分子和政府决策者们尚未充分认识到这一点，他们对伊桑地区的农民一直持有根深蒂固的刻板印象，认为他们仍以家庭农耕为主要收入来源，自给自足，却忽视了在很大程度上，村民的生计已与泰国现代经济体系深度融合。政府所推行的旨在改善伊桑地区村民的社会经济状况的农村发展政策和减贫计划如果要达到预期的效果，必须将村民家庭结构和收入来源的变化考虑在内。

参 考 文 献

Amare, Mulubrhan; Hohfeld, Lena; Somchai Jitsuchon; and Waibel, Hermann. 2012. Rural-Urban Migration and Employment Quality: A Case Study from Thailand. *ADB Economics Working Paper Series* No. 309. Manila: Asian Development Bank.

Bernstein, Henry. 1992. Introduction. In *Rural Livelihoods: Crises and Response*, edited by Henry Bernstein, Ben Crow, and Hazel Johnson, pp. 1-9. Oxford and New York: Oxford University Press in association with The Open University.

Chai Podhisita. 1991. The Rural Thai Family: Some Observations and Research Needs. In *Report on a Thai Family and Household Survey*, edited by Bhassorn Limnanonda, Chai Podhisita, and Malinee Wongsith, pp. 6-29. Bangkok: Institute of Population Studies, Chulalongkorn University.

Chawanote, Chayanee; and Barrett, B. Christopher. 2013. *Non-farm Occupational and Earnings Dynamics in Rural Thailand*. Cornell University Charles H. Dyson School of Applied Economics and Management, Ithaca: New York. barrett.dyson.cornell.edu/Papers/

NonfarmDynamics_ChawanoteBarrett%2025%20March%202013%20Revisions.pdf., accessed on March 27, 2017.

Deichmann, Uwe; Shilpi, Forhad; and Vakis, Renos. 2009. Urban Proximity, Agricultural Potential and Rural Non-farm Employment: Evidence from Bangladesh. *World Development* 37 （3）: 645-660.

Funahashi Kazuo 舟橋和夫. 2006. *Don Den mura saisaiho: Tohoku Tai tensuiden noson ni okeru yonjunen kan no dotai kenkyu* ドンデーン村再々訪—東北タイ天水田農村における 40 年間 の動態研究[Revisit to Don Daeng village: Forty years of dynamic research on a rainfed rice-growing village in Northeast Thailand]. Final Report of Grants-in-Aid for Scientific Research （A）, Ryukoku University.

Grandstaff, Terry B.; Grandstaff, Somluckrat; Limpinuntana Viriya; and Suphanchaimat Nongluck. 2008. Rainfed Revolution in Northeast Thailand. *Southeast Asian Studies* 46（3）: 289-376.

Hammel, E. A.; and Laslett, Peter. 1974. Comparing Household Structure over Time and between Cultures. *Comparative Studies in Society and History* 16（1）: 73-109.

Janlekha, Kamol. 1968. Saraphi: A Survey of Socio-Economic Conditions in a Rural Community in North-East Thailand. World Land Use Survey, Occasional Papers No. 8. London: Geographical Publications Limited.

Keyes, F. Charles. 2010. From Peasant to Cosmopolitan Villagers: Refiguring the "Rural" in Northeastern Thailand. Paper for a conference on "Revisiting Agrarian Transformations in Southeast Asia," Chiang Mai, May, pp. 1-23.

—. 1975. Kin Group in a Thai Lao Community. *In Change and Persistence in Thai Society: Essays in Honor of Lauriston Sharp*, edited by G. William Skinner and A. Thomas Kirsch, pp. 274-297. Ithaca: Cornell University Press.

Kuchiba Masuo 口羽益生, ed. 1990. Don Den mura no dento kozo to sono henyo ドンデーン村の 伝統構造とその変容 [Tradition and change in Don Daeng village]. Tokyo: Sobunshya.

Lux, E. Thomas. 1961. The Thai-Lao Family Systems and Domestic Cycle of Northeastern Thailand. Part II. *Social Science Asia: Journal of the National Research Council of Thailand* 5: 1-17.

Mizuno Koichi 水野浩一. 1981. *Tai noson no shakai soshiki* [Social structure in a Thai village]. Tokyo: Sobunshya.Murdock, G. P. 1949. Social Structure. New York: Macmillan.

Murray, Colin. 2001. Livelihoods Research: Some Conceptual and Methodological Issues. Background Paper 5. Chronic Poverty Research Centre, Department of Sociology. University of Manchester.

National Statistics Office of Thailand. 2010. Number of Households and Household Size by Region. popcensus.nso.go.th/home.php, accessed on March 20, 2017.

Nurge, Ethel. 1965. *Life in a Leyte Village*. Seattle: University of Washington Press.

Owusu, Francis. 2009. Livelihoods. In *International Encyclopedia of Human Geography*, 12 vols., edited by Rob Kitchin and Nigel Thrift, pp. 219-224. Amsterdam: Elsevier.

Rambo, A. Terry; and Jamieson, Neil L. 1973. Cultural Change in Rural Vietnam. SEADAG Working Paper, Asia Society, New York.

Rigg, Jonathan. 2005. Poverty and Livelihoods after Full-time Farming: A South-East Asian View. *Asia Pacific Viewpoint* 46（2）: 173-184.

Rigg, Jonathan; and Salamanca, Albert. 2011. Connecting Lives, Living, and Location: Mobility and Spatial Signatures in Northeast Thailand, 1982-2009. *Critical Asian Studies* 43（4）: 551-575.

—. 2009. Managing Risk and Vulnerability in Asia: A （Re）Study from Thailand, 1982-83 and 2008. *Asia Pacific Viewpoint* 50（3）: 255-270.

Rigg, Jonathan; Promphaking Buapun; and Mare, Le Ann. 2014. Personalizing the Middle-Income Trap: An Inter-generational Migrant View from Rural Thailand. *World Development* 59: 184-198.

Rigg, Jonathan; Salamanca, Albert; and Parnwell, Michael. 2012. Joining the Dots of Agrarian Change in Asia: A 25 Year View from Thailand. *World Development* 40（7）: 1469-1481.

Shirai, Yuko; Rambo, A. Terry; and Laohasiriwong Suwit. 2007. The Multifunctionality of Paddy Fields in Northeast Thailand. In Workshop proceedings on the Role of Paddy Fields in Nurturing Aquatic Ecosystems and Maintaining Agroecosystems Biodiversity, Mekong River Commission, Vientiane, August, pp. 39-42.

Smith, Harold E. 1978. Chapter II: The Thai Rural Family. In *The Family in Asia*, edited by Man Singh Das, Panos Demetrios Bardis, and Carle Clark Zimmerman, pp. 16-46. Delhi: Vikas Publishing House.

Sunantha Kotrchantra. 2002. An Evaluation of Village and Urban Community Fund: Case Study of Nong Ben Village, Tambon Non Thon, Muang District, Khon Kaen Province. Report for Graduation Diploma in Project Management and Evaluation, Graduate School, Khon Kaen University.

Takeuchi, Takao. 2004. An Overview on the Sustainability of a Rural Village Increasing Part-Time Farm in Northeast Thailand. *Annual Bulletin of Rural Studies* 40, Special Issue on The Rise of Part-Time Farming and Its Sustainability in Rural East Asia in 21st Century, pp. 155-186. Tokyo: Japanese Association for Rural Studies, Nosan Gyoson Bunka Kyokai.

Thuttai Keeratipongpaiboon. 2012. Population Ageing: Changes in Household Composition and Economic Behavior in Thailand. Dissertation for the Degree of Doctor of Philosophy in Economics in School of Oriental and African Studies, University of London, U.

农村家庭特征与农业活动和当地
非农就业的关联

——基于泰国东北部两个水稻种植村的比较研究[①]

白井裕子　史蒂芬·雷兹　杰斐逊·福克斯　特里·兰博[②]

摘要：本研究在泰国东北部孔敬府的两个村庄考察了当地非农就业与人口外迁和农业发展的关系。两个村庄在人口、地形和农业系统等方面十分相似，但当地从事非农工作的居民数量上存在差异。研究发现，当地的非农就业与人口外迁率、家庭结构和农业活动有关。一般来说，扩展家庭和核心家庭的家庭成员会在当地从事非农工作，鲜少有家庭成员外迁。而且这两种类型的家庭会充分利用其家庭劳动力、购买农机来扩大其农业活动。此外，他们还会采用移植水稻幼苗的种植方式，这比播种更费力。相比之下，跨代家庭和断代家庭的家庭成员没有在当地从事非农工作，则会选择外出务工。由于劳动力短缺，缺乏足够的现金收入，这些家庭通常会采用播种的种植方式来节省劳力。因此，泰国政府所采取的农村工业化战略能够有效降低泰国东北地区人口外迁率，促进当地农业社区稳定繁荣发展。

关键词：农村工业化；非农收入；家庭结构；农村生计

一、引言

与其他发展中国家一样，泰国的农村家庭越来越依赖非农业来源的收入（Deichmann *et al.*, 2009; Van Leeuwen and Dekkers, 2013; The World Bank, 2014）。非农就业对农村家庭的农业活动有许多影响，包括技术效率、农业活动类型、施肥强度和节省劳动力方法的使用等方面的变化（Anseeuw and Laurent,

---

[①] 原文出版信息：Yuko Shirai, Stephen J. Leisz, Jefferson Fox, and A. Terry Rambo, "Rural household characteristics and agricultural activities in relation to local non-farm employment: A comparative study of two wet-rice-growing villages in Northeast Thailand", *KHON KAEN AGR. J.* 45（4）：721-730（2017）. 本文由《孔敬农业》期刊编辑部授权翻译。

[②] 作者：白井裕子（Shirai Yuko），泰国孔敬大学农业学院农业系统方法研究项目；史蒂芬·雷兹（Stephen J. Leisz），美国科罗拉多州立大学人类学系；杰斐逊·福克斯（Jefferson Fox），美国夏威夷火奴鲁鲁东西研究中心；特里·兰博（A. Terry Rambo），泰国孔敬大学农业学院农业系统方法研究项目，美国夏威夷火奴鲁鲁东西研究中心。译者：张婷，成都大学外国语学院、四川省泰国研究中心助理研究员。

2007; Shi *et al.*, 2011; Mishra and Moss, 2013）。研究证明，当地非农就业的水平会影响泰国东北地区农村的人口外迁率（Shirai, 2016），同时也影响了外迁人口汇款的流入。此外，人口外迁改变了农村的家庭结构类型，促成了四种家庭类型的形成，即核心家庭、扩展家庭、跨代家庭和断代家庭，这可能会对农业活动的家庭劳动力供应产生影响（Shirai, 2016）。

作为农业转型的一部分（Rambo, 2017），东北地区农业家庭的收入来源发生了重大变化，非农收入的占比越来越大（Fukui, 1993; Grandstaff *et al.*, 2008; Keyes, 2010; Rigg *et al.*, 2014）。尽管如此，东北地区的非农就业总数仍然很少，村民外迁现象仍然很普遍。已有的研究表明泰国东北地区农村农业活动已发生明显变化（Rigg *et al.*, 2012; Malanson, 2014）。然而，尚未有任何研究涉及当地非农就业对农村农业活动的影响。而若要有效管理自然生态系统及其为人类提供的便利，提高农村发展政策的效力，就需要了解农村地区农业活动的变化。因此，本研究进行了一项"自然实验"（natural experiment），比较了两个村庄的家庭农业活动。这两个村庄在当地从事非农工作的人数差异很大：一个村的本地固定非农劳动力多，外迁人口少；另一个村的本地固定非农劳动力少，外迁人口多。本研究旨在通过这种对照比较，分析当地非农就业对农村家庭农业活动的影响。此外，本研究还考察了两个村庄不同结构类型的家庭在农业活动特征方面是否也有所不同。

二、研究方法

在对孔敬府 44 个村庄初步调查的基础上，本研究选取了其中两个村庄进行对比研究，这两个村庄在人口规模、土地面积、地形地貌和农业系统等方面十分相似，但在当地从事非农工作的居民数量上存在差异。这些居民通常受雇于大型工厂，每周或每月领取固定工资，相较于建筑工地的临时工，他们的工作更稳定。本研究选取了两个村庄进行比较研究，其中一个村庄为高就业率村（High Employment Village, HEV），居民在当地工厂就业的人数较多，占劳动力总数的23.7%，另一个村庄为低就业率村（Low Employment Village, LEV），居民在当地工厂就业的人数较少，仅占劳动力总数的 2.0%。每户家庭的详细信息，包括所有家庭成员的年龄、性别、婚姻状况、职业和家庭成员关系、外迁人口（指的是离开本村庄到其他地方长期或临时就业的人）、农业参与和农业活动类型，则是从村庄卫生志愿人员处获取。

根据上述调查信息，可以将高就业率村分为两组：第一组包括 47 户家庭，家庭成员有一名或多名在当地工厂工作；第二组包括 24 户家庭，没有任何家庭成员在当地从事非农工作。低就业率家庭也可以分成两组：第三组包括 99 户家庭，家庭成员有一名或多名外迁人口；第四组包括 23 户家庭，没有外迁人员。最初计划从每组随机抽取 20 户家庭进行访谈，对第三组和第四组的访谈便是这样进行的，但第二组只有 16 户家庭可以接受访谈，而且其中一个家庭后被证实应归为第一组。因此，第一组的最终样本量为 21 户，第二组的最终样本量为 15 户。

最后将所有数据输入 Excel 数据库，并使用 SPSS 软件 21 版本对数据进行统计分析。

三、结果与讨论

本节将首先呈现一些关于两个村庄的经济和社会特征的描述性统计数据，并描述每个村庄的农业活动，之后研究不同家庭群体的农业活动差异，最后描述不同结构类型的家庭农业活动的差异。

（一）案例村庄的特点

这两个村庄历史相似，都是大约一个世纪前由附近村庄的人建立的，他们为寻找新的土地而搬到这里。雨养水稻是该地区的主要作物，其种植面积在高就业率村庄占农用面积的 77.7%，在低就业率村庄占 80.1%。两个村庄的高地上都种有木薯、甘蔗和橡胶。高就业率村的常住人口（490 人，121 户）比低就业率村（408 人，122 户）要多一些。高就业率村的土地面积（371 公顷）和农业用地总面积（288 公顷）均小于低就业率村（分别为 524 公顷和 400 公顷）。高就业率村的人口密度（132 人/平方公里）也高于低就业率村（77 人/平方公里）。

两个村庄之间最重要的区别在于他们相对于当地非农就业所在地的位置。高就业率村距离孔敬市 25 公里，距离最近的非农就业地仅 1 公里，而低就业率村距离孔敬市 75 公里，距离最近的非农就业地 34 公里。这种差异直接影响了在当地从事非农工作的居民数量。高就业率村的居民可以轻松抵达 10 个工业场所和 28 个其他非农工作地，因此，共有 66 名工厂工人，还有 79 人在其他非农场所工作，如村外的医院、酒店和超市。65%的家庭其成员要么在当地工厂工作，要么在当地从事其他非农工作。相比之下，低就业率村仅有 4 人在工厂工作，35 人在其他非农场所工作，仅 23%的家庭中有成员从事相关工作。

案例村庄有四种家庭结构类型：核心家庭，由父母和子女组成；扩展家庭，由纵向和横向的家庭成员组成；跨代家庭，由年迈的祖父母以及自己或他人的一个或多个孙辈或曾孙辈组成；断代家庭，指寡妇或鳏夫或没有与子女同住的老夫妻。扩展家庭是两个案例村庄最常见的类型，高就业率村中 40.5%的家庭类型是扩展家庭，低就业率村中 30.3%的家庭类型是扩展家庭。高就业率村的核心家庭比例（33.9%）远高于低就业率村（19.7%）。低就业率村的断代家庭（26.2%）和跨代家庭比例（23.8%）都高于高就业率村，在高就业率村，这两种家庭类型占比分别为16.5%和9.1%。

（二）案例村庄的农业系统

两个村庄的农业系统差异较小，十分相似。与高就业率村相比，低就业率村的种植面积更大，但每公顷土地供养的人口数量略低。两个村庄四分之三的耕地为雨养稻田。高地均用于种植经济作物，如木薯、甘蔗和橡胶树。两个村庄大多数家庭都从事农业劳动，但低就业率村对其耕种的土地拥有所有权的家庭比例（82.8%）远高于高就业率村（66.9%）。两个村庄养牛的家庭数量差异不大，但低就业率村的大型牲畜数量（113头）比高就业率村（33头）多很多。

（三）案例村庄中不同组别样本家庭农业活动比较

以下将比较四组不同样本家庭的农业活动。

高就业率村的第一组样本家庭，家庭成员中有一名或多名在当地从事非农就业；高就业率村的第二组样本家庭，家庭成员中没有人从事非农就业。低就业率村的第三组样本家庭，家庭成员中有一名或多名外迁人员；低就业率村的第四组样本家庭，没有外迁人员。表1列出了每组家庭的农业特征。平均而言，第四组家庭拥有和耕种的平均种植面积最大，而第一组家庭的平均耕种面积最小。第一组和第二组家庭将更多的土地用于种植水稻，而第三组和第四组家庭将更多的土地用于种植经济作物，不同的是两组的甘蔗平均种植面积差别较大。第一组中仅有76.2%的家庭种植水稻，而第二组中有93.3%的家庭种植水稻。经常收到外迁家庭成员汇款的第三组家庭种植水稻的比例（85.0%），低于没有外迁成员的第四组家庭（90.0%）。64.7%的第三组家庭和50%的第四组家庭通过撒种种植水稻，而71.4%的第一组家庭和所有第二组家庭通过插秧的方式种植。

第二组有三分之一的家庭、第四组有四分之一的家庭饲养黄牛和水牛，而第三组仅有15%的家庭饲养黄牛和水牛，第一组没有任何家庭饲养。第二组有许多断代家庭，这些家庭大多是退休人员，他们时间充沛，精力十足，喜欢饲养牲畜作为资产。第三组也有很多断代家庭，但成员认为自己年事已高，无法饲养牲畜。第一组有很多核心家庭和扩展家庭，家庭成员多从事非农工作，无暇饲养牲畜。

无外迁人口的第四组家庭的平均种植面积更大，他们将大部分土地用于种植经济作物，特别是甘蔗，并拥有最多的四轮拖拉机。相比之下，有外迁人口的第三组家庭的平均种植面积较小，用于种植甘蔗的土地也很少，而且没有四轮拖拉机。

表 1　不同组别样本家庭的农业特征

| | 高就业率村（HEV） | | 低就业率村（LEV） | |
	第一组（n=21）	第二组（n=15）	第三组（n=20）	第四组（n=20）
每户平均拥有的种植面积（公顷）	2.2	2.8	3.1	5.5
每户平均耕种面积（公顷）	2.2	2.9	2.5	4.5
农业用地（占耕地面积的百分比）				
雨养稻	67.3	53.9	42.6	29.8
木薯	13.9	24.2	37.1	22.8
甘蔗	13.9	19.2	18.8	44.9
桉树	2.3	0	0	0
橡胶	2.3	1.0	1.5	2.4
蔬菜	0	1.0	0	0
其他作物	0.3	0.7	0	0.1
饲养大型牲畜的数量（头）	0	14	9	83
饲养大型牲畜的家庭数量	0	5（33.3%）	3（15.0%）	5（25.0%）
饲养猪的家庭数量	1	1	0	1
饲养斗鸡的家庭数量	6（28.5%）	3（20%）	0	0
拥有四轮拖拉机的家庭数量	1（4.7%）	0	0	4（20%）
种植水稻的家庭数量	16（76.2%）	14（93.3%）	17（85.0%）	18（90.0%）
水稻种植方式				
播种	4（28.6%）	0	11（64.7%）	9（50.0%）
插秧	10（71.4%）	14（100.0%）	6（35.3%）	9（50.0%）
具有不同类型家庭结构的家庭数量				
核心家庭	6（28.7%）	4（26.6%）	2（10.0%）	14（70.0%）
扩展家庭	13（61.9%）	3（20.2%）	5（25.0%）	5（25.0%）
跨代家庭	1（4.7%）	4（26.6%）	5（25.0%）	0
断代家庭	1（4.7%）	4（26.6%）	8（40.0%）	1（5.0%）

来源：2015 年与样本家庭的访谈

（四）不同结构类型家庭农业活动的差异

本部分将结合两个案例村庄具有相同结构类型的样本家庭数据，分析家庭结构与农业活动之间的关系（详见表2）。

核心家庭、跨代家庭和扩展家庭的平均种植面积差不多（分别为 3.5、3.4 和

3.2 公顷），而断代家庭的平均种植面积仅为 1.7 公顷。断代家庭、扩展家庭和跨代家庭将一半或更多的耕地用于种植水稻，而核心家庭将更多的土地用于种植木薯和甘蔗（64.6%），并且拥有四轮拖拉机的数量最多。所有断代家庭都种植水稻，其他类型的家庭约有五分之四种植水稻。大多数核心家庭（71.4%）采用插秧的方式种植水稻，而三分之一或更多的其他类型的家庭采用播种的方式种植。

断代家庭中饲养大型牲畜的比例最高（28.6%），其次是跨代家庭（20.0%）和扩展家庭（19.2%），而仅有一小部分核心家庭（11.5%）饲养牲畜。

表 2 不同结构类型家庭农业特征

	家庭类型			
	核心家庭 （n=26）	扩展家庭 （n=26）	跨代家庭 （n=10）	断代家庭 （n=14）
每户平均拥有的种植面积（公顷）	4.5	2.9	3.6	2.4
每户平均耕种面积（公顷）	3.5	3.2	3.4	1.7
农业用地（占耕地面积的百分比）				
雨养稻	32.4	52.9	48.5	56.5
木薯	22.6	23.6	33.0	21.5
甘蔗	42.0	20.9	17.2	16.9
桉树	0	1.3	0	0
橡胶	2.4	1.3	1.3	3.2
蔬菜	0	0	0	1.9
其他作物	0.6	0	0	0
饲养大型牲畜的数量（头）	43	20	6	37
饲养大型牲畜的家庭数量	3（11.5%）	5（19.2%）	1（20.0%）	4（28.6%）
拥有四轮拖拉机的家庭数量	4（15.3%）	1（3.8%）	0	0
种植水稻的家庭数量	21（80.8%）	22（84.6%）	8（80.0%）	14（100.0%）
水稻种植方式				
播种	6（28.6%）	9（45.0%）	3（37.5%）	6（42.9%）
插秧	15（71.4%）	11（55.0%）	5（62.5%）	8（57.1%）

来源：2015 年与样本家庭的访谈

（五）当地非农就业和人口外迁与农业的关系

家庭成员没有在当地从事非农就业及没有人员外迁的家庭，其家庭平均耕种面积比有成员从事非农就业或外迁人口的家庭要大。第一组中，有家庭成员从事非农就业的家庭将最大份额的农业土地用于种植水稻，但种植水稻的家庭比例最低,可能是因为他们从当地非农工作中获得稳定的现金收入,可以直接购买大米。

大多数采用播种方式种植水稻的家庭表示,虽然他们也想通过插秧的方式种植水稻,但缺乏足够的劳动力和资金。因为,有外迁人口的家庭缺乏足够的劳动力,所以采用播种的方式种植水稻。而有家庭成员在本地从事非农就业的家庭则有充足的劳动力,会采用插秧的方式种植水稻。此外,有家庭成员在本地从事非农就业的家庭缺乏时间和经济动力饲养牲畜。

总体而言,与有外迁人口的家庭相比,没有外迁人员汇款的家庭以及只有少数从当地非农就业中获得工资收入的家庭会从事更多的农业活动。这些家庭拥有的四轮拖拉机数量最多,因此平均耕种面积更大,并且将很大一部分土地用于种植经济作物。这种对农业活动的重视反映了他们在经济上对农业的依赖。

不同结构类型的家庭,农业活动也存在一定的差异。断代家庭拥有并耕种的平均农业面积最小,其主要原因可能是大部分老年人已经将他们的部分土地转让给了他们的成年子女,也可能是因为他们年事已高,劳动能力有限。与其他类型的家庭相比,核心家庭水稻种植面积较小,而且有足够的劳动力,可以采用插秧的方式种植水稻。此外,断代家庭拥有并耕种的平均农业面积最小,但却最常从事大型牲畜的饲养。

四、结论

本研究考察了泰国东北部孔敬府农村的非农就业和人口外迁与当地农业的关系。结果表明,当地非农就业机会的可获得性对人口外迁、家庭结构和农业活动有重大影响(见图 1)。与很少有家庭成员在当地从事非农工作的低就业率家庭相比,有许多家庭成员在当地从事非农工作的高就业率村,其外迁人口较少,而且核心家庭和扩展家庭的数量也更多。大量的当地非农就业机会使农村人口能够留在他们出生的村庄,从而使更多的扩展家庭和核心家庭得以维持。这些家庭的劳动力比跨代家庭和断代家庭的劳动力多,因此可以采用劳动密集型的水稻种植方法,而跨代家庭和断代家庭在外迁人口较多的村庄更为常见。

当地非农就业机会的可获得性促进了当地家庭的收入多样化,包括通过利用家庭劳动力和投资农业机械来扩大农业活动。有很大一部分家庭,其家庭成员有固定的非农工作,收入稳定,但依然在种植水稻,为应对不可预测的经济波动提供安全保障。萨哈蒂拉等人(Subhadira *et al.*, 2004)的研究印证了这种安全保障的价值,他们发现稻米自给自足的伊桑农村家庭成功应对了 1997—1998 年泰国的经济危机。

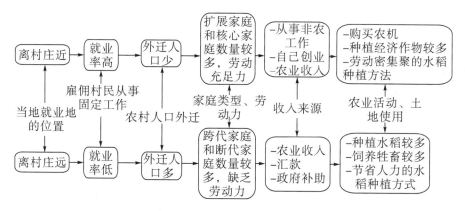

图 1　当地非农就业对泰国东北部农村向外移民、家庭结构和农业活动的影响

　　这似乎有悖常理，但政府推动农村工业化似乎是维持和发展东北地区农业社区繁荣发展的有效策略。如果农村的年轻人能够在当地获得高薪稳定的非农就业机会，他们就更有可能留在农村，而不是移居到城市寻找工作。他们的非农收入提高了家庭生活水平，也使他们能够投资农业。而且由于与家人同住，他们可以在农忙时为家庭提供劳动力。然而，由于东北地区的工厂数量仍然很少，而且只集中在少数几个地方，大多数村庄还不能从农村工业化中受益，因此对农业活动的影响仍然相当有限。

参 考 文 献

Anseeuw, W., and C. Laurent. 2007. Occupational Paths Towards Commercial Agriculture: The key roles of farm pluriactivity and the commons. Journal of Arid Environments. 70: 659-671.

Deichmann, U., F. Shilpi, and R. Vakis. 2009. Urban Proximity, Agricultural Potential and Rural Non-farm Employment: Evidence from Bangladesh. World Development. 37（3）: 645-660.

Fukui, H. 1993. Food and Population in a Northeast Thai Village. University of Hawaii Press, Honolulu.

Grandstaff, T.B., S. Grandstaff, V. Limpinuntana, and N. Suphanchaimat. 2008. Rainfed Revolution in Northeast Thailand. Southeast Asian Studies. 46（3）: 289-376.

Keyes, F.C. 2010. From Peasant to Cosmopolitan Villagers: Refiguring the "Rural" in Northeastern Thailand. pp. 1-23. In: The paper for a conference on Revisiting Agrarian Transformations in Southeast Asia. Chiang Mai, Thailand, May 2010.

Malanson, P. George, Verdery, M. Ashton, Walsh, J. Stephen, Sawangdee, Yothin Walsh, Heumann, W. Benjamin, McDaniel, M. Philip, Frizzelle, G. Brian, Williams, E. Nathalie, Yao, Xiaozheng,

Entwisle, Barbara, Rindfuss, and R. Ronald. 2014. Changing crops in response to climate: Virtual Nang Rong, Thailand in an agent based simulation. Applied Geography. 53: 202-212.

Mishra, K.A., and B.C. Moss. 2013. Modeling the Effect of Off-farm Income on Farmland Values: A quantile regression approach. Economic Modelling. 32: 361-368.

Rambo, A. Terry. 2017. The Agrarian Transformation in Northeastern Thailand: A Review of Recent Research. Southeast Asian Studies. 6（2）.

Rigg, J., A. Salamanca, and M. Parnwell. 2012. Joining the Dots of Agrarian Change in Asia: A 25 Year View from Thailand. World Development. 40（7）: 1469-1481.

Rigg, J., B. Promphaking, and L.A. Mare. 2014. Personalizing the Middle-Income Trap: An Inter-Generational Migrant View from Rural Thailand. World Development. 59: 184-198.

Rubenstein James M. 2008. An Introduction to Human Geography. Pearson Prentice Hall 9th Edition, Upper Saddle River, New Jersey, USA.

Shi, X., N. Heerink, and F. Qu. 2011. Does Off-farm Employment Contribute to Agriculture-based Environmental Pollution? New insights from a village-level analysis in Jiangxi Province, China. China Economic Review. 22: 524-533.

Shirai, Y. 2016. Rural Household in the Context of Agrarian Transformation in Northeast Thailand. Doctor of Philosophy Thesis in Systems Agriculture, Graduate School, Khon Kaen University.

Shirai, Y., and A.T. Rambo. 2017. Rural Household Structure and Sources of Income in a Rice-Growing Village in Northeast Thailand. Southeast Asian Studies. 6（2）.

Subhadhira, S., S. Simaraks, and S. Srila. 2004. The Economic Crisis and Rural Households in Thailand: Impact and Response. Southeast Asian Studies. 42（1）: 46-59.

The World Bank. 2014. Agriculture, Value Added（% of GDP）. World Bank National Accounts Data, and OECD National Accounts Data Files. Available: https://goo.gl/dlRRzH. Accessed Jul. 6, 2016.

Van L.E., and J. Dekkers. 2013. Determinants of Off-farm Income and Its Local Patterns: A spatial microsimulation of Dutch farmers. Journal of Rural Studies. 31: 55-6

语言习得的涌现过程

——泰国的日语学习与日本文化产品消费之间的关系研究[①]

丰岛升[②]

摘要： 学习第二语言的动机因人而异，有些人享受学习语言的过程，有些人则是出于实用的考虑。在泰国进行的实地调查表明，许多日本文化产品的消费者亦是日语的学习者，这说明日本文化产品会促使其消费者开始并坚持学习日语。为了进一步揭示日本文化产品消费与日语学习之间的关系，本研究提出了两个假设：（1）接触日本文化产品会促使人们学习日语；（2）日语学习会诱发人们对日本文化产品的消费。本研究试图通过对泰国大学生进行的问卷调查和民族志的数据分析，验证这些假设，同时阐述日语学习和日本文化产品消费之间存在的连续循环模式。

关键词： 日语；流行文化；文化产品；语言习得；动机；泰国

一、引言

在过去几十年里，日本流行文化在世界各地尤其是在亚洲国家盛行。1999年 11 月 8 日《新闻周刊》（*Newsweek*）曾报道，许多日本动漫人物如皮卡丘（Pikachu）、凯蒂猫（Hello Kitty）和哆啦 A 梦（Doraemon）等深受新一代亚洲中产阶级消费者追捧。此外，日本乐队 X-Japan、女团 Puffy 等音乐偶像及电视明星也深深吸引着渴望了解日本流行文化的亚洲年轻一代（Koh, 1999）。

商品化文化，包括母语使用者在内，倾向于在拥有相同语言文化的国家之间流动，但是日语只在日本使用，其商品化文化也主要通过日语传播。大多数日本文化产品在引入其他国家或地区时，都会被翻译成当地语言或做本地化处理。因此，即便不懂日语，依然不会影响当地人对日本文化产品进行消费。在泰国，日本漫画会被翻译成泰语版，而日本动画则会将字幕翻译成泰语，或者由泰国配音

① 原文出版信息：Noboru Toyoshima, "Emergent Processes of Language Acquisition: Japanese Language Learning and the Consumption of Japanese Cultural Products in Thailand", *Southeast Asian Studies*, Vol. 2, No. 2, August 2013, pp.285-321. 本文由京都大学东南亚研究中心（Center for Southeast Asian Studies, Kyoto University）《东南亚研究》编辑部授权翻译。

② 作者：丰岛升，日本早稻田大学亚洲研究所。译者：陈红宇，成都大学外国语学院讲师；张婷，成都大学外国语学院、四川省泰国研究中心助理研究员。

演员配音。一些日本时尚杂志也会出版泰语版，读者用母语便可获得日本服装、时尚、化妆品和配饰等最新的相关信息。这些产品大多数都能在曼谷购买到，同时在泰国其他地区的商店也有销售。

　　虽然日语水平对日本文化产品的消费并没有绝对的影响，但对消费者而言，若略懂日语，会更加享受消费的过程。2007 年，在曼谷进行的一项针对日本男子偶像组合 W-inds.的粉丝进行的问卷调查显示：52.9%的受访者在成为粉丝后开始学习日语（Toyoshima, 2011: 122），25%的受访者在成为粉丝之前就开始学习日语，18.3%的受访者表示他们想学习日语。这意味着 97.1%的粉丝曾经学习过日语或对此感兴趣，因为他们需要通过日语来理解歌词、观看视频采访、给偶像写信、阅读偶像杂志以及在互联网上浏览相关信息等。

　　2008 年 10 月，在曼谷进行的另一项针对角色扮演爱好者（cosplayer）的问卷调查结果显示，42.3%的受访者学习过日语，23.1%的人目前正在学习日语（Toyoshima, 2011: 180）。角色扮演爱好者这一群体指日本漫画、动漫或电子游戏的"御宅族"粉丝，他们会制作并身着与自己喜爱的角色相关的服装和道具参加各种会议和展览。一部分日本漫画、动漫和电子游戏的标题已经被翻译成泰语，但还有很多尚未被翻译。如果泰国人想消费这种"未翻译"的产品，他们就需要学习日语。

　　上述两项针对泰国青年的问卷调查表明日本文化产品的消费与日语学习密切相关。根据过去几年在泰国进行的研究结果和采访，作者认为日本文化产品的消费和日语学习之间存在着联系，两者之间的关系的假设归纳如图 1 所示：

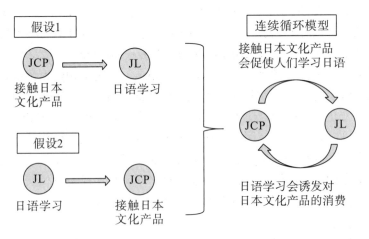

JCP=日本文化产品
JL=日语学习

图 1　假设

首先，接触日本文化产品可以促使人们学习日语（假设 1）。当一个人开始喜欢上一种日本文化产品，并想要更严肃认真、更仔细深入地了解它时，他可能会想要开始学习日语。第二，日语学习诱发了人们对其他日本文化产品的消费（假设 2）。在学习日语的过程中，可以接触到更多的日本文化产品，特别是在与使用这些产品的其他日语学习者进行互动后，从而对其他日本文化产品产生兴趣。最后，如果两个假设被证明是正确的，二者可以结合起来，构建成为一个语言学习和文化产品消费相关的持续循环的理论（图 1）。

本研究力图寻找证据来证明这两个假设，并讨论在"连续循环"的过程中，日本文化产品是如何在泰国得以推广的。通过讨论和验证这些假设，本文试图回答两个问题：（1）对日本文化产品的消费是不是泰国人学习日语的动机？（2）日语学习是否会促使其学习者在泰国消费更多的日本文化产品？

二、研究方法

本文的研究内容将围绕以下三个方面进行讨论：（1）以往研究中的相关概念（文献综述）；（2）泰国日语教育概述；（3）问卷调查结果。

接下来将首先介绍与文化和媒体研究相关的概念（"地理语言学区域""文化折扣"和"文化无味"）以及什么是"语言习得"。在进行文献综述之后，本文将简要阐述泰国的日语教育体系。然后，本文将对泰国日语专业大学生的问卷调查结果进行分析总结。最后，基于以上内容进行讨论并得出结论。

本研究于 2008 年 10 月至 12 月期间，对朱拉隆功大学的 78 名日语专业学生进行了问卷调查（表 1）。调查问卷由日语系的一名教授在教室里分发。大多数受访者是大三、大四的学生，也有少数大一、大二的学生。问卷有许多开放式问题，学生可以在空白处写下自己的观点，因此，问卷本质上是定性的。此外，问卷还包括"是/否"问题和"填写数字"问题，用来进行统计分析。同时，问卷中还设置了表 1 中的问题，这些问题简单易答，可以获取受访者基本的描述性数据。

值得注意的是，本研究中的问卷结果大多是描述性的，用以补充定性分析。对于这项研究来说，重要的是要呈现出受访者的意见和评论，才能用实证数据证明日语学习与日本文化产品消费之间的关系。

表 1　受访者年龄和性别

年龄	性别			合计
	男性	女性	未答	
17	0	0	1	1
19	0	25	1	26

续表

年龄	性别			合计
	男性	女性	未答	
20	3	14	2	19
21	0	6	0	6
22	4	3	0	7
23	0	1	0	1
合计	7	49	4	60

资料来源：根据问卷调查结果编制

注：只有 60 名受访者透露了他们的年龄。

三、相关研究概念

（一）语言、文化和文化产品

在关于视听文化产品或电影、电视节目等"媒体产品"的论述中，一些文化和媒体领域的学者会使用"地理语言区域"一词，意思是"世界上所有使用同一语言的国家"。根据这些学者的说法，某种语言的媒体产品更容易在同一地理语言区域的国家间进行销售（Sinclair, 1996: 42）。使用英语的国家便是一个很好的例子。美国的生产商会花费巨资生产媒体产品，因为广阔的英语消费市场会使他们的产品获得高额的回报。理查德·柯林斯（Richard Collins）指出，以英语为母语的生产商拥有"语言优势"，因为英语不仅是以其为母语人口最多的语言，而且也是世界上最重要的第二语言（Collins, 1990: 54-55）。

"文化折扣"（cultural discount）一词通常用来表示一个国家的电视节目在其他接收国获得欣赏程度的降低。当一个节目在国外播出时，如果节目的价值降低，那么观众也会比同类型和质量的国内节目要少（Hoskins and Mirus, 1988: 500; Lee, 2006）。在文化折扣的概念中，观众对节目内容所蕴含的文化认同程度是非常重要的。虽然电视节目的语言可以被翻译成当地语言或由当地配音演员配音，但来源国的文化仍然蕴含于节目内容中。科林·霍斯金斯（Colin Hoskins）及罗尔夫·米鲁斯（Rolf Mirus）指出，日本已经成功将录像机出口到美国市场，但却没有成功出口电视节目。他们认为"录像机在文化上是中立的，美国人或德国人对录像机的原产地并不关心，因为这不会影响录像机的工作方式和人们在使用中获得的满意度"（Hoskins and Mirus, 1988: 503）。

然而，日本动漫和电子游戏在全球的成功与文化折扣的概念并不相符。岩渊浩一（Koichi Iwabuchi）认为，文化折扣的概念并不能解释消费者的文化偏好，而"文化中立"（cultural neutrality）的概念又具有误导性（Iwabuchi, 2002: 27）。

岩渊浩一使用"文化气味"（cultural odor）来说明文化产品在原产国所象征的形象，他发现日本电子游戏和动漫体现的"文化无味"（cultural odorlessness）是它们在全世界受欢迎的原因之一。因此，"文化无味"的概念否认了"日本性"（Japanessness）是日本文化产品在全世界如此流行的原因。

从这些媒体研究领域的概念可以看出，如果日本文化产品无法保持"文化中立"，而是"非常日本化"，那么这类文化产品在泰国市场的价值可能会降低。

（二）第二语言动机

几十年来，社会心理学和教育学领域的研究人员一直在讨论学习动机对于第二语言习得的重要性（Gardner and Lambert, 1972; Clément and Kruidenier, 1983; Noels *et al.*, 2000）。理查德·加德纳（Richard Gardner）和华莱士·兰伯特（Wallace Lambert）是最早一批对此问题展开理论探讨的学者。他们认为学生学习第二语言的动机由以下因素决定：第一是学生对语言文化群体的态度，尤其对外国人的态度；第二是学生的学习导向。他们探讨了两类学习动机：第一种是工具性动机，指学生希望通过学习第二语言以实现一些实际目标，如工作晋升或获得课程学分；第二种是融合性动机，指学生希望通过学习第二种语言，更多地了解其他文化（Gardner and Lambert, 1972: 3; Noels *et al.*, 2000）。

纳特尼查·瓦达纳帕尼奇（Natnicha Vadhannapanich）利用工具性和整合性导向的概念，对泰国40名日语学习者的动机进行了分析（Natnicha, 2010）。她发现，36人开始学习日语是为了获取日本流行文化的相关信息（工具性动机），而学习日语也使他们热爱日本（融合性动机）（Natnicha, 2010）。虽然在第二语言动机的论述中，工具性动机和融合性动机的概念似乎有助于对个体动机进行分类，但用二分定向类型给语言学习者贴标签似乎过于简单。

四、泰国日语教育现状综述

2006年海外日语教育调查报告显示，在133个国家（地区）中约298万学生在学习日语（日本基金会，2008a）。如表2所示，泰国的日语学习人数在133个国家（地区）中排名第七。日本基金会（Japan Foundation）每三年对海外日语教育进行一次调查，表2是根据其2006年的调查结果编制的，该调查显示2006年泰国中小学的日语学习者与2003年相比增加了80.9%。

表 2　学习者人数的变化（2003—2006 年）

国家（地区）	小学和中学教育			高等教育			非正规教育		
	2006	2003增加	%	2006	2003增加	%	2006	2003增加	%
1　韩国	769,034	780,573	▲1.5	58,727	83,514	▲29.7	83,196	30,044	176.9
2　中国	76,020	79,661	▲4.6	407,603	205,481	98.4	200,743	102,782	95.3
3　澳大利亚	352,629	369,157	▲4.5	9,395	8,269	13.6	4,141	4,528	▲8.5
4　印尼	244,304	61,723	295.8	17,777	13,881	28.1	10,638	9,617	10.6
5　中国台湾	58,198	36,597	59.0	118,541	75,242	57.5	14,628	16,802	▲12.9
6　美国	58,181	87,949	▲33.8	45,263	42,018	7.7	14,525	10,233	41.9
7　泰国	31,679	17,516	80.9	21,634	22,273	▲2.9	17,770	15,095	17.7
8　中国香港	3,614	1,612	124.2	4,971	3,872	28.4	24,374	12,800	90.4
9　越南	1,888	0		10,446	5,988	74.4	17,648	12,041	46.6
10　新西兰	27,369	26,012	5.2	2,230	2,293	▲2.7	305	12	2441.7
11　加拿大	11,043	9,471	16.6	8,508	7,092	20.0	4,283	3,894	10.0
12　马来西亚	8,984	5,562	61.5	7,804	6,472	20.6	6,132	5,372	14.1
13　巴西	3,538	3,154	12.2	1,560	1,549	0.7	16,533	15,041	9.9
14　菲律宾	2,251	1,621	38.9	9,398	6,179	52.1	6,550	3,459	89.4
15　法国	3,940	3,710	6.2	8,451	7,580	11.5	3,143	3,155	▲0.4
16　英国	8,510	9,700	▲12.3	3,630	3,636	▲0.2	2,788	2,987	▲6.7
17　蒙古	5,339	3,601	48.3	5,368	4,243	26.5	1,913	1,236	54.8
18　新加坡	1,755	1,660	5.7	5,708	5,478	4.2	4,613	4,862	▲5.1
19　德国	1,986	2,008	▲1.1	5,797	6,783	▲14.5	4,162	3,864	7.7
20　印度	1,001	446	124.4	1,444	653	121.1	8,566	4,347	97.1

资料来源：2006 年海外日语教育调查报告（日本基金会，2008a）

注：“%增加”表示根据 2003 年和 2006 年日语学习者人数计算出的百分比变化。▲表示负数。

　　如表 3 所示，在泰国学习日语的人口比例非常高，每 903 人中就有 1 人学习日语。这一数据使泰国在前 30 名中排名第 16，意味着日语教育在泰国非常受欢迎。

表3 日语学习者的人口比例

	国家（地区）	每个日语学习者的人数	人口（百万）	日语学习者人数
1	韩国	52	47.8	910,957
2	澳大利亚	55	20.2	366,165
3	<中国台湾>	119	22.8	191,367
4	新西兰	134	4.0	29,904
5	<关岛>	179	0.2	1,120
6	<新喀里多尼亚>	202	0.2	989
7	蒙古	206	2.6	12,620
8	<中国香港>	209	6.9	32,959
9	新加坡	356	4.3	12,076
10	汤加	380	0.1	263
11	中国澳门	401	0.5	1,246
12	瓦努阿图	447	0.2	447
13	马绍尔群岛	488	0.1	205
14	<北马里亚纳群岛>	495	0.1	202
15	印尼	817	222.8	272,719
16	泰国	903	64.2	71,083
17	马来西亚	1,104	25.3	22,920
18	文莱	1,146	0.4	349
19	加拿大	1,355	32.3	23,834
20	中国	1,923	1,315.8	684,366
21	巴拉圭	1,931	6.2	3,211
22	斯里兰卡	2,267	20.7	9,133
23	爱尔兰	2,287	4.1	1,793
24	芬兰	2,414	5.2	2,154
25	美国	2,528	298.2	117,969
26	柬埔寨	2,596	14.1	5,431
27	基里巴斯	2,632	0.1	38
28	越南	2,808	84.2	29,982
29	斐济	3,252	0.8	246
30	法国	3,895	60.5	15,534

资料来源：2006年海外日语教育调查报告（日本基金会2008a: 19）。

（一）泰国中学阶段的日语教育

1980 年，日语成为泰国中学教授的外语之一（Matsui *et al.*, 1999: 61）。"基础教育核心课程（2008）"（The Basic Education Core Curriculum B.E. 2551）规定了英语的基本学习内容，但"对于其他外语，如法语、德语、汉语、日语、阿拉伯语、巴利语和邻国语言，由教育机构酌情安排课程并进行学习管理"（Thailand, Ministry of Education, 2008）。事实上，在泰国高中，除英语外，也教授其他语言（图 2），如法语、德语、西班牙语、意大利语、印地语、巴利语、日语、汉语、韩语、越南语、马来语和阿拉伯语（Ebihara, 2004）。

年龄	年级	教育水平	
3	—	学前教育	
4	—		
5	—		
6	1	初等教育	
7	2		
8	3		
9	4		
10	5		
11	6		
12	7	中等教育	初中
13	8		
14	9		
15	10		高中
16	11		
17	12		
18	13	高等教育	本科
19	14		
20	15		
21	16		
22	17		研究生
23	18		

图 2　泰国学校系统

资料来源：根据 2004 年《泰国教育》中的数据编制（Thailand, Office of the Education Council, Ministry of Education, 2004）

白鸟文子（Fumiko Shiratori）在其关于泰国高中日语教育内容的研究报告中指出，2001 年，泰国共有近 2400 所公立中学，其中约 120 所教授日语。该报告还指出，尽管泰国教育部发布了日语教学大纲，但每所学校教学的内容并没有标准化，教师们可以自主选择教学内容（Shiratori, 2002）。

2007 年，本人到泰国教育部采访时，学术事务和教育标准局官员阐拉·坦提蓬（Chantra Tantipong）曾说，泰国的高中日语课程是与日本基金会合作开发和修订的（Personal communication, December 14, 2007）。采访时，"基础教育课程设置（2001）"（Basic Education Curriculum B. E. 2544）仍在实施，除英语外，各个学校依然可以自主选择教学内容和教学方式（Thailand, Ministry of Education, 2001）。因此，泰国教育部没有任何关于泰国日语教育的统计数据或资料，而日本基金会仅仅是为泰国的中学制定日语教育课程的机构。

曼谷的日本基金会是泰国的日语教育中心，该基金会定期为教师举办研讨会，组织培训课程，提供教学资料，派遣日语教育专家到教育机构，组织日语能力测试（Japanese-Language Proficiency Test，JLPT）等，这些项目为泰国日语教育的发展做出了重要贡献。曼谷日本基金会日语系主任 Kazutoshi Hirano 在接受采访时就日本基金会的日语教育宗旨进行了介绍（Personal communication, April 2, 2008），并详细说明了日本基金会的活动对教师和中学的大力支持。正如阐拉·坦提蓬所说，日本基金会组织的活动及提供的服务为泰国的高中日语教育提供了极大的支持。

表 4 显示了东盟国家按教育类型划分的日语学习者人数。在泰国，45%的日语学习者是小学和中学学生。对于泰国的中学生来说，学习日语还有另外一个动机。自 1998 年以来，日语一直是泰国高考的科目之一。想要进入大学非科学专业（院系）的高中生通常需要参加四门科目的考试，分别为泰语、社会研究、英

表 4　东盟国家日语学习者人数（按教育类型划分）

		文莱	柬埔寨	印度尼西亚	老挝	马来西亚	缅甸	菲律宾	新加坡	泰国	越南
初级教育和中等教育	人数	0	817	244 304	40	8 984	0	2 251	1 755	31 679	1,888
	百分比	0%	15%	90%	9%	39%	0%	12%	15%	45%	8%
高等教育	人数	99	759	17 777	47	7 804	1 382	9 398	5 708	21 634	10,446
	百分比	28%	14%	7%	11%	34%	20%	52%	47%	30%	42%
非学历教育	人数	250	3 855	10 638	350	6 132	5 594	6 550	4 613	17 770	12,334
	百分比	72%	71%	4%	80%	27%	80%	36%	38%	25%	50%
总数		349	5 431	272 719	437	22 920	6 976	18 199	12 076	71 083	24 668

资料来源：根据 2006 年海外日语教育调查报告中的数据编制（日本基金会，2008a）

语和一门自选科目。高考可选择的外语有六门，分别为法语、德语、巴利语、阿拉伯语、汉语和日语。许多非科学专业的学生将外语作为高考的自选科目。2004年高考，有 2558 名学生选择了日语作为自选考试科目（Ebihara, 2005）。

（二）泰国高等教育阶段的日语教育

高等教育的课程体系由各地教育机构制定，教材和教学方法的选择也由各大学自行决定。尽管泰国教育部要求每所大学每五年修订一次课程，且新课程必须经过教育部审批和授权，但目前的课程并没有经过系统性地评估，未能体现对新课程的要求（Ek-Ariyasiri2008）。因此，在被强制性要求修订课程之前，一些大学教授试图通过与其他大学比较各自的课程及日语能力测试的结果，来评估自己的课程。

如表 4 所示，泰国 30% 的日语学习者为就读于高等教育机构的学生，包括主修日语及选修日语的学生。由于各大学课程不同，要了解泰国高等教育中日语教育的总体情况并不容易。当大学教授评估他们的课程时，有时会使用日语能力测试的结果作为评价教学水平的指标。因此，在下一节中，本文将回顾对过去几十年的日语能力测试的研究，以揭示泰国日语学习的趋势。

（三）日语水平测试

自 1984 年起，日本基金会和日本教育交流与服务中心一直在组织日语能力测试，以评估非母语学习者的日语水平。2009 年之前该测试成绩分四个等级（1到 4 级），2010 年变为五个等级（N1 到 N5，N3 级是在旧测试的 2 级和 3 级之间增加的一个等级）。2008 年，在 51 个国家和地区的 144 个城市中，有 449810名考生（各级考生总数）参加了该测试。泰国有四个考点：曼谷、清迈、宋卡和孔敬，2008 年泰国有 15846 名考生（各级考生总数）参加了考试（日本基金会2009 年）。日本基金会每年按国别公布每个级别的申请人数和考生人数，但不会公布成功过级的考生人数。为了达到研究目的，本文选取了已公布的数据中泰国各级水平的考生总数。

表 5 为 1984 年至 2008 年，东盟国家日语能力测试考生人数及申请人数。表中计算了参与考试的人数与前一年相比的增长率，增长率超过 115% 的已用灰色阴影标记。通过表格可以看到，当日语能力测试首次引入一个国家时，考试人数增长率会持续保持较高水平（如表中的阴影单元格所示）。为了了解日语学习的流行趋势，图 3 计算了东盟国家（柬埔寨、文莱和老挝除外）中每 100 万人中参加日语能力测试的考生人数，统计时间间隔为五年。对比东盟各国日语能力测试考生人数可以看出，日语学习在新加坡最受欢迎，每百万人中有超过 877.2 人学习日语。泰国排名第二，2005 年每百万泰国人中有 156.7 人学习日语。

表 5　东盟国家参加日语水平考试的考生人数

	印度尼西亚		柬埔寨		新加坡		泰国		菲律宾		文莱		越南		马来西亚		缅甸		老挝	
	考生人数	增长率	考生人数	增长率	考生人数	增长率	考生人数	增长率	考生人数	增长率	考生人数	增长率	考生人数	增长率	考生人数	增长率	考生人数	增长率	考生人数	增长率
1984	386				690		384		30						122					
1985	650	168%			1386	201%	740	193%	48	160%					311	254.9%				
1986	873	134%			1466	106%	743	100%	29	60%					675	217.0%				
1987	1117	128%			1635	112%	668	90%	96	331%					777	115.1%				
1988	1402	126%			1860	114%	691	103%	139	145%					981	126.3%				
1989	1687	120%			2429	131%	782	113%	116	83%					1253	127.7%				
1990	2015	119%			2311	95%	895	114%	157	135%					1479	118.0%				
1991	2540	126%			2711	117%	1382	154%	150	96%					1682	113.7%				
1992	2552	100%			2763	102%	1390	101%	190	127%					1718	102.1%				
1993	3040	119%			2749	99%	1321	95%	306	161%					1938	112.8%				
1994	3094	102%			2255	82%	1441	109%	254	83%					1874	96.7%				
1995	3033	98%			2112	94%	1679	117%	238	94%					2031	108.4%				
1996	2973	98%			1977	94%	1578	94%	194	82%					1939	95.5%				
1997	2830	95%			2007	102%	2057	130%	227	117%			377		1570	81.0%				
1998	3251	115%			2121	106%	2464	120%	271	119%			424	112%	1645	104.8%				
1999	3733	115%			2337	110%	3075	125%	343	127%			518	22%	1863	113.3%	712			
2000	4068	109%			2704	116%	3641	118%	499	145%			1958	378%	2223	119.3%	775	108.8%		
2001	5019	123%			3284	121%	4403	121%	552	111%			2056	105%	2911	130.9%	1013	130.7%		

续表

年份	印度尼西亚		柬埔寨		新加坡		泰国		菲律宾		文莱		越南		马来西亚		缅甸		老挝	
	考生人数	增长率	考生人数	增长率	考生人数	增长率	考生人数	增长率	考生人数	增长率	考生人数	增长率	考生人数	增长率	考生人数	增长率	考生人数	增长率	考生人数	增长率
2002	5505	110%			3768	115%	5684	129%	734	133%			2222	108%	2941	101.0%	1092	107.8%		
2003	5855	106%			3905	104%	7273	128%	966	132%			2721	122%	2913	99.0%	1798	164.7%		
2004	5960	102%			3518	90%	8018	110%	1149	119%			3564	131%	2798	96.1%	1928	107.2%		
2005	6411	108%			3743	106%	10333	129%	2249	196%			5248	147%	2476	88.5%	1764	91.5%		
2006	7108	111%	629		3712	99%	11861	115%	2550	113%			8045	153%	2835	114.5%	2664	151.0%		
2007	7688	108%	721	115%	4166	112%	13295	112%	2711	106%			11433	142%	3106	109.6%	2545	95.5%	139	
2008	8397	109%	799	111%	4994	120%	15845	119%	2723	100%	51		13854	121%	3697	119.0%	2422	95.2%	121	87.1%

资料来源：根据"日语能力测试结果总结"编制（日本基金会 1985；1986；1987；1988；1989；1990；1991；1992；1993；1994；1995；1996；1997；1998；1999；2000；2001；2002；2003；2004；2005；2006；2007；2008b；2009）

注：阴影部分：增长率≥115%

　　从表 5 中可以看出，泰国自二十世纪九十年代中期以来日语学习人数一直保持着较高的增长率，这说明日语学习从那时起就开始流行了。图 3 也表明，二十世纪九十年代参加日语等级测试的泰国考生人数有所增加。

　　二十世纪九十年代，在日本出版商的授权下，日本漫画开始在泰国出版。日本泡沫经济崩溃后，泰国对日本电视节目和动画的引进也有所增加，日式摇滚和日式流行音乐开始在泰国以及其他亚洲国家流行。在这一时期，日语学习人数的增长与来自日本的文化产品涌入的时间相吻合。这表明，许多泰国人在这十年间接触到了日本的文化产品并开始学习日语。此外，图 3 显示，2000 年以后，日语在泰国的影响力变得更为显著。

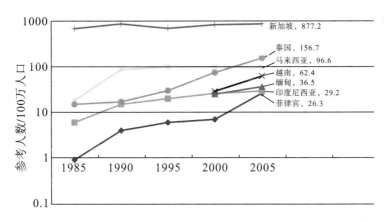

图 3　部分东盟国家日语能力测试参考人数/100 万人口

注：计算所用人口数据来自《2008 年世界人口展望》卷 2（*World Population Prospects: The 2008 Revision,* Vol. 2）（联合国，经济与社会事务部，2009）

　　如上文研究所示，20 世纪 90 年代后，泰国的日语学习者数量不断增加，对日语教师的需求也与日俱增。因此，为了给泰国中学提供高质量的日语教科书，日本基金会于 2000 年 2 月启动了一项专门编写教科书的项目。2004 年，日本基金会出版了一本名为《秋子与朋友》（*Akiko to Tomodachi*）的教科书，由大学教授、中学教师、日语教育专家和日本基金会共同编写（Bussaba, 2004），作为泰国中学日语教学的新教材。教科书中有泰语的解释和说明，特别是在入门部分，泰国师生可以充分理解每一个阶段的学习内容　（Bussaba *et al.*, 2005）。

五、问卷调查结果

　　本节将简要总结问卷调查的结果，以说明日语学习和日本文化产品之间的关系。表 6 显示了受访者开始学习日语的年龄。如表所示，15 岁是开始学习日语的典型年龄段，在 15 至 16 岁之间开始学习日语的学生占 68%。这表明，这些学生在高中时就开始学习日语，大多数学生在进入大学之前开始学习日语。在进行问卷调查时，参与问卷的学生学习日语的平均时长为 5.26 年（*n*=78）。

表 6　开始学习日语的年龄分布

起始年龄	频繁性	百分比	累计百分比
7	1	1.3%	1.3%
9	1	1.3%	2.6%
11	3	3.8%	6.4%
13	1	1.3%	7.7%
14	13	16.7%	24.4%
15	30	38.5%	62.8%
16	23	29.5%	92.3%
17	5	6.4%	98.7%
19	1	1.3%	100.0%
合计	78	100.0%	

资料来源：根据问卷调查结果编制

注：受访者总人数为 78 人。

（一）开始学习日语的动机

为了了解学生开始学习日语的动机，问卷设置的最重要的问题是："是什么原因导致你想学日语？"学生们写下了许多他们开始学习日语的原因，如表 6 所示，他们给出了 37 个原因，可以归纳为七种类型：（1）"日本文化产品"（JCP），即他们开始学习日语是因为他们喜欢日本文化产品，主要是媒体产品，如漫画、动漫、游戏、电影或音乐；（2）"语言"（LNG），指他们对这门语言本身感兴趣；（3）"人"（PPL），意味着他们喜欢日本人，或者他们想学习这门语言以便与日本人交流；（4）"商业"（BSI），即他们是为了将来的职业发展而学习日语；（5）"日本食物"（JFD），指因为他们喜欢日本食物而开始学习日语；（6）"赴日旅行经历"（TRV），指他们的赴日旅行经历促使他们开始学习日语，或者因为他们想去日本旅游而开始学习日语；（7）"其他"（OTR），指其他方面的原因，包括"我喜欢日本文化"和"我在日本出生"等原因。

调查结果显示，68.1%学生开始学习日语是因为他们喜欢日本文化产品。当问及是什么促使他们学习日语时，受访者经常提及日本漫画人物和偶像的名字，如哆啦 A 梦和宇多田光。由此可以推定，日本的文化产品会促使泰国年轻人开始学习日语，而调查问卷的结果也印证了这一假设。

表 7 学习日语的原因

		类别	受访者回答 人数	受访者回答 百分比	该类别人数合计	百分比
1	我喜欢漫画	JCP	23	20.4%	77	68.1%
2	我喜欢日本流行音乐和偶像	JCP	12	10.6%		
3	我喜欢游戏	JCP	10	8.8%		
4	我喜欢动漫	JCP	7	6.2%		
5	我喜欢日本电视剧	JCP	7	6.2%		
6	我喜欢杰尼斯（Johnny）的偶像	JCP	5	4.4%		
7	我喜欢哆啦A梦	JCP	2	1.8%		
8	我喜欢日本摇滚音乐	JCP	2	1.8%		
9	我喜欢 w-inds	JCP	2	1.8%		
10	我喜欢日本小说	JCP	2	1.8%		
11	我喜欢口袋妖怪（Pokémon）	JCP	1	0.9%		
12	我喜欢宇多田光（Utada Hikaru，日本流行音乐偶像）	JCP	1	0.9%		
13	我喜欢蜡笔小新（Crayon Shinchan，漫画）	JCP	1	0.9%		
14	我喜欢日本的广播节目（音乐节目）	JCP	1	0.9%		
15	我喜欢日本电影	JCP	1	0.9%		
16	日语很可爱	LNG	7	6.2%	14	12.4%
17	家人或朋友有人在学日语	LNG	2	1.8%		
18	除了英语，我还想学一门外语	LNG	1	0.9%		
19	我喜欢汉字	LNG	1	0.9%		
20	我喜欢日语	LNG	1	0.9%		
21	学习日语很酷	LNG	1	0.9%		
22	我喜欢日语的文字（汉字、平假名、片假名）	LNG	1	0.9%		
23	我有一个朋友或亲戚住在日本	PPL	2	1.8%	5	4.4%
24	我有一个日本朋友，想说日语	PPL	1	0.9%		
25	一个朋友让我一起学习日语	PPL	1	0.9%		
26	我有日本朋友	PPL	1	0.9%		
27	我将来想在一家日本公司工作	BSI	2	1.8%	4	3.5%
28	日语在国际商务中将会很有用	BSI	2	1.8%		
29	我喜欢日本食物	JFD	2	1.8%	2	1.8%
30	我曾去日本学习，喜欢这个国家	TRV	1	0.9%	2	1.8%
31	我小时候去过日本	TRV	1	0.9%		
32	我喜欢日本文化	OTR	3	2.7%	9	8.0%

续表

		类别	受访者回答		该类别人数合计	百分比
			人数	百分比		
33	我在高中时不喜欢上数学和科学课	OTR	2	1.8%		
34	我想说日语，因为我看起来像日本人	OTR	1	0.9%		
35	我想知道日本人的思维方式	OTR	1	0.9%		
36	我喜欢日本时尚	OTR	1	0.9%		
37	我在日本出生	OTR	1	0.9%		
	合计		113	100.0%	113	100.0%

资料来源：根据问卷调查结果编制

注：JCP＝日本文化产品，LNG＝语言，PPL＝人，BSI＝业务，JFD＝日本食物，TRV＝日本旅行经历，OTR＝其他。

（二）学习日语的良好体验

问卷第二个问题是关于拥有日语能力所带来的良好体验："你是否有过让你认为拥有日语能力是一种优势或有好处？如果有，你能告诉我事情的经过吗？"这个问题的目的在于了解受访者认为日语何时会以何种方式有利于他们的生活，以此了解他们对学习日语的看法。因此，作者对这个问题期望的回答是受访者讲述学习日语带来的良好体验。然而，如表 8 所示，许多受访者写下的是促使他们开始学习日语的想法和观点，而不是生活中的具体事件。通过对受访者的答案进行分组后发现，23.7%的答案属于"沟通能力"（COM）类别，这意味着拥有用日语进行交流的能力本身就是一种"很好的体验"。受访者可以用日语与日本人交流，这对他们来说似乎是一种重要的经历。

表 8　掌握日语的优势

		类别	受访者回答		该类别人数合计	百分比
			人数	百分比		
1	观看日本电影时，我能理解电影的台词	JCP	7	7.5%	19	20.4%
2	我能读懂漫画和游戏中的日语	JCP	6	6.5%		
3	我能理解日本流行歌曲的歌词	JCP	3	3.2%		
4	我可以在互联网上阅读关于日本的信息（偶像的博客等）	JCP	1	1.1%		
5	我能读懂那些还有没有被翻译成泰语的漫画	JCP	1	1.1%		
6	我能理解广播节目（曼谷电台）	JCP	1	1.1%		
7	我可以和日本人交谈	COM	16	17.2%	22	23.7%
8	我在日本迷路的时候会用日语问路	COM	2	2.2%		
9	我去日本时可以和当地人交谈	COM	2	2.2%		

续表

	类别	受访者回答		该类别人数合计	百分比
		人数	百分比		
10	我可以和日本人交谈，并成为朋友	COM	1	1.1%		
11	我可以和在日本的寄宿家庭交谈	COM	1	1.1%		
12	我可以帮助日本游客，用日语给他们指路	HIP	11	11.8%	15	16.1%
13	日本人不擅长英语，所以如果我能说日语，就能帮助他们	HIP	4	4.3%		
14	我去过日本	TRV	10	10.8%	11	11.8%
15	我可以去日本学习	TRV	1	1.1%		
16	我可以找到一份需要有日语能力的兼职工作	BSI	2	2.2%		
17	日本人有创造力，我可以向他们学习	BSI	1		4	4.3%
18	日语能力是找兼职工作的一个优势	BSI	1			
19	日语听上去很可爱	LNG	1	1.1%		
20	听到日语时我很高兴	LNG	1	1.1%		
21	我可以通过日语获取信息	LNG	1	1.1%	4	4.3%
22	我可以做英日互译	LNG	1	1.1%		
23	我可以在日本餐馆点餐	OTR	1	1.1%		
24	我可以上大学，因为我的日语成绩不错	OTR	1	1.1%		
25	我能在街上看懂日语标志	OTR	1	1.1%	5	5.4%
26	我可以阅读日本产品说明书（直接从日本进口）	OTR	1	1.1%		
27	当我不想让别人听懂自己说话的时候，我会说日语	OTR	1	1.1%		
28	没有任何优势		9	9.7%		
29	没有任何优势		3	3.2%	13	14.0%
30	未作答		1	1.1%		
	合计		93	100.0%	93	100.0%

资料来源：根据问卷调查结果编制

注：JCP=日本文化产品，COM=渴望与日本人交流，HLP=渴望帮助日本人，TRV=访问日本，BSI=工作优势，LNG=语言，OTR=其他。

　　与预期不同，20.4%的受访者的回答属于"日本文化产品消费"（JCP）类别，例如"我能读懂漫画和游戏中的日语""我能理解日本流行歌曲的歌词"等。这种回答让人感到意外，因为"能看懂日语"是一个非常直白的回答。作者本以为会有人讲述与个人学习日语有关的故事，而且，写其他答案的受访者可能有足够的信心能够阅读日本漫画或游戏文本，因为对于68.1%的受访者来说，消费日本文化产品是他们最初开始学习日语的动机。因此，作者认为那些在"JCP"

类别中写下答案的受访者无法想到任何符合问题要求的故事。

另一个回答的类别是"帮助日本人的愿望"（HLP），这类答案很有趣，也超出了作者的预期。在与日本人交流方面，这个类别与上一个类别（COM）接近。然而，"HLP"这个类别侧重于受访者的利他态度，而"COM"则侧重于沟通本身。问卷中出现了"我可以帮助日本游客，用日语给他们指路""日本人不擅长英语，如果我会日语，就能帮助他们"。出现这样的回答，是因为朱拉隆功大学就在暹罗广场旁边，那里是曼谷的购物和餐饮中心，每天都有很多日本游客到该地区。所以，作者认为学生们在街上帮助过日本游客，而且这些帮助对他们意义非凡。

此外，还有"去日本旅行"（TRV）、"工作优势"（BSI）和"语言优势"（LNG）等类别的回答。综上所述，许多答案同时反映了学生们持续学习日语的动机。对于大多数学生来说，"JCP"类别的回答可能是他们开始学习语言的最初动力，但随着学习的深入，他们积累了与语言相关的新体验，其中一些人发现了学习日语的新动力。

（三）是否在学习其他外语

问卷的下一个问题是询问受访者是否正在学习除日语以外的其他外语。如果他们忙于学习日语，他们的答案可能是"没有"或不作答。表 9 显示，英语（44.7%）是最受欢迎的外语，其次是韩语（14.9％），第三是中文（13.8%）。受访者的回答中还提到了其他外语，但这些语言大多只有少数学习者。另外，少数喜欢学习外语的学生表示，除了日语，他们还在学习两种以上的外语，如阿拉伯语、缅甸语等。

表9　其他外语学习

		受访者回答	
		人数	百分比
1	英语	42	44.7%
2	韩语	14	14.9%
3	中文	13	13.8%
4	西班牙语	2	2.1%
5	德语	2	2.1%
6	意大利语	2	2.1%
7	法语	1	1.1%
8	马来语	1	1.1%
9	葡萄牙语	1	1.1%
10	缅甸语	1	1.1%

续表

		受访者回答	
		人数	百分比
11	阿拉伯语	1	1.1%
	没有学习其他外语	12	12.8%
	没有特别学习其他外语	2	2.1%
		94	100.0%

资料来源：根据问卷调查结果编制

表 10　学习一门外语的原因

	受访者回答	
	人数	百分比
为了将来的工作	15	20%.5
有用	10	13.7%
与外国人交流	7	9.6%
作为基础教育	5	6.8%
我想学习许多外语	4	5.5%
我喜欢韩国流行音乐	4	5.5%
学校必修科目	3	4.1%
民族背景（泰国华裔）	3	4.1%
提高语言能力	3	4.1%
我只是想学习	3	4.1%
这是必要的	3	4.1%
只是为了好玩	2	2.7%
学校要求学习另外一门外语	2	2.7%
我喜欢这个国家的文化	1	1.4%
韩语的语法与日语接近	1	1.4%
我想学习更多关于汉字的知识	1	1.4%
我在高中的专业	1	1.4%
为了将来在国际组中工作	1	1.4%
我的大学专业	1	1.4%
没有特殊理由	1	1.4%
没有学习其他外语	2	2.7%
	73	100.0%

资料来源：根据问卷调查结果编制

　　为了表明受访者对外语学习的态度，问卷中还询问了学生学习外语的原因，结果如表 10 所示。表 10 中所列的原因适用于表 9 中列出的所有语言。许多学习英语的学生写下的理由是"为了将来的工作""为了与外国人交流""作为基础教育""有用"等。在泰国，英语教育从小学一年级开始，作为"预备英语"课贯穿整个基础教育阶段（Thailand, Ministry of Education, 2008）。在高等教育阶段，所要求学习的科目因各学校的课程设置而异，但许多学生深知英语作为一种通用语言的重要性，会继续学习英语。

很显然，"我喜欢韩国流行音乐"这一回答是学生学习韩语的一个重要原因。近年来，韩国偶像明星在泰国很受欢迎，韩语一直吸引着那些喜欢消费韩国文化产品的人。另外，受访者学习中文是"为了将来的工作"，因为它"有用"，或者因为他们"想学很多外语"。

（四）自你开始学习日语以来生活是否有所改变

表 11 列出了受访者对"自你开始学习日语以来生活是否有所改变？"这一问题的回答。这个问题是为了了解受访者的生活是否在日本文化产品的消费方面发生了变化，以及他们与日本和日本人的关系是否发生了变化。答案分为七类：（1）与日本人的关系（JPN）；（2）日本文化产品（JCP）；（3）与工作相关的变化（BSI）；（4）对日本的了解（KNW）；（5）语言能力（LNG）；（6）生活方式的改变（LSC）；以及（7）赴日旅行的经历（TRV）。

由表 11 可见，30.3%的回答属于"与日本人的关系"这一类。这些受访者认为在他们开始学习日语后，他们与日本人的关系发生了变化。事实上，有 24 名受访者在回答中表示他们交到了日本朋友，还有一名学生说她交到了日本男朋友。这表明，受访者开始学习日语后，日本人变得更亲近也更容易接近。

另一个普遍的回答是"观看日语电影时，我能理解其中的台词"，这属于"日本文化产品"类别。正如表 7 所示，68.1%的受访者因为他们喜欢消费日本文化产品而开始学习日语。然而，在他们开始学习这门语言之前，他们是用泰语消费日本文化产品的。因此，对学生来说，能够看懂日语电影是他们学习日语后获得的一项成就，应该被视为一个重要的变化。

在"工作相关的变化"这一类别中，"我可以找到一份薪水不错的兼职工作"这样的回答表明拥有日语能力的人更占优势。因为大多数日语专业的毕业生都会去日本公司工作，所以大多数受访者可能都认识到了日语能力在求职中的重要性。在法政大学（Thammasat University）进行的调查结果显示，在 1986 年至 2000 年间获得日语专业学位的500 名毕业生中, 81.6%的人进入了日本企业工作; 2007 年, 91.18%的毕业生进入日本企业担任笔译、口译、秘书等工作（Somkiat, 2008）。泰国的日语专业学生在大学毕业之前就知道，熟练掌握日语是获得好工作及高薪的一个优势。

在日本文化产品的消费方面，有关"对日本的了解"和"语言能力"两类中的一些回答也很重要。通过阅读日本相关的资料，积累日本相关的知识，学生们会对日本和日本人有更多的了解，也会有兴趣再去了解其他日本文化产品和日本各个地方。

表11 学习日语后生活的变化

		类别	受访者回答 人数	受访者回答 百分比	该类别人数合计	百分比
1	我交了一些日本朋友	JPN	24	22.0%	33	30.3%
2	我可以用日语和日本人交谈	JPN	4	3.7%		
3	我可以很好地和日本人沟通	JPN	3	2.8%		
4	日本人在曼谷迷路时，我可以帮助他们	JPN	1	0.9%		
5	我有一个日本男朋友	JPN	1	0.9%		
6	观看日语电影时，我能理解其中的台词	JCP	11	10.1%	25	22.9%
7	我能理解日本流行歌的歌词	JCP	5	4.6%		
8	我可以读漫画	JCP	4	3.7%		
9	我可以玩游戏	JCP	3	2.8%		
10	我对日本媒体节目十分迷恋	JCP	1	0.9%		
11	我经常去看日本电影	JCP	1	0.9%		
12	我可以找到一份薪水不错的兼职工作	BSI	9	8.3%	11	10.1%
13	现在我想找一份用得到日语的工作	BSI	1	0.9%		
14	我找到了一份当日语老师的工作	BSI	1	0.9%		
15	我能学习日本的风俗习惯和文化	KNW	3	2.8%	5	4.6%
16	我能理解日本人的思维方式	KNW	1	0.9%		
17	我能得到关于日本的信息	KNW	1	0.9%		
18	我可以读日语	LNG	2	1.8%	5	4.6%
19	我可以自己去日本	LNG	1	0.9%		
20	我可以在日本的网站上阅读相关信息	LNG	1	0.9%		
21	去日本时我在生活上没遇到什么困难	LNG	1	0.9%		
22	我可以凭自己的日语能力进入大学	LSC	2	1.8%	8	7.3%
23	我喜欢上了日本文化	LSC	2	1.8%		
24	我交了一些正在学习日语的泰国朋友	LSC	1	0.9%		
25	我经常去野宫书店	LSC	1	0.9%		
26	我更喜欢使用日本的产品	LSC	1	0.9%		
27	我读的日语书比泰语书多	LSC	1	0.9%		
28	我去了日本	TRV	2	1.8%	4	3.7%
29	我去日本学习了	TRV	2	1.8%		
30	没有任何变化		12	11.0%	18	16.5%
31	没有特别的变化		6	5.5%		
	合计		109	100.0%	109	100.0%

资料来源：根据问卷调查结果编制
注：JPN=与日本人的关系，JCP=日本文化产品，BSI=工作相关的变化，KNW=对日本的了解，LNG=语言能力，LSC=生活方式的改变，TRV=赴日旅行的经历。

（五）日本文化产品与日语

问卷的下一个问题列出了 10 种日本文化产品，询问受访者对这些产品的喜爱是在开始学习日语之前还是之后开始的。10 种文化产品如下：（1）漫画；（2）动漫；（3）日本电视剧；（4）日本电视综艺节目；（5）日本流行音乐；（6）日本偶像；（7）日本游戏；（8）角色扮演；（9）日本食物；以及（10）日本时尚。如果受访者从未接触过该产品，他们可以选择写"从未接触"或"不知道"；如果他们根本不喜欢该产品，则可以写"不喜欢"。对此问题的统计结果如表 11 所示。

大多数受访者表示，他们在学习日语之前就喜欢日本文化产品，不过仅有 12%的受访者表示他们在开始学习日语之前喜欢角色扮演。对于角色扮演这一文化产品，即使我们把学习日语之后才开始喜欢日本文化产品的人包括在内，也只有 29%的受访者表示喜欢角色扮演，这意味着角色扮演在 10 种日本文化产品中最不受欢迎。与其他文化产品不同，角色扮演是一种参与性文化，不是在家里就可以消费的文化产品，人们必须参与漫画或动漫大会。这个问卷结果证实了角色扮演不太受欢迎。

许多受访者在开始学习日语之前就喜欢漫画和动漫：82.1%的人回答说他们在开始学习日语之前就喜欢漫画，只有 6.4%的人回答说他们在开始学习日语之后开始喜欢漫画；69.2%的人说在学习日语之前就喜欢动漫，只有 9%的人说学习日语之后才开始喜欢。总的来说，有 88.5%的受访者喜欢漫画，78.2%的人喜欢动漫。此外，如表 6 所示，92.3%的受访者在 17 岁之前开始学习日语，而表 12 的调查结果表明，在受访者上中学时，漫画和动画就已经在他们中间流行了。

虽然游戏不像漫画和动漫产品那样受欢迎，但对于日本游戏的问卷调查结果似乎与漫画和动漫相似。共有 62.8 %的受访者表示他们在开始学习日语之前就喜欢日本游戏，9%的人则在开始学习日语之后才开始喜欢日本游戏。与漫画和动漫相比，日本游戏在中学生中受欢迎程度较低的一个原因可能是游戏机和软件的成本太高。漫画书的售价约为 40 泰铢，动漫可以在电视上免费观看，而诸如 PlayStation 3 和 Wii 等游戏机的价格从几千泰铢到一万多泰铢（约 200～300 美元）不等。而且，玩游戏要将游戏机连接到电视机上，因此，有时候父母不允许他们的孩子在家里打游戏。此外，15.4%的受访者回答说他们"不喜欢"游戏，这可能只仅表明游戏在泰国年轻人中不太受欢迎。

还需要注意的是，表 12 中在关于日本电视剧和日本电视综艺的问卷调查中，回答在学习日语之后才开始喜欢的，所占比例分别为 38.5%和 39.7%。这表明，许多受访者在开始学习日语之后才开始喜爱日本的电视节目。在开始学习日语之前就喜欢日本电视剧和日本电视综艺的受访者均超过 40%，因此，不懂日语也可以欣赏日本电视节目。不过从调查结果来看，受访者似乎在开始学习日语后对日本更感兴趣。为了在电视剧中看到当代日本和日本现代生活方式的场景，在综艺节目中了解日本社会和文化的最新信息，许多受访者开始观看日本电视节目。

日本流行音乐和日本偶像之间存在着密切联系。日本偶像包括日本流行音乐偶像以及年轻演员。而日本流行音乐这一类别却不包括那些不被称为"偶像"的音乐艺术家，以及被称为日本流行音乐偶像的年轻歌手。55.1%的受访者表示他们在开始学习日语之前就喜欢日本流行音乐，17.9%的受访者表示是在开始学习日语之后才喜欢；39.7%的受访者表示他们在开始学习日语之前就喜欢日本偶像，12.8%的受访者表示他们在开始学习日语之后才喜欢。这表明，部分受访者可能在开始学习日语后才接触到这些文化产品。在他们开始学习口语之后，可能受其他日语学习者的影响而喜欢这些产品。

85.9%的受访者在开始学习日语之前就喜欢日本食物，11.5%的人在学习日语之后喜欢日本食物，也就是共有97.4%的受访者喜欢日本食物。如同漫画一样，日本食物已经被大多数泰国人所接受，曼谷有大量的日本餐馆，许多超市都有日本食品，泰国家庭的餐桌上也有日本食物。调查结果表明，泰国的大多数中学生在开始学习日语之前就喜欢日本食物。

从表12的调查结果还可以看出，日本的时尚产品在中学生中不太受欢迎。44.9%的受访者表示他们在开始学习日语之前就喜欢日本时尚，而21.8%的人说他们在开始学习日语之后才喜欢。在学习日语之前，喜欢日本电视剧、日本电视综艺、日本流行音乐、日本偶像的受访者可能在学习日语之前就已经接触过日本时尚。在大多数情况下，对于泰国的中学生来说，日本时装可能不容易买到，因为它们只在大城市的某些精品店和商店出售，在小城镇和乡村的供应量有限。此外，这些衣服也比本地服装或休闲服装更昂贵。而朱拉隆功大学的学生每天都能接触到日本的时尚服装，因为朱拉隆功大学旁边的购物中心暹罗广场是曼谷的日本时尚潮流中心。

表12　日本文化产品消费和日语学习情况

日本文化产品		之前	之后	从未接触	不喜欢	合计
漫画	人数	64	5	4	5	78
	百分比	82.1%	6.4%	5.1%	6.4%	100.0%
动画	人数	54	7	9	8	78
	百分比	69.2%	9.0%	11.5%	10.3%	100.0%
日本电视剧	人数	37	30	6	5	78
	百分比	47.4%	38.5%	7.7%	6.4%	100.0%
日本电视综艺	人数	32	31	10	5	78
	百分比	41.0%	39.7%	12.8%	6.4%	100.0%

续表

日本文化产品		之前	之后	从未接触	不喜欢	合计
日本流行音乐	人数	43	14	5	16	78
	百分比	55.1%	17.9%	6.4%	20.5%	100.0%
日本偶像	人数	31	10	15	22	78
	百分比	39.7%	12.8%	19.2%	28.2%	100.0%
日本游戏	人数	49	7	10	12	78
	百分比	62.8%	9.0%	12.8%	15.4%	100.0%
角色扮演	人数	9	13	20	36	78
	百分比	12%	17%	26%	46%	100%
日本食物	人数	67	9	1	1	78
	百分比	85.9%	11.5%	1.3%	1.3%	100.0%
日本时装	人数	35	17	16	10	78
	百分比	44.9%	21.8%	20.5%	12.8%	100.0%

资料来源：根据问卷调查结果编制。

（六）学习日语后最喜欢的日本文化产品

作为对前一个问题的补充，问卷紧接着询问受访者"是否有什么日本文化产品是他们开始学习日语后才产生浓厚兴趣的？"调查结果如表 13 所示。一些受访者对这个问题写了两个以上的答案，回答最多的是"音乐"。结合表 11 "学习日语之后"的调查结果，对这一问题的调查结果预期可能是"电视剧""电视综艺节目""时尚""音乐"占比较高。然而表 13 的调查结果显示，音乐占比最高；不过，在受访者开始学习日语后，其他三种文化产品也成为他们的最爱。

表 13　学习日语后更感兴趣的日本文化产品

		受访者答案	
		受访者人数	百分比
1	音乐	18	16.8%
2	电视综艺节目	15	14.0%
3	动漫	13	12.1%
4	电视剧	7	6.5%
5	漫画	6	5.6%
6	时尚	5	4.7%
7	运动	4	3.7%
8	食物	4	3.7%

续表

		受访者答案	
		受访者人数	百分比
9	角色扮演	3	2.8%
10	无变化（学习日语前后）	3	2.8%
11	偶像	2	1.9%
12	电影	2	1.9%
13	日本人的日常生活	1	0.9%
14	声优（配音演员）	1	0.9%
15	小说	1	0.9%
16	无	12	11.2%
17	未作答	10	9.3%
		107	100.0%

资料来源：根据问卷调查结果编制

（七）日本料理/日本食物

在开始学习日语之前，受访者就已经很喜欢日餐了。为了了解大学生在日常生活中对日本食物的消费情况，问卷的下一个问题询问受访者"你每月吃几次日料？"，调查结果如图 4 所示。最低为每月 0.5 次，最高为每月 20 次。其中，有 15 名学生回答为每月 3 次，而平均次数是每月 3.934 次，这意味着受访者大约每周吃一次日餐。

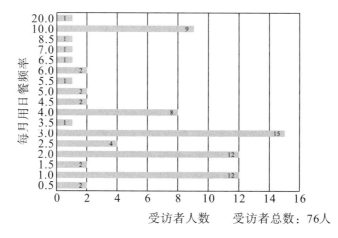

图 4 你每月用几次日餐？

六、讨论

（一）日语学习者的学习动机

从表 7 可以看出，68.1%的受访者学习日语的动机属于"JCP"类别，这表明对日本文化产品的兴趣促使许多受访者开始学习日语。例如，如果一个学生为了在互联网上浏览日本流行音乐偶像的博客而开始学习日语，对他来说日语是一种获得信息的工具，那么这种动机可以视为"工具性动机"。但仔细观察可以发现，学生之所以想浏览博客，是因为对日本流行音乐偶像感兴趣，而对流行音乐的兴趣可能源自对日本这个国家的兴趣。在这种情况下，浏览博客的愿望有其潜在的原因，即学生对日本及其文化的兴趣，那么这种动机可以视为"融合性动机"。

考虑到日本文化产品和其他有关日本的因素的相互关联性，将学习动机分为工具性动机和融合性动机似乎过于模糊，无法用于本研究中对受访者的动机分析。理查德·克莱门特（Richard Clément）和巴斯蒂安·克鲁德尼尔（Bastian Kruidenier）也指出了这两种动机定义的模糊性，以及社会环境对受访者的影响，这导致了学者之间的观点存在差异（Clément and Kruidenier, 1983: 274-276）。在他们的研究中，当评估种族、环境和目标语言对第二语言习得取向的影响时，他们认为有四种动机是所有第二语言学生群体所共有的，即旅行、友谊、知识和工具性的取向（Clément and Kruidenier, 1983: 286）。

在本研究中，许多受访者因喜欢日本文化产品开始学习日语，随着学习的深入，他们又有更强的学习日语的动机，这些动机可以归为四种二语习得取向中的任意一种。但由于每个人学习日语有多种动机，因此不可能将学生的动机进行单一归类。日本文化产品的消费者总是受到日本流行文化趋势的影响，这可能为他们提供了学习日语的新动力。由于第二语言习得的理论主要集中应用于课堂环境，往往忽略了学习者社会环境的复杂性。

尽管日语学习者的各种动机在定义和分类上存在歧义和困难，但是，以上讨论表明，拥有明确且强烈的第二语言学习动机，是成为一个成功的日语学习者的重要因素。值得注意的是，朱拉隆功大学是泰国排名最高的大学，且日语系平均每年只招收 35 名学生，因此本研究的受访者都是日语学习方面的精英（详见表 14）。许多受访者因为对日本文化产品感兴趣而开始学习日语，而他们开始学习日语之后，对更多的日本文化产品产生了兴趣。这表明，日本文化产品不仅是开始学习日语的动力，也是促使学习者继续学习的动力。在学习日语的过程中，学生发现新的感兴趣的日本文化产品，便会不断有新的动力来学习该语言，从而使他们成为成功的语言学习者。希望未来的研究能够证明这些假设，并评估日本文化产品作为日语成功学习者的动力来源的力量。

（二）语言学习和文化产品消费之间的良性循环

为了揭示日本文化产品消费与日语学习之间的关系，本文一开始便提出了两个假设：（1）接触日本文化产品会促使人们学习日语；（2）日语学习会诱发人们对日本文化产品进行消费。第一个假设已经得到了验证。如前文所述，表 7 中的结果证明，68.1%的受访者出于对日本文化产品的喜爱开始学习日语。

表 12 和表 13 表明，日语学习可能会诱发对日本文化产品进行消费。表 12 中列出的所有日本文化产品都有一些受访者是在开始学习日语之后才开始喜欢。在这些日本文化产品中，日本电视剧和电视综艺节目在受访者开始学习日语后获得了特别多的新粉丝，而日本流行音乐、日本偶像、角色扮演、日本食物和日本时尚等则没有吸引到那么多新粉丝。仔细研究表 13 会发现，受访者在开始学习日语后，往往会对音乐、电视综艺节目和动漫更感兴趣。这表明，日语学习增强了受访者在开始学习日语之前对日本文化产品的兴趣，提高了他们学习日语的积极性。

表 14　朱拉隆功大学文学院的毕业生人数

泰国佛历	公历	泰语	英语	历史	地理	图书馆学	哲学	艺术	巴利语	中文	日语	法语	德语	西班牙语	意大利语
2517	1974	16	92	27	5	9	2	7	0	0	3	41	3	0	0
2518	1975	11	98	46	4	3	5	8	0	0	7	25	6	0	0
2519	1976	23	90	34	7	9	2	5	2	0	7	35	10	0	0
2520	1977	13	86	27	2	17	3	10	0	0	20	29	1	5	0
2521	1978	18	104	23	3	9	1	5	1	0	13	33	10	3	0
2522	1979	8	104	14	4	18	2	5	1	0	27	26	8	1	0
2523	1980	18	95	17	7	11	1	10	0	0	18	35	11	4	0
2524	1981	7	98	17	8	5	1	5	0	0	29	37	13	3	0
2525	1982	5	126	21	3	7	1	7	0	0	28	18	15	4	0
2526	1983	7	129	8	8	9	1	2	1	0	31	19	10	6	0
2527	1984	5	150	4	3	2	1	4	0	8	23	10	13	3	1
2528	1985	5	152	5	6	1	1	6	0	2	22	12	9	7	0
2529	1986	2	161	6	3	2	0	4	0	5	19	12	7	1	2
2530	1987	4	143	0	10	2	0	4	0	3	23	20	8	1	2
2531	1988	0	140	5	14	3	0	10	0	5	14	15	8	4	2
2532	1989	4	130	1	11	1	2	13	0	11	24	15	11	0	0
2533	1990	1	122	0	9	5	1	12	0	17	17	24	6	7	2

续表

泰国佛历	公历	泰语	英语	历史	地理	图书馆学	哲学	艺术	巴利语	中文	日语	法语	德语	西班牙语	意大利语
2534	1991	1	108	6	17	1	1	4	1	4	29	25	19	6	2
2535	1992	3	102	0	10	1	0	5	0	7	24	34	11	12	6
2536	1993	12	103	6	17	2	1	10	0	7	34	22	9	4	5
2537	1994	9	115	3	16	1	0	6	0	2	28	17	8	8	6
2538	1995	16	103	9	18	5	2	13	0	10	20	18	18	6	13
2539	1996	16	67	5	17	5	1	11	0	14	37	31	6	25	24
2540	1997	22	65	12	23	12	2	10	1	28	21	40	14	20	10
2541	1998	17	76	11	19	25	-	17	-	26	23	19	17	16	14
2542	1999	18	70	7	18	27	2	4	-	23	47	30	13	9	7
2543	2000	27	86	11	13	19	1	13	-	40	38	19	9	22	10
2544	2001	17	77	4	20	19	-	9	-	32	27	20	11	26	13
2545	2002	15	69	6	17	10	1	16	-	30	20	20	5	31	9
2546	2003	9	73	8	16	12	-	22	1	29	22	19	8	25	27
2547	2004	8	68	8	12	16	2	20	-	42	25	30	9	12	12
2548	2005	5	93	18	17	15		15		32	16	20	9	14	11
2549	2006	16	72	9	13	24	4	14	-	24	24	21	18	21	14
2550	2007	21	71	17	21	20	2	1	0	38	31	25	12	28	12
2551	2008	23	68	8	17	25	5	9	-	33	27	14	22	37	13

资料来源：2009 年朱拉隆功大学文学院提供

如今，泰国的年轻人接触到了大量的日本文化，再加上来自日本的旅居者和泰国的日本爱好者等文化载体增强了日本在泰国的存在感，使泰国人对日本更加熟悉。文化上的接近包括日本在大众传媒中的具体特征和形象，也使泰国人认为日本和泰国在文化上有相似之处。此外，日本文化通过媒体、产品、人员流动等各种渠道进入泰国，增强了人们对日本的好感。在这样的环境下，与日本文化产品的接触以及日本文化产品的吸引力往往会促使泰国年轻人开始学习日语。

在泰国，年轻人有很多可以学习日语的机会。日语是泰国高考的科目之一，这是中学生开始学习日语的很好的理由。而泰国的日语教育体系也为学生学习日语提供了一个良好的环境，在学习日语的时候，他们可以通过日语老师、校友以及他们结识的日本朋友接触到新的日本文化产品。当他们发现新的自己喜欢的日本文化产品时，就会有动力继续学习日语，这就为他们提供了更多接触其他日本文化产品的机会。

这种学习日语的兴趣和消费日本文化产品的兴趣相互促进的持续循环被称

为"良性循环模型"（图 5）。这个循环图解释了泰国年轻人在当今消费日本文化产品和学习日语方面的经历。例如，当一个学生对漫画感兴趣时（JCP 1），这种兴趣会成为他学习日语的动力；在学生开始学习日语后，可能会对日本流行音乐（JCP 2）产生兴趣，这可能会促使学生以更大的热情学习日语；后来，随着学生语言能力的提高，可能会对日剧和电影感兴趣（JCP 3）；与新的日本文化产品的接触，又成为学生持续学习语言的动力，同时也提高了学生对日本及其文化的兴趣。

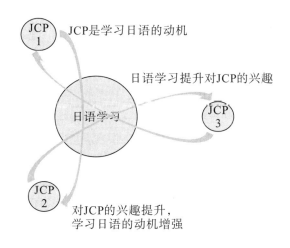

图 5　良性循环模型（JCP 与日语学习的关系）

　　然而，值得注意的是，本研究的样本是大学生，是精英人群，是成功的日语学习者，也可能是泰国日本文化产品消费的领头人，因为朱拉隆功大学位于曼谷市中心，和泰国其他府相比，在曼谷更容易接触到日本文化产品和日本文化。因此，在未来的研究中，希望能够构建出其他日本文化产品消费群体的文化消费模型，这些消费群体在地理位置和社会经济地位方面的背景与本研究的样本不同。

七、结论

（一）同一文化区

　　根据媒体研究领域对"文化折扣"概念表述，日本和泰国不处于同一个地理语言区域，所以日本文化产品的价值在泰国可能会降低。然而，在本研究中，日本文化产品的价值在泰国并没有贬值。相反，它们获得了泰国年轻人的广泛推崇。

因此，"文化折扣"的概念并不适用于日本文化产品在泰国的情况，因为在泰国没有与之媲美的国内外优质文化产品，而且泰国的文化环境与其他国家也不一样。

虽然日本和泰国不属于同一地理语言区域，但由于在日常生活中大量接触日本文化产品，泰国的年轻人对日本青年文化非常熟悉。在过去的几十年里，日本文化产品在泰国大量涌现，使泰国人对日本和日本文化感到舒适和熟悉。例如，今天大多数泰国人在童年早期就开始阅读漫画、观看动画片，因此他们不会觉得漫画和动漫是外来的。作者曾询问一位受访者（一名大学生）："泰国儿童是否能通过漫画和动漫认识和了解日本文化？"这里指的是通过动漫中的场景了解，例如，人们在房子的入口处脱鞋子，在地板上铺榻榻米。她回答："是的，他们能通过漫画和动漫认识和了解日本文化，但他们可能没有意识到他们看到的是日本文化"（Personal communication, March 10, 2010）。这表明，泰国年轻人是下意识地接触了日本文化，他们在不知不觉中了解了日本文化，这也说明了日本的主要文化产品被描述为"文化无味"的论点是不准确的（Iwabuchi, 2002: 94）。泰国年轻人消费日本文化产品并不是因为这些产品"文化无味"，而是因为他们对"日本气味"（Japanese odor）并不陌生。

在关于电视剧跨国消费的论述中，伊恩·昂（Ien Ang）指出除了观众的任意消费，两个国家之间文化接近性更为重要（Ang, 2003: 290）。他指出，澳大利亚和英国之间的文化接近是同一电视剧在两国受欢迎的原因之一。伊恩·昂认为，在全球范围内，文化的传播并非是同质化的，而是不均衡的，有时会有重叠，因此形成了某些跨国文化接近和相似的区域，即跨国文化区（transnational cultural zones）（Ang, 2003: 290; 2004: 305）。澳大利亚和英国的例子符合地理语言区域的概念，因为这两个国家都讲英语。然而，如果我们更加强调不同国家文化中的共同价值，会发现日本和泰国在流行文化、亚文化和青年文化方面有共同的价值观，这就使得两国处于同一文化区。尽管两国使用的语言不同，而且在地理上相距甚远，但泰国的青年文化似乎吸收了许多日本青年文化的元素，这为日本文化产品在泰国的持续循环消费奠定了基础。

（二）语言习得的涌现过程

思想的发展是由语言决定，即由思想的语言工具和儿童的社会文化经验决定。从本质上讲，内在言语的发展取决于外部因素。正如皮亚杰（Piaget）的研究所表明的那样，儿童逻辑能力的发展是其社会化言语的直接结果。儿童的智力成长取决于他是否掌握了思想的社会手段，即语言（Vygotsky, 1986: 94）。

列夫·维果茨基（Lev Vygotsky）关于母语习得和儿童逻辑发展的概念揭示了第二语言文化和文化产品消费的一个新层面，可以应用于对第二语言习得的讨论。事实上，如果将维果茨基讨论中的"思想发展"（Thought development）替换为"理解另一种文化"(Understanding of another culture),就可以看出语言在理解另一种文化中的重要性。在一个人开始学习第二语言之前,语言习得和对其他文化的理解是毫无交集的两个过程。但是,当一个人开始学习第二语言之后,在学习过程中的某个阶段,语言和思想开始互动,产生交集。通过这些互动,语言学习有助于促进学习者对文化的理解,而对文化的理解又能促进对第二语言的学习。

在说明语言学习和理解文化之间的关系时,一位在泰国法政大学主修经济学的女学生曾告诉作者,她在京都大学(Kyoto University)交流学习时了解到,日本人根据说话人与其他人的关系使用不同的"敬语称谓"。这是一个关于语言学习和理解文化之间关系很好的例子。她还了解到,这些敬语反映了说话人对交流对象的尊敬(Personal communication, July 14, 2011)。例如,日语中敬语"sama"通常用于表达对一个人的尊重,表明说话者与交流对象的关系不密切。另外,泰语中敬语"chan"用于称呼说话者认为非常亲近的人,也经常用于表达对交流对象的喜爱之情。当这位泰国学生得知日语中有不同种类的敬语时,她意识到,日本人会根据与交谈对象的关系而选择使用适当的敬语。此外,当这位泰国学生开始了解日本人如何保持社会距离和处理人际关系时,她就开始理解了在每个特定的情况下需要使用哪种敬语称谓。

此外,一位在朱拉隆功大学主修日语的女学生告诉作者,她了解到了日语"uchi"(指一个人的家或一个人最亲密的核心圈子)和"soto"(指外面的人或那些在核心圈子之外的人)两个概念。在理解日语语言的不同形式时,她意识到了这个两个概念的重要性,比如日语有谦让语(kenjogo)、尊敬语(sonkeigo)和丁宁语(teineigo)(Personal communication, January 23, 2012)。"uchi"和"soto"之间的空间区别可能不是日本文化所独有的,但罗伯特·苏克尔(Robert Sukle)认为,在日语的表达方式中,"uchi"和"soto"的区分与语言形式之间的关系是存在的(Sukle, 1994)。值得注意的是,除了各种语言讨论,这位泰国学生能够通过练习说日语来学习语言形式,而且她逐渐明白,对"uchi"和"soto"的区别的理解在提高日语水平方面起着重要作用。从这些例子中可以看出,成功的语言学习的一个关键似乎是语言学习与文化理解之间相互作用的协同效应。

因此,某种言语行为在文化上可以被定义为抱怨、赞美、道歉或拒绝,对母语者来说很容易辨别。正如 Hymes 所言,特定的言语行为或事件是由行为和解释的规则所决定的,而恰当地使用这些规则的能力是母语者交际能力的一个关键部分(Wolfson, 1989: 7)。

  妮莎·沃尔夫森（Nessa Wolfson）在对社会语言学理论中的言语行为的解释中指出，言语的文化定义是解释言语意义的必要条件，受说话者所属社会的规则制约。换句话说，对文化定义的解释就是语言中的交际能力。在整个研究过程中，许多参与本研究的泰国年轻人，在开始学习日语时，对日本文化和文化产品产生了兴趣，而且学习日语也促进了他们对日本文化和文化产品的消费。因此，在泰国的日本文化产品消费中，日语学习是通向日本文化产品消费的良性循环的大门。

参 考 文 献

Ang, Ien イエン・アン. 2004. The Cultural Intimacy of TV Drama. In *Feeling Asian Modernities: Transnational Consumption ofJapanese TVDramas*, edited by Koichi Iwabuchi, pp. 303-309. Hong Kong: Hong Kong University Press.

—. 2003. Terebi Dorama ni Miru Bunkateki Shimmitsusei テレビドラマに見る文化的親密性 [Cultural proximity in television dramas]. In *Gurobaru Purizumu: "Ajian Dorimu" toshiteno Nihon no Terebi Dorama* グローバル・プリズム―〈アジアンドリーム〉としての日本のテレビドラマ [Global prism: Japanese TV drama as "Asian dream"], edited by Koichi Iwabuchi 岩渕功一, pp. 287-297. Tokyo: Heibonsha.

Bussaba Banchongmanee ブッサバー・バンチョンマニー. 2004. *Akiko to Tomodachi: Nihongo* あきこと友だち―日本語 [Being friends with Akiko:Japanese].Bangkok:Japan Foundation/Kinokuniya Bookstore.

Bussaba Banchongmanee; Imaeda Aki; and Prapa Sangthongsuk ブッサバー・バンチョンマニー，今枝亜紀，プラパー・セーントーンスック. 2005. Tai no Chuto Kyoikuyo Nihongo Kyokasho Sakusei Purojekuto タイの中等教育用日本語教科書作成プロジェクト [The project of Japanese language textbook-making for Thai secondary education]. *Kokusai Koryu Kikin Bankoku Nihon Bunka Senta Nihongo Kyoiku Kiyo* 国際交流基金バンコク日本文化センター日本語教育紀要 [The journal of Japan Foundation Bangkok Japanese Language and Culture Center] 2: 147- 158.

Clément, Richard; and Kruidenier, Bastian G. 1983. Orientations in Second Language Acquisition 1: The Effects of Ethnicity, Milieu, and Target Language on Their Emergence. *Language Learning* 33（3）: 273-291.

Collins, Richard. 1990. *Television, Policy and Culture*. London: Unwin Hyman Ltd.

Ebihara Tomoharu 海老原智治. 2005. 2004 Nen no Tai Daigaku Nyushi to Nihongo o Juken Kamoku ni Shitei shita Daigaku Senko 2004 年のタイ大学入試と日本語を受験科目に指定した大学専攻 [The 2004 university entrance examination and the university major programs that assigned Japanese language as a requirement]. *Kokusai Koryu Kikin Bankoku Nihon Bunka Senta*

Nihongo Kyoiku Kiyo 国際交流基金バンコク日本文化センター日本語教育紀要 [The journal of Japan Foundation Bangkok Japanese Language and Culture Center] 2: 183-200.

—. 2004. Tai no Gakko Seidogai Kyoiku to Nihongo Kyoiku タイの学校制度外教育と日本語 教育 [Non-formal education in Thailand and Japanese language education]. *Kokusai Koryu Kikin Bankoku Nihon Bunka Senta NihongoKyoiku Kiyo* 国際交流基金バンコク日本文化センター日 本語教育紀要 [The journal of Japan Foundation Bangkok Japanese Language and Culture Center]1: 201-216.

Ek-Ariyasiri, Eknarint エックナリン・エックアリヤスィリ. 2008. Tai Koto Kyoiku Kikan no Nihongo Senko Karikyuramu Kaihatsu ni Kansuru Kenkyu: Purinsu obu Sonkura Daigaku o Rei ni タイ高 等教育機関の日本語専攻カリキュラム開発に関する研究— プリンス・オブ・ソンクラ 一大 学を例に [Study on curriculum development of Japanese as a major in higher education in Thailand: A case study of Prince of Songkla University]. *Nihon Gengo Bunka Kenkyukai Ronshu* 日本言語 文化研究会論集 [Journal of Japanese language and culture] 4: 117- 144.

Gardner, Richard C.; and Lambert, Wallace E. 1972. *Attitudes and Motivation in Second-Language Learning*. Rowley, MA: Newbury House Publishers.

Hoskins, Colin; and Mirus, Rolf. 1988. Reasons for the US Dominance of the International Trade in Television Programmes. *Media, Culture and Society* 10: 499-515.

Iwabuchi, Koichi. 2002. Recentering Globalization:Popular Culture and Japanese Transnationalism. Durham: Duke University Press.

Japan, Japan Foundation 国際交流基金. 2009. *Nihongo Noryoku Shiken Kekkano Gaiyo 2008* 日本語能 力試験結果の概要 2008 [The Japanese-Language Proficiency Test summary of the results 2008]. Tokyo: Japan Foundation.

— . 2008a. *Kaigai no Nihongo Kyoiku no Genjo 2006 Nen* 海外の日本語教育の現状 2006 年 [Survey report on Japanese-language education abroad 2006]. Tokyo: Japan Foundation.

—. 2008b. *Nihongo Noryoku Shiken Kekkano Gaiyo 2007* 日本語能力試験結果の概要 2007 [The Japanese-Language Proficiency Test summary of the results 2007]. Tokyo: Japan Foundation.

—. 2007. *Nihongo Noryoku Shiken Kekkano Gaiyo 2006* 日本語能力試験結果の概要 2006 [The Japanese-Language Proficiency Test summary of the results 2006]. Tokyo: Japan Foundation.

—. 2006. *Nihongo Noryoku Shiken Kekkano Gaiyo 2005* 日本語能力試験結果の概要 2005 [The Japanese-Language Proficiency Test summary of the results 2005]. Tokyo: Japan Foundation.

—. 2005. *Nihongo Noryoku Shiken Kekkano Gaiyo 2004* 日本語能力試験結果の概要 2004 [The Japanese-Language Proficiency Test summary of the results 2004]. Tokyo: Japan Foundation.

—. 2004. *Nihongo Noryoku Shiken Kekkano Gaiyo 2003* 日本語能力試験結果の概要 2003 [The Japanese-Language Proficiency Test summary of the results 2003]. Tokyo: Japan Foundation.

—. 2003. *Nihongo Noryoku Shiken Kekkano Gaiyo 2002* 日本語能力試験結果の概要 2002 [The Japanese-Language Proficiency Test summary of the results 2002]. Tokyo: Japan Foundation.

—. 2002. *Nihongo Noryoku Shiken Kekkano Gaiyo 2001* 日本語能力試験結果の概要 2001 [The Japanese-Language Proficiency Test summary of the results 2001]. Tokyo: Japan Foundation.

—. 2001. *Nihongo Noryoku Shiken Kekkano Gaiyo 2000* 日本語能力試験結果の概要 2000 [The Japanese-Language Proficiency Test summary of the results 2000]. Tokyo: Japan Foundation.

—. 2000. *Nihongo Noryoku Shiken Kekkano Gaiyo 1999* 日本語能力試験結果の概要 1999 [The Japanese-Language Proficiency Test summary of the results 1999]. Tokyo: Japan Foundation.

—. 1999. *Nihongo Noryoku Shiken Kekkano Gaiyo 1998* 日本語能力試験結果の概要 1998 [The Japanese-Language Proficiency Test summary of the results 1998]. Tokyo: Japan Foundation.

—. 1998. *Nihongo Noryoku Shiken Kekkano Gaiyo 1997* 日本語能力試験結果の概要 1997 [The Japanese-Language Proficiency Test summary of the results 1997]. Tokyo: Japan Foundation.

—. 1997. *Nihongo Noryoku Shiken Kekka no Gaiyo 1996* 日本語能力試験結果の概要 1996 [The Japanese-Language Proficiency Test summary of the results 1996]. Tokyo: Japan Foundation.

—. 1996. *Nihongo Noryoku Shiken Kekkano Gaiyo 1995* 日本語能力試験結果の概要 1995 [The Japanese-Language Proficiency Test summary of the results 1995]. Tokyo: Japan Foundation.

—. 1995. *Nihongo Noryoku Shiken Kekkano Gaiyo 1994* 日本語能力試験結果の概要 1994 [The Japanese-Language Proficiency Test summary of the results 1994]. Tokyo: Japan Foundation.

—. 1994. *Nihongo Noryoku Shiken Kekkano Gaiyo 1993* 日本語能力試験結果の概要 1993 [The Japanese-Language Proficiency Test summary of the results 1993]. Tokyo: Japan Foundation.

—. 1993. *Nihongo Noryoku Shiken Kekkano Gaiyo 1992* 日本語能力試験結果の概要 1992 [The Japanese-Language Proficiency Test summary of the results 1992]. Tokyo: Japan Foundation.

—. 1992. *Nihongo Noryoku Shiken Kekkano Gaiyo 1991* 日本語能力試験結果の概要 1991 [The Japanese-Language Proficiency Test summary of the results 1991]. Tokyo: Japan Foundation.

—. 1991. *Nihongo Noryoku Shiken Kekkano Gaiyo 1990* 日本語能力試験結果の概要 1990 [The Japanese-Language Proficiency Test summary of the results 1990]. Tokyo: Japan Foundation.

—. 1990. *Nihongo Noryoku Shiken Kekkano Gaiyo 1989* 日本語能力試験結果の概要 1989 [The Japanese-Language Proficiency Test summary of the results 1989]. Tokyo: Japan Foundation.

—. 1989. *Nihongo Noryoku Shiken Kekkano Gaiyo 1988* 日本語能力試験結果の概要 1988 [The Japanese-Language Proficiency Test summary of the results 1988]. Tokyo: Japan Foundation.

—. 1988. *Nihongo Noryoku Shiken Kekka no Gaiyo 1987* 日本語能力試験結果の概要 1987 [The Japanese-Language Proficiency Test summary of the results 1987]. Tokyo: Japan Foundation.

—. 1987. *Nihongo Noryoku Shiken Kekka no Gaiyo 1986* 日本語能力試験結果の概要 1986 [The Japanese-Language Proficiency Test summary of the results 1986]. Tokyo: Japan Foundation.

—. 1986. *Nihongo Noryoku Shiken Kekkano Gaiyo 1985* 日本語能力試験結果の概要 1985 [The Japanese-Language Proficiency Test summary of the results 1985]. Tokyo: Japan Foundation.

—. 1985. *Nihongo Noryoku Shiken Kekkano Gaiyo 1984* 日本語能力試験結果の概要 1984 [The Japanese-Language Proficiency Test summary of the results 1984]. Tokyo: Japan Foundation. Koh, Barbara. 1999. Society & the Arts: Cute Power! *Newsweek* November 8: 40-45.

Lee, Francis L. 2006. Cultural Discount and Cross-culture Predictability: Examining the Box Office Performance of American Movies in Hong Kong. *Journal of Media Economics* 19（4）: 259-278.

Matsui Yoshikazu; Kitamura Takeshi; and Voravudhi Chirasombutti 松井嘉和，北村武士，ウォラ ウット・チラソンバット．1999. *Tai ni okeru Nihongo Kyoiku: Sono Kiban to Seisei to Hatten* タイ における日本語教育—その基盤と生成と発展 [Japanese language education in Thailand: Its background, situations and a history of its development]. Tokyo: Kinseisha.

Natnicha Vadhannapanich ณัฐณิชา วัฒนพานิช. 2010. Kaan Perd Rap Wattanatam Pop Yipun K hong Wayrunthai Phaan SuuMuanChon Le ReangJungJai Nai KaanRian Phaasaa Yipun กา รเปิดรับวัฒนธรรมป๊อปญี่ปุ่นของวัย รุ่นไทยผ่านสื่อมวลชนและแรงจูงใจในการเรียน ภาษาญี่ปุ่น [Teenager s' exposure to Japanese popular culture in mass media and the motivation to study Japanese language]. Master's thesis, Chulalongkorn University, Bangkok （Mimeographed）.

Noels, Kimberly A.; Pelletier, Luc G.; Clément, Richard; and Vallerand, Robert J. 2000. Why Are You Learning a Second Language? Motivation Orientations and Self-Determination Theory. *Language Learning* 50（1）: 57-85.

Shiratori Fumiko 白鳥文子. 2002. Chuto Kyoiku Katei Koki no Sentaku Jiyu Kamoku ni okeru Gakushu Naiyo 中等教育課程後期の選択自由科目における学習内容 [Curriculum content in elective subjects in upper secondary education]. *Kokusai Koryu Kikin Bankokku Nihongo Senta Kiyo* 国際 交流基金バンコック日本語センター紀要 [Journal of the Japan Foundation Bangkok Japanese Language Center] 5: 191-195.

Sinclair, John. 1996. Culture and Trade: Some Theoretical and Practical Considerations. In *Mass Media and Free Trade: NAFTA and the Cultural Industries*, edited by Emile G. McAnany and Kenton T. Wilkinson, pp. 30-60. Austin: University of Texas Press.

Somkiat Chawengkijwanich ソムキアット・チャウェンギッジワニット．2008. Tamasato Daigaku ni okeru Nihongo Kyoiku no Genjo oyobi Kongo no Kadai タマサート大学におけ る日本語教育の 現状および今後の課題 [The present status of Japanese language education and future themes at Thammasat University]. *Nihongo, Nihon Bunka Tai-Nichi Kokusai Shimpojiumu: Kenkyusha, Kodo Shokugyojin Ikusei ni okeru Nihongo Kyoikuno Yakuwari* 日本語・日本文化タイ日国際シンポジ ウム—研究者・高度職業人育 成における日本語教育の役割 [Japanese language, Japanese culture: Thai-Japan international symposium: The role ofJapanese language education in educating scholars and skilled professional]. Osaka: Center for Japanese Language and Culture, Osaka Uni- versity.

Sukle, Robert J. 1994. Uchi/Soto: Choices in Directive Speech Acts in Japanese. In *Situated Meaning: Inside and Outside in Japanese Self, Society, and Language*, edited by Jane M. Bachnik and Charles J. Quinn, pp. 113-142. Princeton: Princeton University Press.

Thailand, Ministry of Education. 2008. *The Basic Education Core Curriculum B. E. 2551*（*A. D. 2008*）.
    Bangkok: Ministry of Education, Thailand.

—. 2001. *Basic Education Curriculum B.E. 2544* （*A.D. 2001*）. Bangkok: Ministry of
    Education, Thailand.

Thailand, Office of the Education Council. 2004. *Education in Thailand 2004*. Bangkok: Ministry of
    Education, Thailand.

Toyoshima, Noboru. 2011. *Consuming Japan: The Consumption of Japanese Cultural Products in
    Thailand*. Tokyo: Waseda University Press.

United Nations, Department of Economic and Social Affairs （DESA）. 2009. *World Population
    Prospects: The 2008 Revision*, Vol. 2.

Vygotsky, Lev. 1986. *Thought andLanguage*. Cambridge: MIT Press.

Wolfson, Nessa.1989. *Perspectives: Sociolinguistics and TESOL*. Boston: Heinle & Heinle
    Publishers.

东盟地区高等教育区域合作与东盟国家协调发展研究[①]

摘要: 在过去 20 年中,高等教育国际化已将教育行业转变为一个全球化、互联化的知识型社会。各国政府和高等教育机构越来越重视与他国,特别是同一地区国家之间的学术文化交流。本研究旨在探讨东盟(ASEAN)高等教育国际化对促进区域协调发展的作用。此前的研究表明,东盟地区欠发达国家在教育产业全球化和转型的竞争中远远落后,因而有必要研究东盟制定的相关政策,并明确制约其发展的因素。本文基于比较研究法,通过研究东盟成员国近年来高等教育国际化的趋势,阐明高等教育国际化是加强区域内和跨区域协调发展的一条正确合理的路径。

关键词: 协调发展;高等教育机构;国际化实践;全球化;东盟地区

一、简介

高等教育国际化的过程能使人们认识到教育全球化和建立知识型社会的重要性[③];而知识型社会的建立又能推动高等教育开展实践活动、增进人员流动、加强协调合作。同时,高等教育国际化的过程也将高等教育国际的、跨文化的、全球化的特点融入高等教育的使命、目标与传播之中(Knight, 2004)。在全球化时代,全球各国都在努力构建一个系统的机制来解决高等教育在受教育机会、教育公平、公众参与度及教学质量等方面存在的问题(Dreher, 2006; Chou and Ravinet, 2017)。东盟成员国也以促进高等教育的学术卓越性、扩大受教育机会、提高教学质量以及加强国际合作为目标,以期建设一个达权通变、充满活力、可持续发展的东盟共同体。正如东盟社会文化共同体副秘书长翁帖·阿萨卡瓦蒂

① 原文出版信息:Jamshed Khalid, Anees Janee Ali, Nordiana Mohd Nordin and Syed Fiasal Hyder Shah, "Regional Cooperation in Higher Education: Can It Lead ASEAN toward Harmonization?", *Southeast Asian Studies*, Vol. 8, No. 1, April 2019, pp. 81-98. 本文由京都大学东南亚研究中心(Center for Southeast Asian Studies, Kyoto University)《东南亚研究》编辑部授权翻译。
② 作者:贾姆希德·哈立德(Jamshed Khalid)、阿尼斯·贾尼·阿里(Anees Janee Ali),马来西亚理科大学管理学院;诺黛安娜·莫哈德·诺丁(Nordiana Mohd Nordin),马来西亚马拉工业大学信息管理学院;赛义德·费萨尔·海德尔·沙阿(Syed Fiasal Hyder Shah),巴基斯坦信德大学社会科学学院。译者:张婷,成都大学外国语学院、四川省泰国研究中心助理研究员;陈红宇,成都大学外国语学院讲师。
③ 知识型社会指公民受过良好教育的社会,因此依赖公民的知识推动创新、创业和社会活力。

（Vongthep Arthakaivalvatee）①所言：在鼓励商品、服务和人员在东盟各国自由流动的同时，也要确保高等教育的质量达到公认的国际和区域标准。此外，东盟的教育体系要在高质量和高信誉的文化中蓬勃发展（ASEAN 2016）。

已有多项研究聚焦于东盟地区的协调发展和区域化发展，但这些研究大都集中在经济一体化、贸易便利化、移民政策、劳工待遇及供应链互联互通等方面（Lloyd, 2005; Ayudhaya, 2013; Chia, 2014; Jinachai and Anantachoti, 2014; Menon and Melendez, 2017）。然而，以高等教育国际化促进区域融合也是实现区域统一和协调发展的重要因素（Altbach and Knight, 2007; Knight, 2012; Khalid, 2018）。因此，本研究旨在探讨东盟高等教育国际化的新走向，这些走向对成员国之间的协调发展起促进作用。此外，本研究采用比较分析的方法，研究东盟各国国际化的具体实践，并提出实现全球化的可行性建议，以期实现该地区的和谐和一体化统一。

二、东盟概述

东盟成立于 1967 年 8 月 8 日，由印度尼西亚、马来西亚、菲律宾、新加坡和泰国五个创始成员国建立，文莱（1984 年）、越南（1995 年）、老挝（1997年）、缅甸（1997 年）和柬埔寨（1999 年）五国先后加入。该地区面积约为 450万平方公里，2011 年人口总数约为 6 亿（Keling *et al.*, 2011）。截至 2017 年，东盟有 6.3862 亿人口（US-ASEAN, 2017）。东盟是一个充满活力的地区，各成员国在地理、文化、官方语言、识字率、人口密度、人均 GDP、社会经济发展水平、信息和通信技术发展、教育政策、社会制度和结构等方面呈现多样性（Moussa and Kanwara, 2015）。

这种多样性使东盟地区拥有丰富的文化和资源。虽然东盟各成员国之间也存在差异，但却普遍重视发展高等教育，以带动国家和区域发展，进而融入全球知识经济体系（Ratanawijitrasin, 2015）。各国的差异性和共同性影响着这些国家高等教育机构（higher education institutions, 简称 HEIs）在国际化发展的内涵和外延，同时督促教育行业制定政策、加强合作，确保该地区在从区域化向国际化发展的进程中，高等教育也能维持高质量的发展（Armstrong and Laksana, 2016）。

一些学者在研究中认识到了高等教育在促进区域化、文化协调和一体化方面的重要性（Neubauer, 2012; Knight, 2013; Lo and Wang, 2014; Shields, 2016）。高等教育全球化可通过提供合作研究的机会、吸引别国人才以及开设海外分校的方式，帮助那些无法应对当前挑战的高等教育机构。各国通力合作，通过促进成员

---

① 翁贴，泰国籍，出生于 1970 年，2015 年 10 月就任东盟主管社会文化共同体事务的秘书长，任期至 2018 年10 月 11 日。——译者注

国的区域化和一体化建设，达到构建东盟知识共同体的目的。东盟知识共同体旨在促进成员国之间协调发展，建立一个能赢得多个组织支持的知识共同体，如东盟经济共同体（ASEAN Economic Community，缩写 AEC）、东盟大学网络（ASEAN University Network，缩写 AUN）。建设东盟共同体的计划要求各高等教育机构采取行动，到 2015 年底，实现东盟社会文化共同体（ASCC）制定的目标；这些目标已嵌入 2020 年东盟愿景之中，该愿景旨在促进各国相互认识，加深了解，尊重不同的文化、语言和宗教。东盟社会文化共同体还将经济一体化设为最终目标，即通过建立一个单一的市场和生产基地，使东盟各国更具活力和竞争力。

三、研究动机

为实现区域协调发展和一体化，促进东盟共同体内部高等教育的国际化，东盟领导人做出了诸多努力，但要获得所有成员国之间的互助协作，仍将是一个颇具挑战的过程。因此，在促进区域国际化进程中，依然面临诸多实际问题。本研究基于以下问题开展：

（1）为实现区域协调发展，东盟制定了哪些国际化的政策和计划？

（2）当前的国际化趋势是什么？国际化如何引领东盟共同体走向协调发展？

为回答以上问题，本研究将批判性地分析促进东盟国际化的一系列重大政策、不同学术背景下的最新研究动向，以及当下在文化方面所制定的促进东盟地区发展一体化的计划和战略。此外，本研究还将阐明国际化发展在促进东盟成员国协调发展中的作用。

本研究通过对具有互利性和创新性国际化实践的研究，在很大程度上增进了东盟内部对协调发展的理解。研究旨在通过探讨发展中国家在全球教育市场竞争中所面临的问题和挑战，为不断发展的高等教育国际化研究做出贡献。本研究认为：东盟成员国之间协作目的或者其共同愿景，是促进各成员国在人力资源方面的投资，而非加强彼此间的竞争，这或许能对东盟领导人和决策者有一定参考价值。

在东南亚地区，各国致力于协调并促进本地区高等教育的发展。东南亚教育部长组织（Southeast Asian Ministers of Education Organization，缩写 SEAMEO）成立于 1967 年，旨在促进东盟各国在教育、科学和文化领域的区域合作，重点是促进学生和师资的交流互动。其中，增加学生的流动性是促进区域高等教育协调发展的四要素之一。然而，区域间的差异性成为最大阻碍。这些差异体现在各国在获得政策和资金支持方面的差距，基础设施、设备和人力资源的差距，高等教育机构良莠不齐，研究水平参差不齐（Dang, 2015; Khalid *et al*., 2017）。促进区域间的学生流动也是东盟"后 2015 愿景"（post-2015 vision）的重要内容，该愿景的核心是创建一个"政治上有凝聚力、经济上一体化，富有社会责任，以规则为基础，以人为本的东盟共同体"（ASEAN, 2015）。东南亚各国推动高等教育的发展，其潜在的好处显而易见：随着欧洲经济放缓，东盟和其他亚洲经济体正在崛起；泰国成为该区域的制造业中心，韩企和日企迅速抓住了该地区的贸易和投资机会。

　　流动的学生更有可能发展成为流动的工作者，他们利用该地区经济发展的大好时机，为自己的国家谋取福利（Gribble and Tran, 2016）。然而，东盟共同体成员国的差异性却成为一个巨大挑战。因为东盟成员国既包括如新加坡这样极具竞争力的经济体，也包括如缅甸这样全国四分之一的人口生活在贫困线以下的国家（Yang, 2014）。除了经济发展因素，语言障碍是另一个重要的制约因素：尽管越来越多的高校为国际学生提供英语课程，但许多成员国学生的英语水平仍然很低。因此，加强语言教学成为必要手段，以此鼓励国际学生交流，增加学生流动性。然而，语言教学的地域差异也很大：新加坡的学生大部分接受英语教学，而其他东盟国家的学生接触英语的机会非常有限（Yue, 2013）。

　　东盟高等教育规划越来越重视学生交流。继 1992 年第四届东盟峰会之后，1995 年又创立了东盟大学网络（AUN），该组织旨在通过"加强东盟各国学者和高校教师之间的团结合作，培养学术的、专业的研究人员，促进东盟学术共同体的信息传播"，"加强东盟一流高校之间现有的合作网络"（NUS, 2016）。此外，东盟大学网络的主要活动之一，便是促进东盟地区 30 所大学间的学生交流（AUN 2018）。东南亚教育部长组织区域高等教育和发展中心（SEAMEO Regional Centre for Higher Education and Development, SEAMEO RIHED）以及马来西亚、印度尼西亚和泰国政府还将另外一个名为"M-I-T"的学生交流项目纳入到东盟国际学生流动项目（ASEAN International Mobility for Students, AIMS）中（SEAMEO RIHED, 2018）。各国教育部为参与该项目的本国学生提供资金支持（KMUTT, 2014）。

　　接下来，本文将先讨论高等教育国际化与地区协调发展的联系。在此基础上，将东盟国家按高等教育机构的数量分为低、中、高三类，并在国际化实践的基础上对东盟国家进行比较研究。最后通过讨论，提出意见和建议，以期为未来研究提供一定参考价值。

四、高等教育与区域协调发展

　　毫无疑问，在过去 20 年里，高等教育的国际化已经改变了高等教育的格局。随着全球化的发展，世界各国联系加强，各高等教育机构、教育组织和各国政府也更加重视与其他合作伙伴的学术交流与合作（Knight, 2013）。此外，区域协调发展与区域化发展紧密相连：以前，中央政府通过国家政策推动高等教育区域化发展；高等教育区域化的实施可追溯到 1977 年，瑞典首次尝试，却在数十年间宣告失败（Premfors, 1984; Clark and Neave, 1992），之后，西班牙在 1983 年颁布了《高等教育组织法》；随后，比利时、法国和英国也相继开始区域化发展。区域化使各国超越国界，与邻国进行交流。在过去的 10 年中，东亚的国际化程度越来越高，这在区域、国家和机构层面都显而易见。例如，越来越多的越南学生前往中国、马来西亚留学深造（Welch, 2010）。

部分研究人员认为，区域化的趋势在欧盟、加勒比地区和东盟已经很明显（Forest, 1995）。然而也有学者认为，民族主义阻碍了区域化发展进程（De Witt, 1995）。多年前，时任世界最大区域高等教育机构（加州大学）校长克拉克·克尔（Clark Kerr）认为，高等教育存在两个互为矛盾的发展规律，即知识传播、学习研究的国际化发展规律和高等教育的民族化发展规律（Kerr, 1990）。J. N. 霍金斯（J. N. Hawkins, 2012）认为，亚洲地区区域化分为"新""旧"两个阶段。"旧"的阶段从 1950 年到 1980 年，持续了 30 年。在此阶段，区域内各国在经济、安全、贸易和教育等方面开展交流与合作。1980 年以来，区域化发展进入新的阶段：新自由主义、经济自由主义和市场经济的发展催生了亚洲合作对话（Asia Cooperation Dialogue）、亚太经济合作组织（Asia-Pacific Economic Cooperation）以及东盟+3（ASEAN+3）等区域合作组织的形成和发展。在东南亚教育部长组织（SEAMEO）、东南亚教育协会区域高等教育和发展中心（RIHED）等组织的帮助下，教育区域化得以发展（Hawkins, 2012）。促进高等教育多元化是以上组织的宗旨，这种多元化体现在教学质量、教与学、合作研究，以及学生跨国流动等方面（Shameel, 2003; Robertson, 2007）。

欧洲的区域化发展同样经历了几个阶段。从二十世纪八十年代中期到九十年代，苏格拉底（Socrates）计划和伊拉斯谟（Erasmus）计划开始实施，这两项计划重点关注学生的区域流动性，被认为是欧洲区域化进程中至关重要的阶段；不仅欧洲各类高等教育机构加入此两项计划，连各职业协会和技术类院校也参与其中；到 2000 年，夸美纽斯计划（Comenius Program）和格兰特威格计划（Grundtvig Program）对上述两项计划进行了进一步的深化发展，将区域发展的重点转移到对促进区域发展的各个因素的协调方面，如在学生的区域流动、师资、学生、政策以及欧洲大学体系等方面的协调。到 1999 年，博洛尼亚进程（Bologna Process）开始实施，这是对欧洲大学宪章（Magna Charta）发展目标的延伸和发展；大学宪章的目标在于建立"欧洲高等教育区"（European Higher Education Area），重点关注学生的区域流动，而博洛尼亚进程侧重于协调欧洲高等教育除学生区域流动的其他方面。

五、区域协调发展与国际化

高等教育的国际化与全球化程度的加深，特别是跨境高等教育的迅速发展，对建立健全相应的制度框架，保证高等教育质量与文凭互认提出了迫切需求（Altbach and Knight, 2007）。随着区域主义概念的引入，高等教育面临更大挑战（MacLeod, 2001）。那么，为应对教育区域化，促进区域协调发展，区域内高等教育机构及其成员国政府应做何调整呢？与此同时，东盟经济共同体也面临着类似问题，东盟各国的教育体系差异较大，区域内流动的学生面临诸多问题，如文化差异、语言与沟通障碍、教学实践与课程相互冲突等问题（Ramburuth and McCormick, 2001）。

六、研究方法

本研究为定性研究，采用比较研究法，分析各期刊文献以及各研究机构和国家发布的报告。比较研究法在学术研究中具有独特价值，因为世界范围内的高等教育和高等教育机构有许多共同点（Altbach and Peterson, 1999）。同时，根据各国在国家和机构层面的国际化程度，本研究将东盟国家分为高、中、低三类，这样分类能帮助读者更清晰地了解影响东盟高等教育国际化发展的因素。

七、发现

（一）高水平国家

目前研究发现，只有新加坡的高等教育国际化处于高水平。一直被视为教育中心的新加坡制定了有效的国际化发展计划和战略。新加坡政府致力于将本国打造成全球教育市场的领导者（Owens and Lane, 2014）。东盟各国认为，新加坡将为东盟科学研究做出积极贡献。早在 2012 年，泰国科学技术研究生教育与研究发展办公室（Science and Technology Postgraduate Education and Research Development Office）主任就曾说："新加坡是'英超'，我们（泰国和马来西亚）则是'甲联'。他们必须本着东盟精神与我们合作，否则他们将孤掌难鸣。"（Huang, 2007）

新加坡政府设计、审查并实行了一系列高等教育国际化的政策，目的在于培养学生优秀品质、塑造学生的良好价值观：如参与跨文化交流的意识，发展竞争优势，提高全球公民意识。以上政策都是通过设计国际化课程来实现，以满足国家工业化的人力资源需求，将新加坡发展成为国际教育中心（Daquila, 2013）。为促进国际化发展，新加坡各高校特别是新加坡国立大学已经在国内外提出了促进国际化发展的计划，并付诸实践。

（二）中等水平国家

对于中等水平的国家，其与国际化相关的讨论和政策的制定更多的是围绕学生和教职员工的流动问题进行。这些国家政府积极参与国际化发展主要是出于政治和经济方面的考虑。他们认为学生和教职员工的流动能够促进知识的输入和贸易的发展（Lohani，2013）。

马来西亚采取了多种国际化措施，尤其在学生交流与科研合作方面，促使马来西亚日渐成为该区域的教育中心（Tham，2013）。有8所外国大学在马来西亚建立分校，这8所大学主要来自英国和澳大利亚（Sengupta，2015）。同样，其他国家的大学也热衷于在泰国建立分校。来自新加坡和马来西亚的斯坦福国际大学（Stamford International University）和来自美国的韦伯斯特大学（Webster University）是泰国两所著名的国际高校分校。从1990年开始，泰国便将高等教育国际化纳入其国家发展计划。早期，国际化被视为泰国经济发展的机遇；然而在经济危机期间，却被视为来自他国的威胁。政府在这两种截然不同的观点中寻求平衡，综合权衡利弊进行国际化发展（Lavankura，2013）。在机构层面，公立高校和私立高校都在尝试开发"国际教学项目"，这既能满足学生的需求，也能让这些学校从学费中获得收入。

菲律宾、印度尼西亚和文莱的国际化趋势也日益明显，这些国家亦在努力提高其在全球教育行业中的竞争力。菲律宾高等教育委员会（Commission on Higher Education）已经认识到制定国际化发展计划以推动高等教育机构（包括私立和公立机构）国际化发展的必要性（Cinches *et al.*，2016）。高等教育委员会的任务在于：一方面，要提高高等教育机构教学质量；另一方面，要求机构采取必要的措施，确保毕业生能适应快速变化的世界及全球化发展趋势（Laguador *et al.*，2014）。

印度尼西亚认为高等教育国际化发展具有挑战性，因此，其政府亦强调高校制定国际化战略已迫在眉睫。国际化发展被纳入国家教育战略规划（National Education Strategic Plan）和2003—2010年高等教育长期战略规划（Higher Education Long Term Strategic Plan 2003—2010）。政府还制定了多种发展规划，包括组织讲习班、研讨会，探讨国际化发展和互联网教育平台建设，如全球发展学习网（Global Development Learning Network）和印度尼西亚高等教育网（Indonesia Higher Education Network）（Soejatminah，2009）。然而，由于制度机制不健全，以上规划进程缓慢。因此，要促进印度尼西亚高等教育国际化的发展就必须改善影响国际化发展的基本因素，如提高英语水平，改善通信技术等（Marginson，2010）。

（三）低水平国家

无论从全球还是区域层面看，教育国际化都是东盟高等教育的一个特点

（Mok and Han, 2016）。对于柬埔寨、老挝、缅甸和越南这些国家而言，教育国际化通常被视为提高学术人员水平和研究质量的途径（Council, 2013; Mathuros, 2013; UNESCO, 2014）。由于这些国家缺乏训练有素的教职员工和持有博士学位的教授，因此，与海外大学建立国际合作伙伴关系，将是教职员工和教授队伍从他国汲取知识的重要途径。亚洲开发银行（Asian Development Bank）的研究就曾关注到这些国家人才流失的问题。这些国家由于工资水平较低，难以吸引海外留学生归国发展。越南有 5 所大学进入 2019 年 QS 亚洲大学排名，期待这些大学能获得全球教育市场的认可。越南河内国家大学（Vietnam National University, Hanoi）作为越南五所大学之首，在 2019 年 QS 亚洲大学排名中位列第 139 名，胡志明市国家大学（Vietnam National University, Ho Chi Minh City）位列第 142 名。

八、东盟积极建设东盟知识经济体

尽管东盟国家存在较多差异，但他们却一直认为，国际化能更好地促进科技发展、促进科学研究，并提高区域化和协调化发展水平。东盟已经实施多项计划，来实现建立东盟知识经济体的目标，如图 1 所示。

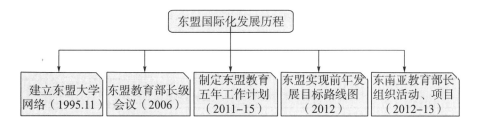

图 1　东盟国际化发展

资料来源：ASEAN Secretariat （2013）

对基础设施较差的国家而言，国际合作研究将促进其在生产和发展方面有所创新。为此，东盟不断推动建设和谐统一的东盟知识经济共同体。东盟各国政府在发展高等教育中所做的努力是显而易见的。然而，真正从中获益的依然是那些技术先进、经济资源丰富的国家。

九、东盟各国高等教育国际化水平比较

东盟成员国一般都有大量的高等教育机构。表 1 给出了每个国家高等教育机构的数量。

表1　东盟成员国高等教育机构数量一览表

国家	高等教育机构数量	年份
高水平国家		
新加坡	11	2016
中等水平国家		
印度尼西亚	4400	2016
马来西亚	111	2016
文莱	5	2016
菲律宾	2299	2016
泰国	155	2016
低水平国家		
柬埔寨	121	2016
老挝	211	2015
缅甸	163	2016
越南	419	2014

资料来源：UNESCO （2014）；KOICA Cambodia （2016）

通过学生区域流动与区域合作来实现区域化或协调化发展，并非高等教育国际化的目的，真正的目的是要在高等教育系统的各个层面，达成共享高等教育资源以及分享教育成果的共识。教学质量是促进高等教育机构之间合作，并在国内和国际层面实现教育协调发展的保证。东盟大学网络（AUN）涵盖多项质量监管项目（AUN-QA），通过该平台可以与其他组织建立联合合作项目。AUN-QA 对大学及其教育产品进行评估，并分享与质量监管相关的成功案例。表 2 罗列了 AUN 成员大学的数量及各国相应的质量监管机构。

表2　高等教育国际化：东盟各国情况对比

国家	AUN 成员大学	质量监管机构
高水平国家		
新加坡	3	教育部高等教育司
中等水平国家		
印度尼西亚	4	国家高等教育认证机构
马来西亚	5	马来西亚学术资格机构
文莱	1	文莱国家认证委员会
菲律宾	3	高等教育委员会
泰国	5	国家教育标准和质量评估办公室
低水平国家		
柬埔寨	2	柬埔寨认证委员会
老挝	1	教育部高等教育司
缅甸	3	缅甸教育部高等教育司
越南	3	国家教育和培训部教育考试和认证综合司

资料来源：AUN（2018）；SHARE （2018）

十、东盟高等教育国际化发展趋势

东盟是一个多元化的组织，其成员国各有优势和劣势。这项研究结果表明东盟国家之间的相互依存关系日益加强，特别是在政策合作和经济一体化方面。东盟各国政府都在有计划地建立合作组织，积极推动区域化进程，而非临时抱佛脚；各国政府鼓励区域内和区域间开展各类有利于国际化发展的活动，将推动各国的区域化和协调化发展；各国政府还增加了对高等教育产业的投资，以支持东盟高等教育共同体建设和区域知识经济体的发展。国际化教育所采取的系列措施，如学生、教职员工的国际交流，科研合作，国际分校的发展以及国际化课程的建设等，也为加强该地区大学之间的融合，提高亚洲大学的整体地位铺平了道路。

本研究结果如表3所示，展示了东盟国家高等教育国际化的发展趋势。

表3　东盟高等教育国际化趋势

国家	发展趋势
高水平国家	
新加坡	增加公共支出 促进国际学术合作 重视尖端研发和创新 重视国际形象和伙伴关系 主办海外分校
中等水平国家	
印度尼西亚 马来西亚 文莱 菲律宾 泰国	马来西亚高校招收国际学生需求旺盛 重视教育质量 降低公共支出增加学生投入 招募国际教职员工和研究人员 重视国际研究导向政策 控制/限制海外分校
低水平国家	
柬埔寨 老挝 缅甸 越南	无法保证教育质量 获得公平的机会更少 缺乏对国际活动的人力资源和财政支助 国际教员和职员有限 国际留学生有限 私立高等学校有更多机会

十一、讨论

（一）东盟的成就与局限

东盟一体化的进程似乎已经步入正轨。各成员国积极采取行动支持高等教育一体化。各国普遍认为有必要建立一个东盟高等教育区（ASEAN Higher Education Area），以促进学生和教师的流动性及其文凭在亚洲的竞争力。然而，由于在政治和社会文化方面存在差异，各国在课程、项目、教学和学位授予方面也存在分歧。不过也可通过建立东盟质量监管体系、学位体系及学分转换体系来解决以上问题。

东盟在安全和政治领域的成就超过在教育方面的成就。各国的深度合作和频繁会晤，加强了成员国的信息交流，消除了彼此猜忌，使东南亚的经济增长取得令人瞩目的成绩。此外，加强东盟各大学之间的联系将有助于培养共同体意识和区域一体化意识，以达到通过发展高等教育深化区域一体化的目的。

不可否认，东盟实施的区域化规划和战略带来了巨大效益，如实现了知识共享、跨文化交流以及区域的统一与和平。然而，从整体局势来看，各国在政治经济方面既相互依存，也相互排斥。各国政府普遍存在的政治操纵和政治作秀行为可能导致地缘政治紧张，因此，区域一体化计划的推进依然面临挑战。重要的是，各国需采取措施提高学生素质，克服语言和沟通障碍。学生在国际交流中必然会遇到因课程差异、教学时间差异、文化差异和语言差异等带来的问题，其中语言差异本身就是跨文化学习的一大障碍。因此，在东盟建立一个质量监管机制很有必要。此外，东盟资格认证机构（ASEAN Qualification Agency, AQA）需要联合各国质量监管系统，在各国不同监管系统之间建立互信，实现互利。

（二）国际化的重要性

高等教育国际化有助于东盟地区一体化的发展。博洛尼亚进程（Bologna Process）就是这一战略最好的范例，该计划重视成员国各高校的现代化，促进了学术交流，从而提高了欧洲国家高等教育的吸引力。为保证成员国之间的公平，东盟需制定一以贯之的国际化和区域发展政策，以增进学术交流；在高等教育机构、国家和区域层面采取措施，促进各国间的协调发展。通过高等教育机构间广泛的网络教育平台、伙伴关系和数字化转型（Khalid *et al.*, 2018），东盟国家可以凝聚在一起，共筑一个高等教育平台，引领东盟走向一体化。"学术制度始终是国际知识体系的一部分"（Altbach and Umakoshi, 2004），东盟国家必须理解并承认这一点，毕竟在全球数字化转型时代，学术制度与全球发展趋势紧密相连。

十二、结论

本研究探讨了东盟地区在步入一体化后，现阶段的发展趋势以及面临的机遇和挑战，并探讨了高等教育国际化如何推进一体化进程。研究发现，学生、教职员工的国际流动、项目交流、科研合作以及奖学金的颁发等具体的国际化举措有助于促进东盟一体化发展。高等教育国际化水平较高的国家，如新加坡、马来西亚、文莱、泰国、印度尼西亚和菲律宾，正在积极完善其教育体系，以提高在全球的竞争力。相比之下，国际化水平较低的国家，如柬埔寨、老挝、缅甸和越南，由于存在语言能力欠佳、资金不足、奖学金有限等困难，且又缺乏有效的政策支持国际化发展，目前在全球教育市场没有竞争力。因此，这些国家需要积极参与该地区的合作研究活动，并通过提供财政支持推动学生的国际流动。另外，东盟领导层必须平等地对待各成员国，以建立一个和谐统一的东盟共同体。

参 考 文 献

Altbach, P. G. 2004. "The Past and Future of Asian Universities", in P. G. Altbach and T. Umakoshi (eds.), *Asian Universities: Historical Perspectives and Contemporary Challenges*, Baltimore and London: JHU Press, pp. 13-32.

Altbach, P. G. and Knight, J. 2007. "The Internationalization of Higher Education: Motivations and Realities", *Journal of Studies in International Education*, Vol. 11, No. 3-4, pp. 290-305.

Altbach, P. G. and Peterson, P. M. 1999. Higher Education in the 21st Century: Global Challenge and National Response, Annapolis Junction: IIE Books.

Altbach, P. G. and Umakoshi, T. 2004. *Asian Universities: Historical Perspectives and Contemporary Challengers*, Baltimore and London: JHU Press, 2004.

Armstrong, N. and Laksana, S.2016. "Internationalization of Higher Education: Case Studies of Thailand and Malaysia", *Scholar*, Vol. 8, No. 1, pp. 102 116.

ASEAN. 2016. "ASEAN to Boost Quality of Higher Education in the Region", *ASEAN Secretariat News*, 2016, https://asean.org/asean-to-boost-quality-of-higher-education-in-the-region/, accessed February 12, 2018.

ASEAN. 2015. "ASEAN 2025: Forging ahead Together", *ASEAN Secretariat News*, 2015, https://asean.org/asean-community-vision-2025-2/, accessed January 26, 2018.

ASEAN Secretariat. 2013. "ASEAN State of Education Report" Jakarta: ASEAN Secretariat, 2013,http://www.asean.org/storage/images/resources/2014/Oct/ASEAN%20State%20of%20Education%20Report%202013.pdf, accessed January 26, 2018.

ASEAN University Network (AUN), ASEAN University Network Member Universities. 2018. http://www.aunsec.org/aunmemberuniversities.php, accessed February 8, 2018.

Asian Development Bank (ADB). 2012. Administration and Governance of Higher Education in Asia: Patterns and Implications, Manila: Asian Development Bank.

Ayudhaya, P. D. N.2013. "ASEAN Harmonization of International Competition Law: What Is the Most Efficient Option?", *International Journal of Business, Economics and Law*, Vol. 2, No. 3, pp. 1-5.

Chia, S. Y. 2014. "The ASEAN Economic Community: Progress, Challenges, and Prospects", in Richard Baldwin, Masahiro Kawai and Ganeshan Wignaraja(eds.), *A World Trade Organization for the 21st Century: The Asian Perspective*, Cheltenham and Northampton: Edward Elgar, pp. 269-315.

Chou, M. H. and Ravinet, P. 2017. "Higher Education Regionalism in Europe and Southeast Asia: Comparing Policy Ideas", *Policy and Society*, Vol. 36, No. 1, pp. 143-159.

Cinches, M. F. C.; Russell, R. L. V.; Borbon, M. L. F. C. and Chavez, J. C. 2016. "Internationalization of Higher Education Institutions: The Case of Four HEIs in the Philippines", *Liceo Journal of Higher Education Research*, Vol. 12, No. 1, pp. 17-36.

Clark, B. R. and Neave, G. R. (eds.). 1992. *The Encyclopedia of Higher Education*, Vol. 2, Oxford: Pergamon Press.

Council, B. 2013. *Empowering Higher Education: A Vision for Myanmar's Universities*. http://www.britishcouncil.org/sites/default/files/report_empowering_higher_education_dialogue.pdf, accessed January 26, 2018.

Dang, Q. A. 2015. "The Bologna Process Goes East? From 'Third Countries' to Prioritizing Inter-regional Cooperation between the ASEAN and EU", in Adrian Curaj, Liviu Matei, Remus Pricopie, Jamil Salmi and Peter Scott (eds.), *The European Higher Education Area*, Cham: Springer, pp. 763-783.

Daquila, T. C. 2013. "Internationalizing Higher Education in Singapore: Government Policies and the NUS Experience", *Journal of Studies in International Education*, Vol. 17, No, 5, pp. 629-647.

De Witt, H.1995. *Education and Globalization in Europe: An Overview of Its Development*, Paper presented at CIES Conference, Boston, March 29-April 2.

Dreher, A.2006. "Does Globalization Affect Growth? Evidence from a New Index of Globalization", *Applied Economics*, Vol. 38, No. 10, 2006, pp. 1091-1110.

European Union Support to Higher Education in the Asean Region (SHARE), ASEAN Quality Assurance Network (AQAN). 2018. https://www.share-asean.eu/sites/default/files/AQA F.pdf, accessed February 14, 2018.

Feuer, H. N. and Hornidge, A. K. 2015. "Higher Education Cooperation in ASEAN: Building towards Integration or Manufacturing Consent?", *Comparative Education*, Vol. 51, No. 3, pp. 327-352.

Forest, J. F. 1995. *Regionalism in Higher Education: An International Look at National and Institutional Interdependence*, Boston College Center for International Education, Boston: BCIHE, http://www.higher-ed.org/resources/ JF/regionalism.pdf, accessed January 18, 2018.

Gribble, C. and Tran, L. 2016. *International Trends in Learning Abroad: Information and Promotions Campaign for Student Mobility*, Melbourne: International Education Association of Australia, Australian Government Department of Education and Training （May）.

Hawkins, J. N. 2012. "Regionalization and Harmonization of Higher Education in Asia: Easier Said than Done", *Asian Education and Development Studies*, Vol. 1, No. 1, pp. 96-108.

Huang, F. 2007. "Internationalization of Higher Education in the Developing and Emerging Countries: A Focus on Transnational Higher Education in Asia", *Journal of Studies in International Education*, Vol. 11, No. 3-4, pp. 421-432.

Jinachai, N. and Anantachoti, P. 2014. "ASEAN Harmonization: Compliance of Cosmetics Regulatory Scheme in Thailand within 5 Years", *IOSR Journal of Humanities and Social Science*, Vol. 19, No. 3, pp. 46-54.

Keling, M. F.; Som, H. M.; Saludin, M. N.; Shuib, M. S. and Ajis, M. N. E. 2011. "The Development of ASEAN from Historical Approach", *Asian Social Science*, Vol. 7, No. 7, pp. 169-189.

Kerr, C.1990. "The Internationalization of Learning and the Nationalization of the Purposes of Higher Education: Two Laws of Motion in Conflict", *European Journal of Education*, Vol. 25, No. 1, pp. 5-22.

Khalid, J.2018. "Diversity's Promise for Higher Education: Making It Work", *Asian Education and Development Studies*, Vol. 7, No. 1, pp. 118-120.

Khalid, J.; Ali, A. J.; Khaleel, M. and Islam, M. S. 2017. "Towards Global Knowledge Society: A SWOT Analysis of Higher Education of Pakistan in Context of Internationalization", *Journal of Business*, Vol. 2, No. 2, pp. 8-15.

Khalid, J.; Ram, B. R.; Soliman, M.; Ali, A. J.; Khaleel, M.; and Islam, M. S.2018. "Promising Digital University: A Pivotal Need for Higher Education Transformation", *International Journal of Management in Education*, Vol. 12, No. 3, pp. 264-275.

King Mongkut's University of Technology Thonburi（KMUTT）, The ASEAN International Mobility for Students Programme, King Mongkut's University of Technology Thonburi. 2014. http://global.kmutt.ac.th/the-asean-international-mobility-for-students-programme, accessed January 22, 2018.

Knight, J. 2013. "Towards African Higher Education Regionalization and Harmonization: Functional", *Organizational and Political Approaches, International Perspectives on Education and Society*, Vol. 21, pp. 347-373.

Knight, J. 2012. "A Conceptual Framework for the Regionalization of Higher Education: Application to Asia", in John N. Hawkins, Ka Ho Mok, and Deane E. Neubauer（eds.）, *Higher Education Regionalization in Asia Pacific*, New York: Palgrave Macmillan, pp. 17-35.

Knight, J. 2004. "Internationalization Remodeled: Definition, Approaches, and Rationales", *Journal of Studies in International Education*, Vol. 8, No. 1, pp. 5-31.

Korea International Cooperation Agency （KOICA） Cambodia. 2016. *Overview of Education in Cambodia: Education System and Challenges*, http://www.koicacambodia.org/wp-content/uploads/2018/01/2-Overview-of-Education-in- Cambodia.pdf, accessed January 28, 2018.

Laguador, J. M.; Villas, C. D. and Delgado, R. M. 2014. "The Journey of Lyceum of the Philippines University-Batangas towards Quality Assurance and Internationalization of Education", *Asian Journal of Educational Research*, Vol. 2, No. 2, pp. 45-49.

Lavankura, P. 2013. "Internationalizing Higher Education in Thailand: Government and University Responses", *Journal of Studies in International Education*, Vol. 17, No. 5, pp. 663-676.

Lloyd, P. J.2005. "What Is a Single Market? An Application to the Case of ASEAN", *ASEAN Economic Bulletin*, Vol. 22, No. 3, pp. 251-265.

Lo, W. Y. W. and Wang, L. 2014. "Globalization and Regionalization of Higher Education in Three Chinese Societies: Competition and Collaboration: Guest Editors' Introduction", *Chinese Education & Society*, Vol. 47, No. 1, pp. 3-6.

Lohani, B. N.2013. *Building Knowledge Economies in Asean Requires Education, Innovation*, Asian Development Bank, http://www.adb.org/news/op-ed/building-knowledge-economie s-aseanrequires-education-innovation-bindu-n-lohani, accessed February 2, 2018.

MacLeod, G. 2001. "New Regionalism Reconsidered: Globalization and the Remaking of Political Economic Space", *International Journal of Urban and Regional Research*, Vol. 25, No. 4, pp. 804-829.

Marginson, S. 2010. "Higher Education in the Global Knowledge Economy", *Procedia-Social and Behavioral Sciences*, Vol. 2, No. 5, pp. 6962-6980.

Mathuros, F. 2013. "Myanmar to Focus on Education and Skills Training for Its Young Workforce", World Economic Forum, http://www.weforum.org/news/myanmar-focus-educ ation-and-skills-trainingits-young-workforce, accessed January 20, 2018.

Menon, J. and Melendez, A. C. 2017. "Realizing an Asean Economic Community: Progress and Remaining Challenge", *Singapore Economic Review*, Vol. 62, No. 3, pp. 681-702.

Mok, K. H. and Han, X. 2006. "The Rise of Transnational Higher Education and Changing Educational Governance in China", *International Journal of Comparative Education and Development*, Vol. 18, No. 1, pp. 19-39.

Moussa, M. and Kanwara, S. 2015. "Trends in International Education in a Higher Education Institution in Northern Thailand: A Descriptive Case Study", *ASEAN Journal of Management & Innovation*, Vol. 2, No. 1, pp. 41-59.

National University of Singapore （NUS）, International Programmes at the National University of Singapore, International Relations Office, NUS. 2016. http://www.nus.edu.sg/iro/doc/prog/sep/sep_step_in.pdf, accessed January 18, 2018.

Neave, G. 2003. "The Bologna Declaration: Some of the Historic Dilemmas Posed by the Reconstruction of the Community in Europe's Systems of Higher Education", *Educational Policy*, Vol. 17, No. 1, pp. 141-164.

Neubauer, D. E. 2012. "Introduction: Some Dynamics of Regionalization in Asia-Pacific Higher Education", in John N. Hawkins, Ka Ho Mok and Deane E. Neubauer （eds.）, *Higher Education Regionalization in Asia Pacific*, New York: Palgrave Macmillan, pp. 3-16.

Nguyen, T. T.; Nguyen, T. A. and Giang, H. T.2014. "Trade Facilitation in ASEAN Members: A Focus on Logistics Policies toward ASEAN Economic Community", Working paper 2014（01）, SECO/WTI Academic Cooperation Project.

Owens, T. L. and Lane, J. E. 2014. "Cross-Border Higher Education: Global and Local Tensions within Competition and Economic Development", *New Directions for Higher Education*, Vol. 2014, No. 168, pp. 69-82.

Premfors, R.1984. "Analysis in Politics: The Regionalization of Swedish Higher Education", *Comparative Education Review*, Vol. 28, No. 1, pp. 85-104.

Ramburuth, P. and McCormick, J. 2001. "Learning Diversity in Higher Education: A Comparative Study of Asian International and Australian Students", *Higher Education*, Vol. 42, No. 3, pp. 333-350.

Ratanawijitrasin, S. 2015. "The Evolving Landscape of South-East Asian Higher Education and the Challenges of Governance", in Adrian Curaj, Liviu Matei, Remus Pricopie, Jamil Salmi and Peter Scott（eds.）, *The European Higher Education Area*, Cham: Springer, pp. 221-238.

Robertson, S. L.2007. *Regionalism, "Europe/Asia" and Higher Education*, Centre for Globalisation, Education and Societies, University of Bristol, https://susanleerobertson.com/publications/, accessed February 2, 2018.

Sengupta, E. 2015. "Malaysian Higher Education", in Patrick Blessinger and John P. Anchan (eds.), *Democratizing Higher Education: International Comparative Perspectives*, New York: Taylor & Francis, pp. 184-198.

Shameel, A.2003. *The New Asian Realism: Economics and Politics of the Asia Cooperation Dialogue*, Institute of Strategic Studies, Islamabad, http://www.eldis.org/document/A1730 5, accessed January 18, 2018.

Shields, R.2016. "Reconsidering Regionalisation in Global Higher Education: Student Mobility Spaces of the European Higher Education Area", *Compare: A Journal of Comparative and International Education*, Vol. 46, No. 1, pp. 5-23.

Soejatminah, S. 2009. "Internationalisation of Indonesian Higher Education: A Study from the Periphery", *Asian Social Science*, Vol. 5, No. 9, 2009, pp. 70-78.

Southeast Asian Ministers of Education Organization, Regional Centre for Higher Education and Development (SEAMEO RIHED), SEAMEO Regional Centre for Higher Education and Development, Student Mobility (AIMS). 2018. https://rihed.seameo.org/program mes/aims/, accessed February 14, 2018.

Tham, S. Y. 2013. "Internationalizing Higher Education in Malaysia: Government Policies and University's Response", *Journal of Studies in International Education*, Vol. 17, No. 5, pp. 648-662.

United Nations Educational, Scientific and Cultural Organization (UNESCO), Transferable Skills in Technical and Vocational Education and Training (TVET): Policy Implications, United Nations Educational, Scientific and Cultural Organization and UNESCO Bangkok. 2014. http://www.unescobkk.org/fileadmin/user_upload/epr/TVET/AP8_Transferable_Skills_22_Aug. pdf, accessed January 28, 2018.

US-ASEAN. 2017. What Is ASEAN, US-ASEAN Business Council, https://www.usasean.org/ why-asean/what-is-asean, accessed October 12, 2018.

Welch, A. R.2010. "Internationalisation of Vietnamese Higher Education: Retrospect and Prospect", in Grant Harman, Martin Hayden and Thanh Nghi Pham (eds.), *Reforming Higher Education in Vietnam*, Dordrecht: Springer, pp. 197-213.

Yang, H. 2014. *The Achievability of an "ASEAN Community" through Regional Integration-In Comparison with the European Union*, Hong Kong Baptist University Library, https://library. hkbu.edu.hk/award/images/2014_Awardhonourable_YangHanmo.pdf, accessed February 22, 2018.

Yue, C. S. 2013. "Free Flow of Skilled Labour in ASEAN", in Sanchita Basu Das（ed.）, *ASEAN Economic Community Scorecard: Performance and Perception*, Singapore: ISEAS Publishing, pp. 107-135.

本文曾发表于《南洋资料译丛》2022 年第 1 期，在本书出版时略有修改。

发展合作项目对东盟一体化和共同体建设的贡献①

阿米利扎·马格诺②

摘要： 本文认为，虽然东南亚国家联盟（Association of Southeast Asian Nations, ASEAN）在监测《东盟共同体愿景 2025》（ASEAN Community Vision 2025）的进展方面取得了重大进步，但东盟仍然缺乏一个强有力的监测和评价（M&E）机制，使其能够合理衡量和评估区域发展合作倡议对实现这一愿景所起到的作用。针对东盟加强对区域发展合作的监督的原因和方式，本文首先讨论了东盟的治理框架通过怎么样的演变来实现其区域一体化进程，之后研究了东盟合作发展倡议以及"监测"在确保这些倡议与东盟中心性（ASEAN Centrality）概念的一致性方面所能发挥的重要作用。随后，本文更深入地分析了东盟目前的监测和评价机制。此外，因为东盟并不能很好地定义成功的指标和获取机构学习的机会，也不能有效地将执行监测和结果监测相联系，所以东盟在对发展合作的监测和评价方面存在不足。本文对此也进行了解释。最后，针对这些不足，本文提出了六个具体改进措施，主要涉及改进数据的收集、分类和传播方式。

关键词： 东盟；东盟一体化与共同体建设；东盟经济共同体；发展合作；监测和评价机制

一、引言

2008 年，《东盟宪章》（ASEAN Charter）生效，这在东盟迈向一体化和共同体建设的进程中是一个重要的里程碑。③在东盟的法律和制度框架建立过程中，《东盟宪章》的生效标志着东盟以"更正式的方式迈向一体化"（Lorenzo Casini, 2016: 236），这也促成了 2015 年东盟共同体的成立。为了进一步深化东盟一体化和共同体建设进程，东盟于 2015 年 11 月 22 日公布了《东盟共同体愿景 2025》。

---

① 原文出版信息：Armiliza C. Magno, Tracking Development Cooperation Contributions to ASEAN Integration and Community Building: Options for the ASEAN Secretariat, *Contemporary Southeast Asia, Vol. 43, No, 1*, 2021, pp. 151-178 . 本文由新加坡尤索夫·伊萨克东南亚研究所（Singapore: ISEAS - Yusof Ishak Institute）出版部授权翻译。

② 作者：阿米利扎·马格诺（ARMILIZA C. MAGNO），欧洲大学研究所（EUI）跨国治理学院政策领袖研究员。译者：张婷，成都大学外国语学院、四川省泰国研究中心助理研究员。

③ 《东盟宪章》于 2007 年 11 月 20 日签署，经所有东盟成员国批准后于 2008 年 12 月 15 日生效。

这是一个全新的发展规划，包含了东盟共同体三大支柱，即东盟政治安全共同体（ASEAN Political-Security Community, APSC）、东盟经济共同体（ASEAN Economic Community, AEC）和东盟社会文化共同体（ASEAN Socio Cultural Community, ASCC）。此外，《东盟共同体愿景 2025》还涵盖了"东盟一体化倡议第三阶段工作计划"（Initiative for ASEAN Integration Work Plan III）①和"东盟互联互通总体规划 2025"（Master Plan on ASEAN Connectivity 2025）。②

东盟各成员国（ASEAN Member States, AMSs）政府是实现《东盟共同体愿景 2025》的负主要责任主体。与此同时，东盟成员国意识到，要想实现共同体愿景，与东盟外部伙伴合作是十分重要的（ASEAN, *ASEAN Charter*, 2008）③，在发展合作领域开展合作也包括在内。东盟在多个层面都有发展合作项目，参与项目成员的人数众多，这些项目要么是多年规划的长期项目，要么是由东盟的合作伙伴资助的一次性短期项目。在区域层面，东盟秘书处（ASEAN Secretariat, ASEC）将助力推进这些发展合作的倡议，同时也会负责实施其中的一些计划和项目。

本文认为，东盟若要实现区域一体化的目标，需要一个强有力的监测和评价机制，以评估区域发展合作倡议对实现《东盟共同体愿景 2025》的影响。虽然东盟在加强监测能力方面已经取得了重大进展，但目前仍然不能准确衡量和评估区域发展合作对实现《东盟共同体愿景 2025》所作出的贡献。换言之，东盟无法准确评估这些合作倡议在东盟一体化和共同体建设过程中的作用。

本文旨在解释东盟应加强对区域发展合作倡议的监测和评价机制的原因并指出相应的应对方式。文章第一部分讨论了在实现区域一体化过程中东盟的治理框架是如何演变的，包括东盟秘书处的职责、组织架构和问责机制的变化。第二部分研究了东盟合作发展倡议以及"监测"在确保这些倡议与东盟中心性（ASEAN Centrality）概念的一致性方面所能发挥的重要作用。第三部分更深入地分析了东盟目前的监测和评价机制，特别是这些机制如何跟进东盟在实现《东盟共同体愿景 2025》中所取得的进展。第四部分基于第三部分的研究，讨论了东盟并不能很好地定义成功的指标和获取机构学习的机会，也不能有效地将执行监测和结果监测相联系，这些不足导致了东盟在对发展合作的监测和评价能力受到影响。最后，本文提出东盟秘书处可以采取六个具体措施来弥补这些不足，主要涉及改进数据的收集、分类和传播方式。

---

① 东盟一体化倡议（Initiative for ASEAN Integration, IAI）于 2000 年第四届东盟非正式峰会上启动，旨在帮助柬埔寨、老挝、缅甸、越南（CLMV）等发展相对滞后的新东盟国家，缩小东盟内部发展差距，提升东盟整体竞争力。东盟通过制定多年期工作计划推进落实该倡议，从 2002 年起已实施三期工作计划。——译者注。

② "东盟一体化倡议第三阶段工作计划"和"东盟互联互通总体规划 2025"于 2016 年 9 月 6 日通过。

③ 根据《东盟宪章》第十二章第 44 条，东盟可以"授予相关方对话伙伴、部门对话伙伴、发展伙伴、特别观察员、嘉宾或其它此后可能建立的地位"。此外，东盟还同联合国及其他国际组织和机构建立了对外关系。

二、区域一体化与东盟治理框架

若要探讨东盟应当如何加强其对发展合作倡议的监测和评价机制，首先要了解东盟当前的治理框架。东盟一体化和共同体建设议程的提出，意味着东盟必须加强其体制设计和问责机制，从而实现这些倡议所要完成的目标，这点在下文也会有所体现。正如卡洛斯·克洛萨（Carlos Closa, 2016: 2）关于区域一体化模式的见解，"目标越宏大，越需要更强大的雄心面对当前的现状与挑战；要想实现这些目标，东盟成员国需要更强有力的组织机制"。

（一）东盟一体化和共同体建设目标

多年来，东盟存在的原因被不断重构。在东盟成立最初的十年间，冷战以及中国和共产主义思潮极大影响了该地区的政治格局。为了应对这些不确定的因素，五大创始成员国——印度尼西亚、马来西亚、菲律宾、新加坡和泰国——于1967年8月8日决定成立东盟。换言之，五个创始成员国最初联合起来，目的不在于追求一体化和建设共同体。然而后来，随着1991年冷战结束，尤其是当东盟成员国看到了经济合作加强以及成员国扩大到十个[①]之后所取得的成就时，各成员国开始在政治和安全领域以外探寻更多领域的合作。1997年，东盟成员国制定了《东盟愿景2020》（ASEAN Vision 2020）[②]，2003年的《东盟协调一致第二宣言》（Bali Concord II of 2003，亦称《第二巴厘宣言》）进一步推动了实现该愿景的进程。在《东盟协调一致第二宣言》中，东盟成员国宣布"将建立一个由政治安全合作、经济合作和社会文化合作三大支柱组成的东盟共同体" [ASEAN, "Declaration of ASEAN Concord II（Bali Concord II）", 2012]。

2007年，《东盟宪章》的发布是东盟一体化发展的重要里程碑。该宪章标志着东盟处理其事务的方式发生了重大变化，即从灵活和非正式的方式转变为以规则为基础的更正式的方式来处理各国间的事务。《东盟宪章》通过各项宣言、协定、公约、条约及其他东盟文书中的组织愿望，阐明了东盟的宗旨。随后的三份东盟共同体蓝图将对上述内容进行阐述并指出明确的目标。[③]2015年，东盟成员国一致同意成立东盟共同体[④]，并同时发布了东盟政治安全共同体、东盟经济共同体和东盟社会文化共同体蓝图，三者统称为《东盟共同体愿景 2025》。此

---

① 文莱于1984年加入，越南于1995年加入，老挝和缅甸均于1997年加入，柬埔寨于1999年加入，成为第十个成员国。
② 《东盟愿景2020》于1997年12月15日由东盟领导人通过。
③ 第一份《东盟共同体蓝图》是为 2009 年至 2015 年期间的发展制定的。综合版本参见：https://www.asean.org/storage/images/ASEAN_RTK_2014/2_Roadmap_for_ASEAN_Community_20092015.pdf.
④ 2007 年 1 月，东盟领导人在第十二届东盟峰会上坚定地重申了到 2015 加快建设东盟共同体的承诺，并签署了《关于到 2015 年加快建设东盟共同体的宿务宣言》。

外，还有两项工作计划与《东盟共同体愿景 2025》相辅相成，即东盟一体化倡议第三阶段工作计划（IAI Work Plan Ⅲ）①和东盟互联互通总体规划 2025（MPAC 2025）②。

《东盟宪章》和《东盟共同体愿景 2025》共同描绘了东盟未来的发展轨迹。其中，《东盟共同体愿景 2025》概述了东盟共同体三大支柱所应体现的职能，以及实现这些职能的行动方针。实际上，这些蓝图为衡量东盟一体化和共同体建设的进展设定了全面且相互关联的指标（详见表 1）。此外，虽然没有明确表述，但"发展"（development）的理念在三个东盟共同体蓝图中都有所体现，东盟政治安全共同体蓝图将"发展合作"（development cooperation）视为实现这一理念的手段之一。

表 1 东盟共同体三大支柱发展目标

东盟共同体愿景 2025		
东盟政治安全共同体建设蓝图	东盟经济共同体建设蓝图	东盟社会文化共同体建设蓝图
·建立以规则为本、以人为本的共同体 ·建设和平、安全、稳定的地区 ·建立东盟中心性，保持活力和外向性 ·提升东盟各机构能力和影响力	·高度一体化和融合的经济 ·具有竞争力、创造力且充满活力的东盟 ·更高水平的互联互通与部门合作 ·韧性强、包容、以人为本的东盟 ·全球化的东盟	·全民参与、全民受益 ·包容 ·可持续发展 ·适应力强 ·充满活力

来源：ASEAN. *ASEAN 2025: Forging Ahead Together*（2015），https://asean.org/wp-content/uploads/2015/11/67. -December-2015-ASEAN-2025-Forging-Ahead-Together-2nd-Reprint.pdf.

（二）东盟一体化和共同体建设治理框架

东盟要想推动其一体化和共同体建设，就必须在组织结构和问责机制方面进行一些体制上的改进，包括创建新的东盟机构，加强现有机构的职能，并根据《东盟共同体愿景 2025》更新这些机构的职能。

东盟的组织机构和决策方式符合"政府间主义"（inter-governmentalism）③的描述，即"在一体化计划中，各国政府享有决策权，而任何国家间的组织或机构不具备任何决策权"（Closa, 2016: 76）。因此，任何政府间的组织机构"都无法在各国国家权力之上，建立更复杂的系统"，只能"越来越频繁地建立其他机构，或在其组织内部设立新的办公机构"（Casini, 2016: 165）。图 1 列举了东盟

---

① 更多关于"东盟一体化倡议第三阶段工作计划"的信息参见：https://asean.org/storage/2016/09/09rev2Content-IAI-Work-Plan-Ⅲ,pdf。

② 更多关于"东盟互联互通总体规划 2025"的信息参见：https://asean.org/storage/2016/09/Master-Plan-on-ASEAN-Connectivity-20251.pdf。

③ 政府间主义用于描述那些容许政府在特定领域合作同时保留其主权的制度安排和政策制定程序。——译者注。

支持一体化和共同体建设进程的机构，同时说明了各机构之间的关系。

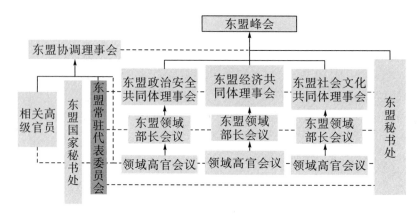

图 1　东盟组织机构[①]

来源："ASEAN—A Community of Opportunities for All"，https://asean.org/resource/asean-resources-kit/

东盟秘书处是东盟一体化和共同体建设治理框架的重要组成部分。它于 1976 年 2 月由成员国外长成立，设有政治安全共同体、经济共同体、社会文化共同体、共同体及共同事务管理局（Community and Corporate Affairs, CCA）四个部门，均直接向东盟秘书长报告。[②]根据《东盟宪章》的规定，秘书处的职能包括监督和促进东盟执行各项协议和决定（ASEAN Charter, 2008: 14-17）。

正如欧姆里·森德（Omri Sender）所言：

> 秘书处仍然是各个国际组织实现其目标的主要机制和工具。很明显，秘书处有助于了解国际合作制度化的潜力和制约因素，其作用不可忽视（Sender, 2016: 251）。

作为东盟治理的关键部门，东盟秘书处必须协调东盟一体化和共同体建设议程的需求和目标。本文的研究重点不在于东盟秘书处应当发挥促进作用还是政策决定作用（Sender, 2016: 448），不过，本文的研究确实涉及如何充分利用秘书处的监督作用这一问题，以"锁定"（lock）成员国对一体化和共同体建设的承诺（Closa, 2016: 11）。

2014 年，东盟接受了高级工作组（High-Level Task Force, HLTF）关于强化东盟秘书处职能及审查东盟机构的建议，承诺将"确保为东盟秘书处提供足够的财政资源和胜任的人力资源，使其能够充分支持东盟的共同体和一体化建设"

---

① 《东盟宪章》第四章第 7 至 15 条，进一步阐述了东盟各部门的任务规定。
②东盟秘书处组织架构参见：https://asean.org/asean/asean-structure/organisational-structure-2/。

（ASEAN, "Declaration on Strengthening the ASEAN Secretariat and Reviewing the ASEAN Organs", 2014）。为此，《东盟共同体愿景 2025》通过设立专门的部门来监测和评估各东盟共同体蓝图的进展，扩大了东盟秘书处的体制结构，这些部门包括东盟政治安全共同体分析与监测司（APSC Analysis and monitoring division）、东盟一体化监测理事会（ASEAN Integration Monitoring Directorate）和东盟社会文化共同体分析和监测理事会（ASCC Analysis and Monitoring Directorate）。与此同时，东盟共同体及共同事务管理局下属的计划合作与项目管理司（Programme Cooperation and Project Management Division, PCPMD）负责监督各种区域发展合作计划和项目。

（三）东盟一体化和共同体建设的问责机制：监测和评价机制

洛伦佐·卡西尼（Lorenzo Casini）认为，为确保实现组织目标的效率和效力，国际组织通常会采用问责机制（Casini, 2016: 156）。他指出，不断提高组织的程序化程度是一大趋势。程序是"一种管理复杂组织及其决策过程的工具"（Casini, 2016: 213）。"国家间的组织程序化体现了不同层次的活动（国家、地区和国际）、不同的法律体系（公共和私人）以及众多参与者（政府、行政部门、国际组织、民间社会）之间的互动。"（Casini, 2016: 215）就东盟而言，程序化的一个实例便是在该组织内尤其是东盟秘书处，执行监测和评价机制。

监测和评价机制有的传统有的先进，但作为公共和私营部门的有力管理工具，均已被广泛接受。乔迪·库塞克（Jody Kusek）和雷·里斯特（Ray Rist）研究了监测和评价机制的多种用途。首先，监测和评价机制可以应用于项目、计划或政策三个层面的整个运转周期。这种运用方式表明了在各层面所收集的信息间的相互联系，以及它们为利益相关者的决策过程提供的价值。其次，监测和评价机制可应用于内部和外部。内部应用指将收集到的信息作为一种管理工具来实现特定的目标，并取得一定成效。另外，监督和评价机制也可以在外部使用，即先收集有关政策干预措施所产生的影响，然后将这些信息传达给期待成果的公众。第三，监测和评价机制可应用于知识的产生和有效地学习。最后，监测和评价机制还有助于促进组织和政府内部建设问责机制，提升工作透明度（Jody Kusek and Ray Rist, 2004: 17-20）。

目前，东盟的监测和评价机制的组织架构包括东盟政治安全共同体分析与监测司、东盟一体化监测理事会、东盟社会文化共同体分析和监测理事会以及计划合作与项目管理司。虽然各个部门之间的职能互补日益明显，但东盟仍需要做出更多的努力确保这些监测和评价机制得以充分利用。令人欣慰的是，东盟不再将监测视为一项临时任务，而是将其视为一体化和共同体建设规划中不可或缺的核心组成部分。

三、东盟合作项目

东盟的发展合作采用区域性计划和项目的形式，官方称为"东盟合作项目"（ASEAN Cooperation Projects）。该项目是促进东盟一体化和共同体建设进程的手段之一，旨在助力东盟成员国在国家层面进一步实现《东盟共同体愿景2025》。

"发展合作"的概念与发展的最终目标一样难以定义和描述。何塞·阿隆索（Jose Alonso）和乔纳森·格伦尼（Jonathan Glennie）认为，"任何旨在支持国家或国际发展优先事项，不以利益为驱动，支持发展中国家，并以加强发展中国家自主权的合作关系为基础"的倡议，都可视为"发展合作"倡议（Jose Antonio Alonso and Jonathan Glennie, 2015）。虽然二人仅对发展合作构建了一个广义的概念，但在发展合作伙伴日益多样化的情况下，这一概念为确定发展合作的实例提供了有效参考。在东盟这样的多边区域环境中，发展合作的概念更加微妙。在东盟，即使有些成员国可能已经不是发展中国家时，他们之间仍然可以互为发展伙伴（Toms Parks *et al.*, 2018）。此外，由于该地区的特殊背景，东盟发展合作倡议的重点可能与其他接受发展援助的低收入地区和弱势国家有所不同（Toms Parks *et al.*, 2018: 26）。

对于东盟而言，东盟秘书处将"发展合作"定义为以应对挑战和解决地区问题为目的的合作。具体而言，作为东盟合作项目，这些倡议将"应对区域层面的挑战，并与其他解决相同问题的项目产生协同效应"，"有利于东盟发展，且所有成员国可以平等地参与"，"与东盟共同体蓝图和其他相关的东盟文件保持一致"，并且"得到东盟相关部门委员会/东盟机构或东盟常驻代表委员的认可，或同时得到两者的认可"（ASEAN Secretariat, *Handbook on Proposal Development for ASEAN Cooperation Projects*, 2018）。

（一）东盟发展合作的模式

与东盟开展发展合作的外部伙伴国，可以分为对话伙伴、部门对话伙伴或发展伙伴。[①]作为区域性计划和项目的发展合作倡议是根据东盟及其外部伙伴共同制定的合作框架来制定和实施的，并由东盟秘书处负责协调各方之间的工作。表2解释了东盟与其外部伙伴进行合作的两种不同方式。[②]

---

① 东盟的对话伙伴是中国、加拿大、澳大利亚、欧盟、印度、日本、韩国、新西兰、俄罗斯和美国，而部门对话伙伴是挪威、巴基斯坦、瑞士和土耳其。德国是东盟的发展伙伴。
② 表格内容基于2020年10月7日作者对东盟秘书处区域计划和项目管理部助理主任的访谈。

表 2　东盟与外部伙伴合作的方式

	基于计划的合作（资金由东盟外部合作伙伴管理）	基于项目的合作（东盟秘书处设立信托基金）
持续时间	长期，多年期合作	短期，一次性合作
准备工作	期限较长，通常需要国际协议，例如谅解备忘录。	根据信托基金职权范围一次性处理。
资金管理	一般由外部合作伙伴管理	由东盟秘书处管理
主要外部合作伙伴	澳大利亚、欧盟、德国、美国	加拿大、中国、印度、日本、韩国、俄罗斯

来源：Programme Cooperation and Project Management Division of the ASEC, personal interview, 7 October 2020

2009 年至 2020 年 2 月，东盟区域性计划和项目累计产生的价值为 15 亿美元[①]，其中已支出金额约为 14 亿美元，另有 4000 万美元仍在处理中（ASEAN Secretariat, *Annual Report 2019—2020: ASEAN 2020: Cohesive and Responsive*, 2020）。已支出的金额用于 1111 个项目（6.97 亿美元）和 104 个计划（7.75 亿美元）的支出。但是，应当注意的是，并非所有的东盟合作项目都是通过与外部伙伴的发展合作来获得资金的[②]，同样地，并非本区域所有的发展合作倡议都是通过东盟或其秘书处提供的（Parks *et al.*, 2018: 17-19）。这也是东盟发展合作方式的盲点。在不考虑复杂区域环境的前提下，东盟目前还不能准确衡量和评估区域发展合作对实现《东盟共同体愿景 2025》所做出的贡献。

（二）东盟中心性原则和发展有效性原则

近年来，人们开始重新思考"应当如何衡量通过发展合作所取得的成果"，这一问题也促使人们重新定义发展有效性。从 2005 年的《巴黎宣言》（Paris Declaration）到 2008 年的《阿克拉行动议程》（Accra Agenda for Action）[③]，都进一步明确了发展有效性的定义。最近一次为 2011 年的《为促进有效发展合作的釜山宣言（Busan Partnership for Effective Development Cooperation，简称"釜山宣言"）》，该宣言提出发展有效性应遵循以下原则（OECD, "The Busan Partnership for Effective Development Cooperation", 2012）：

•发展中国家对发展优先事项的所有权原则：各国应确定本国计划实施的发展模式。

•注重结果原则：具有可持续影响应是发展政策制定方面投资和努力的推动力。

---

① 2009 年被选定为东盟合作项目数据库的初始参考年，这一年也是东盟共同体发展蓝图 2009-2015 的初始年。

② 东盟合作项目也可通过东盟发展基金（ASEAN Development Fund, ADF）、东盟文化基金（ASEAN Cultural Fund, ACF）和其他东盟设立的资金来源得到支持。东盟维持东盟发展基金和东盟文化基金，整合东盟成员国的捐款，以支持东盟的战略倡议。

③ 更多关于《巴黎宣言》的信息参见：https://www. oecd.org/dac/effectiveness/45827300.pdf；更多关于《阿克拉行动议程》的信息参见：https://www.oecd.org/dac/effectiveness/45827311.pdf。

• 透明度和共同责任原则：发展合作必须透明并对所有公民负责。

• 发展的伙伴关系原则：发展取决于所有行动者的参与度，并认识到其职能的多样性和互补性。

这四项原则能够确保发展援助的提供者和接受者都有责任确保发展的有效性，在"东盟中心性"概念背景下，这些原则显得尤其重要。《东盟宪章》规定，"东盟中心性"指东盟应当在地区的"外部政治、经济、社会和文化关系中处于中心地位，同时保持其积极性、开放性、包容性和非歧视性"（ASEAN , *The ASEAN Charter*,2008: 7）。此外，"东盟中心性"在东盟政治安全共同体蓝图中被明确列为该蓝图的"特征"之一（"保持东盟中心性，同时保持地区开放、充满活力"）。东盟政治安全共同体蓝图进一步确定了一些"要素"和"战略措施"，概述了为实现这一"特征"应采取的各种措施，其中包括发展合作（ASEAN Secretariat , *ASEAN 2025 : Forging Ahead* , 2015: 49-53）。

东盟政治安全共同体蓝图关于"东盟中心性"的描述与 2011 年"釜山宣言"的发展有效性的原则是一致的，特别是在呼吁发展中国家增强发展优先事项的自主权和倡导发展伙伴关系这两方面。然而，这种文本上的一致性并没有转化为实际行动。首先，各国在如何解读和应用"东盟中心性"的问题上存在分歧（Parks *et al.*, 2018: 3），主要体现在"东盟中心性"的覆盖范围存在争议：它是服务于东盟成员国的利益还是包括参与该地区事务的外部国家的利益；这一原则是否仅适用于以东盟主导的体制[1]机制问题为主的政治和安全问题（尽管《东盟宪章》明确确认了该组织的经济和社会文化需求）。其次，尽管所有东盟成员国（除文莱外）都认可"釜山原则"[2]，但关于东盟在其与外部伙伴的发展合作中如何贯彻遵守这些原则，包括东盟是否正在做出必要的努力适当衡量此类发展合作安排的有效性仍不明确。

尽管存在上述担忧，东盟及其成员国依然重视"东盟中心性"原则。因此，东盟必须确保其发展合作符合该原则。为此，东盟应加强其监测和问责机制，提高决策能力，从而建立互惠互利的合作框架，明确区域发展合作的预期成果（Parks *et al.*, 2018）。

四、东盟共同体支柱与东盟合作项目的监测和评价机制

西蒙·切斯特曼（Simon Chesterman）认为，监测机制揭露了东盟在组织转型中的一个突出矛盾：一方面，它坚持传统的"东盟运作方式"，即通过协商来维持其组织运作；另一方面，东盟也在不断努力成为一个法治共同体（Simon Chesterman,

---

① 包括"东盟+1""东盟+3""东亚峰会""东盟地区论坛""东盟防长扩大会议"和"区域全面经济伙伴关系协定"。

② 更多信息参见：https://www.oecd.org/dac/effectiveness/busanadherents. htm。

2015）。东盟及其成员国历来面临着政治、体制和技术方面的挑战，这些挑战包括成员国是否加强了对国内活动的外部审查并对此保持警惕，以及是否通过正式或实质性评估更全面地促进成员国遵守承诺，因而东盟在其引入正式程序，包括建立强有力的监测系统方面犹豫不决、行动缓慢（Simon Chesterman, 2015: 79）。此外，东盟秘书处在处理财务和人力资源方面的能力有限。但随着东盟共同体及其蓝图的建立，监测机制已经变得非常普遍。尽管程度不同，三大东盟共同体也更愿意采用更正式、更规范的监测系统，其中，东盟经济共同体在此方面的意愿更为强烈。

接下来，本文讨论的重点不是比较三大东盟共同体支柱的监测和评估系统，而是着重描述这些系统运行的框架以及它们是如何与跟踪区域发展合作贡献的现有机制相关联。

虽然三个东盟共同体的进展水平各不相同，但各自的监测和评价框架的基本要素大致相同（如表 3 所示）。[①]第二栏列出了衡量和定义"成功"的东盟法律文件，"目标层次"一栏显示了不同法律文件之间的关系，以及各个文件所要实现的目标与实现《东盟共同体愿景 2025》的联系。

表 3　三大东盟共同体监测和评价框架的主要要素概述

目标层次	东盟法律文件（定义"成功"的基础是什么？）	东盟部门[②]（谁是主要负责监督和评估的利益相关者？）
影响（目标人群的最终利益）	《东盟共同体愿景 2025》[③] -东盟政治安全共同体蓝图 -东盟经济共同体蓝图 -东盟社会文化共同体蓝图	东盟政治安全共同体、东盟经济共同体、东盟社会文化共同体委员会
结果（发展形势的中短期变化）	东盟领域工作计划[④] 例如，打击跨国犯罪工作计划（东盟政治安全共同体）、中小微企业工作计划（东盟经济共同体）、教育工作计划（东盟社会文化共同体）	东盟政治安全共同体、东盟经济共同体、东盟社会文化共同体部长级部门 东盟政治安全共同体、东盟经济共同体、东盟社会文化共同体领域高级官员
产出（有形和无形的产品和服务，交付或提供）	东盟领域工作计划/东盟领域工作计划实施计划	东盟政治安全共同体、东盟经济共同体、东盟社会文化共同体委员会及工作组
活动（为产出而开展的任务）	东盟领域工作计划实施计划	

来源：根据监测和评估的原则和概念总结得出

① 关于东盟经济共同体监测和评价框架的描述参见：https://asean.org/storage/2012/05/Towards-AEC-2025-Monitoring-ASEAN-Economic-Integration.pdf。东盟社会文化共同体监测和评价要素参见东盟社会文化共同体蓝图第三部分。
② 共同体理事会由各成员国的外交部组成，而部长级机构则由各成员国负责各东盟共同体支柱下具体部门的各部组成。
③ 参见表 1。
④ 每个东盟共同体支柱下设的部门都有自己的部门工作计划（有时称为"战略行动计划"）及相应的实施计划，能够详细阐述《东盟共同体愿景 2025》所制定的目标。部门机构名单见《东盟合作项目提案编制手册》附件1，详见：https://asean.org/storage/2012/05/ Handbook-on-Proposal-Development-for-ASEAN-Cooperation-Projects-lst-Reprint-NEW.pdf。

　　从监测和评价的角度来看，为每个东盟共同体蓝图制定不同的"成功标准"，是一项既具有实用性也颇具挑战性的任务。从有利的方面来看，通过制定这样的标准，相关部门能够根据各国的国情和东盟成员国的需求来调整目标。这在一定程度上也解释了为何三个东盟共同体在监测和评价机制建设方面进度不同：一些部门能够更好地定义和阐明其预期目标，而另一些部门，可能因其部门的敏感性，需要更多时间才能取得一定进展。从不利的方面来看，不同监测和评价机制之间的差异可能会给涉及跨部门、跨共同体合作的部门在制定合理的目标上造成一定影响。这一影响在发展合作项目中表现尤为明显，这是因为发展合作的成果往往指向跨领域发展目标，如"保证普遍的社会保护基本标准""促进各国生活水平趋同"和"竭力支持发展中国家积极参与提供国际公共产品"（Alonso and Glennie, 2015: 1）。

　　另一项挑战与东盟公共官僚机构的能力有关，这些机构负责监测和评估东盟三大共同体。图 2 以东盟经济共同体为例，说明了各机构在实施《东盟经济共同体蓝图 2025》中所起的作用。

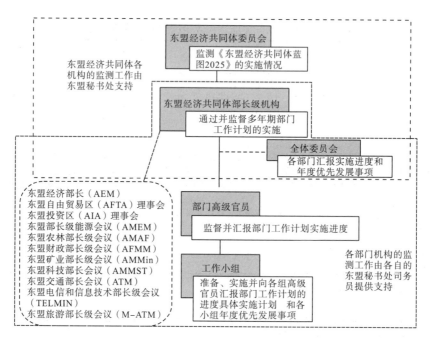

图 2　东盟经济共同体各机构在监测《东盟经济共同体蓝图 2025》实施情况方面所起的作用
　　　来源："Towards ASEAN Economic Community 2025: Monitoring ASEAN Economic Integration"，
　　　https://asean.org/storage/2012/05/Towards-AEC-2025-Monitoring-ASEANEconomic-Integration. pdf

　　一项关于东盟法制一体化的重大研究项目指出，东盟的"公共官僚机构如果能力不足，将无法有效执行其政策"。该研究同时建议东盟秘书处拓宽政策学习渠道，以便东盟官僚机构能够学习同行的有效做法，并确定评估其政策执行情况的标准（Center for International Law, *Integration Through Law: The ASEAN Way in a Comparative Context*, 2009）。但目前，东盟秘书处在是否向其他东盟机构提供便利和支持方面仍处于观望状态。西蒙·切斯特曼认为"由一个组织的秘书处进行监督可以保证一定程度的客观性，但是其有效性则取决于该组织的性质和政治意愿"（Chesterman, 2015: 83）。他认为，东盟秘书长的权利介定虽然模糊但其范围广泛，这表明东盟秘书处可以发挥更大的作用。的确，在东盟秘书处下设专门的监测部门已经证明了秘书处有能力支持并加强对东盟共同体蓝图进程的监测和评价。同样，三大共同体进展的不同也体现了东盟秘书处在涉及跨部门、跨共同体的分级治理安排中所起的关键促进作用。

五、现有的关于区域发展合作的监测和评价机制

图 3 描述了东盟合作项目的总体管理框架。"行动计划"（Plans of Action），既是东盟与其外部合作伙伴建立的合作框架[①]，也是支撑东盟合作项目总体框架的重要手段。总体而言，"行动计划"与东盟共同体蓝图、东盟一体化倡议第三阶段工作计划和《东盟互联互通总体规划 2025》相得益彰。"行动计划"中的合作领域是基于各方共同商定的利益来确定的。例如，外部合作伙伴可以重点关注东盟三个共同体蓝图下的具体部门倡议。一些行动计划甚至指定了"发展合作"的具体内容——通常是围绕可持续发展目标进行的。"行动计划"有助于最大程度地确保东盟的外部伙伴遵守《东盟宪章》的原则，并确保它们发起的区域发展合作计划和项目确实有助于实现《东盟共同体愿景 2025》的目标。

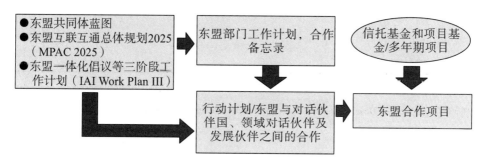

图 3　东盟合作项目工作框架

来源："Handbook on Proposal Development for ASEAN Cooperation Projects", https://asean.org/storage/2012/05/Handbook-on-Proposal-Development-for-ASEAN-CooperationProjects-lst-Reprint-NEW.pdf

---

① 东盟"行动计划"及其外部合作伙伴相关信息详见：https://asean.org/asean/external-relations/。

　　除了既定利益相关方，东盟合作项目的管理还包括一些新增的利益相关方，如联合合作委员会（Joint Cooperation Committee）和项目管理团队（Programme Management Team, PMT）（见表4）。为了协调各方利益，东盟秘书处引进了一套标准操作流程和项目管理工具（见表5）。例如，东盟秘书处希望多年期的东盟合作项目能够每年发布中期报告和财务报告。因此，虽然东盟秘书处仍然缺乏发展合作的总体监测和评估框架，且每一项合作安排都可能受各自的监测和评估准则（由东盟和有关的外部伙伴规定）的支配，但东盟秘书处在建立统一的程序和过程中所作出的努力，对构建基本的监测和评估框架有积极的推动作用，这种监测和评估框架可以规范区域发展合作计划和项目。

表4　东盟合作项目利益相关方

利益相关方	角色
联合合作委员会	监督东盟与外部合作伙伴的合作倡议
项目管理团队[1]	监督和管理项目[2] 协助和推动东盟合作项目的审批、实施和完成[3]
倡议人	发起项目或制定提案（ASEAN Secretariat, *Handbook on Proposal Development*, 2018: Viii）
执行机构	通过东盟秘书处接受项目资助的法人实体，实施已批准的东盟合作项目（ASEAN Secretariat, *Handbook on Proposal Development*, 2018: Vii）

来源："Handbook on Proposal Development for ASEAN Cooperation Projects"，https://asean.org/storage/2012/05/Handbook-on-Proposal-Development-for-ASEAN-CooperationProjects-lst-Reprint-NEW.pdf

表5　指导东盟合作项目的流程和工具

流程	东盟合作项目提案	东盟合作项目报告
编制项目提案	√	
评估、批准	√	
实施、监测		√
完成、报告		√

来源："Handbook on Proposal Development for ASEAN Cooperation Projects"，https://asean.org/storage/2012/05/Handbook-on-Proposal-Development-for-ASEAN-CooperationProjects-lst-Reprint-NEW.pdf

---

① 项目管理团队的角色因合作方式而异。
② 这是外部合作伙伴管理的基金项目管理团队的责任，这些基金项目用于支持多年期项目和技术援助设施。例如，东盟-澳大利亚发展合作项目（ASEAN-Australia Development Cooperation Program, AADCP Ⅱ）和欧盟东盟区域一体化支持计划（ASEAN Regional Integration Support from the European Union）。
③ 这是外部合作伙伴管理的基于项目的信托基金的项目管理团队的责任。例如，例如，日本-东盟一体化基金（Japan-ASEAN Integration Fund, JAIF）和东盟-韩国合作基金（ASEAN-Korea Cooperation Fund）。

东盟秘书处在促进东盟合作项目的监测和评估方面也发挥着关键作用，因为有时部分职能可以分配给其他合作机构。例如，虽然一些项目管理团队（如涉及日本和澳大利亚的项目管理团队）在业务组合或计划发展合作执行过程中有专门的工作人员负责监督和评价，但在项目发展合作中监督和评价是由执行机构负责的。[①]因此，东盟秘书处需要敦促利益相关者履行职能，并协调各方利益。

六、新问题与机遇：为东盟发展合作建立健全的监测与评估机制

就目前监测《东盟共同体愿景 2025》进展情况的方法及其追踪区域发展合作贡献的现有机制而言，东盟可从以下三个方面着手改进：明确定义发展合作成功的标准，将执行监测与结果监测相结合，积极创造学习机会和建构知识资本。基于此，本文提出了六项建议，以期对东盟加强对发展合作倡议的监测和评价有所助益。

（一）明确定义东盟发展合作成功的标准

明确阐明项目成功的标准及实现路径，是建立稳健的监测和评估机制的基础。目前存在的问题是东盟借"发展合作"加强其与外部伙伴的关系，其发展成果通常与东盟政治安全共同体紧密关联，这种模式没有考虑到发展合作倡议往往是跨共同体的项目，而且发展合作对东盟经济共同体、东盟社会文化共同体以及东盟一体化和共同体建设都有影响。

因此，为了明确东盟发展合作项目成功的标准，计划合作与项目管理司作为东盟秘书处区域发展合作倡议的协调单位，应当汇总、处理并发布通过标准操作流程和项目管理工具收集到的信息。第一种方法是在现有的数据库中识别并标记各个区域发展合作项目的资金来源。对东盟外部合作伙伴资助的项目和内部或其他资金来源资助的项目进行区分具有重要意义，因为东盟各合作项目并不都受到了发展合作基金的资助。这种区分方式不仅能够更清晰明了地评估发展合作项目的贡献，还能够比较不同资助方式的相对有效性。

第二种方法是更为详细地处理东盟合作项目提案中提供的信息。提案模板中，"合作性质"（Nature of Cooperation）和"干预类型"（Type of Intervention）这两部分内容是由东盟秘书处填写的。根据《东盟合作项目提案开发手册》（*Handbook on Proposal Development for ASEAN Cooperation Projects*），"合作性质"的类别包括"建立互信""促进协调发展""特别援助""携手共进"和"区域一体化与区域发展"，而"干预类型"可以是"政策倡议""体制机制建

---

① 根据东盟秘书处的《提案制定手册》（*Handbook on Proposal Development*），预算超过 100 万美元或持续时间超过一年的项目应分配预算用于项目评估，项目评估通常由外部机构完成。

设"或"人力资源能力建设"。为了明晰这两部分的类别，东盟秘书处可以以项目发展成果为导向，调整信息收集过程。例如，东盟秘书处可以考虑以下问题："什么类型的合作倡议能够在区域内得到更好的处理？""哪些项目能够在国家层面帮助成员国对东盟发展做出贡献？""东盟地区的哪些区域与其他利益相关者合作得最融洽？"这样做，不仅能够使东盟秘书处更好地分析发展合作计划和项目在何种程度上帮助东盟实现其一体化和共同体建设目标，而且还将增强东盟塑造区域发展合作的能力以及其利用发展合作作为平台加强其中心地位的能力。

（二）将执行监测与结果监测相结合

如上所述，东盟及其外部伙伴制定的"行动计划"与各东盟共同体蓝图一致，因此，发展合作计划和项目能够直接促进东盟的发展。但是，仅仅依靠该种假设是不够的，东盟应当对这些发展合作倡议的结果进行更有力的评估和评价。这个问题与定义"什么是成功"无关[①]，而是需要东盟加强现有的治理机制，将计划合作与项目管理司的执行监测工作与结果监测工作联系起来（这是由东盟三大共同体的监测和评估部门促成的）。执行监测关注的是项目的合规性和可交付性，而结果监测关注的是对项目评估结果的反馈。

东盟秘书处最近为简化东盟合作项目的业务流程所做的努力，显示了其在执行监测方面的能力。相比之下，目前它在报告这些区域发展合作项目和计划所作贡献方面仍然存在不足。不过，可喜的是，东盟秘书处表示，计划合作与项目管理司会在不久的将来推进以结果为导向的东盟合作项目监测工作。[②]此外，东盟秘书处还承诺将建立强有力的监测和评价机制，以评估东盟合作项目的成果和影响。尽管东盟秘书处的承诺令人鼓舞，但这一举措不能脱离三大东盟共同体现有的治理和监测框架来实施。因此，更明智的做法应当是改进现有的机制，将执行监测与结果监测联结起来。

第一种方法是在项目目标和东盟部门工作计划之间建立更直接的联系。目前，项目提案模板和完成报告模板往往强调项目与东盟共同体蓝图的一致性，而对部门工作计划的贡献通常只是一笔带过。然而，正如表 3 中的"目标层次结构"所示，项目应当首先与部门工作计划相联系，而不是对标东盟共同体蓝图，因为只有达成了工作计划中所设定项目的短期成果，才能逐步实现蓝图中所描述的"最终效益"。因此，东盟合作项目的业务流程可以进行调整——在项目提案和项目报告模板中专门设置一部分内容，讨论该项目与部门工作计划的一致性。相应地，计划合作与项目管理司和东盟的相关部门之间也应建立数据共享机制，确

---

① 东盟三个共同体已经制定或正在制定结果监测框架，确定《东盟共同体愿景 2025》的具体目标和各自的部门工作计划。这些目标将与各成员国的优先发展事项以及可持续发展目标等国际承诺保持一致。

② 内容基于 2020 年 10 月 7 日作者对东盟秘书处区域计划和项目管理部助理主任的访谈。

保项目和计划与相应的部门工作计划目标精准对接。特别是后者，应当被纳入东盟合作项目的评估和批准程序。这些程序上的改变将有助于将项目目标与具体的部门工作计划结合起来，从而传递给各种发展合作项目的支持者和执行机构。

另一种加强成果监测的方法是对计划和项目的直接和间接受益者进行概述。通过对受益者进行定位和分析，利益相关方可以更好地了解其干预措施的影响和效力。此外，受益者的相关内容，既体现支持东盟一体化和共同体建设而开展的项目和计划的人性化一面，又有助于宣传建设东盟共同体的意义。

（三）促进学习与建立知识资本

学习和建立知识资本是一个强有力的监测和评价体系的重要的伴生品。克雷格·瓦尔特斯（Craig Valters）认为，"学习，包括承认失败并据此调整方向，是产生发展结果的必要条件而不是附加因素，这也是问责机制应有的立场"（Craig Valters, 2016: 19）。了解和学习什么措施有效、什么无效，以及为什么有效，可以使管理过程更有效和高效。东盟秘书处利用其在执行监测方面的优势，可以拓展各种学习途径。

首先东盟秘书处应积极创造学习机会并建立反馈机制。例如，以关于"主要发现""经验教训"和评价或审查提出的建议的部分为主，更好地利用项目完成报告。[①]目前，在东盟内部，项目完成报告以及相应的评估报告提交后的处置方式尚不明确。由于人手有限，东盟秘书处不必单独跟进这些报告，而是可以寻求其他利益相关者的帮助，如拥有专门的监测和评价人员的项目管理团队。此外，一些部门机构也可以进行审查评估，特别是针对多期的项目。东盟秘书处可以与这些利益相关方合作举办会议，分享审查结果和经验教训。这种方式可以帮助东盟建立积极的反馈机制，同时也帮助东盟修订并完善其发展合作项目成功的标准。

东盟秘书处也可以成为区域发展合作计划和项目的信息交换中心。东盟在追踪发展及援助方面存在不足（Parks et al., 2016: 19）。大多数公开可用的数据，例如来自经济合作与发展组织（Organization for Economic Co-operation and Development）的数据，仅仅是在双边基础上报告的，而有关非经济合作与发展组织（non-OECD）的数据则难以获取且非常分散。除此之外，虽然一些东盟机构和外部合作伙伴有自己专门的网站发布有关各自计划和项目的信息[②]，但这些网站上的信息不一定全面，而且常出现与其他来源的信息不一致的情况。虽然东盟秘书处目前在其公开的年度报告中确实整合了有关区域发展合作计划和项目

---

① 除了要求预算超过 100 万美元或持续时间超过一年的项目分配项目评估预算，东盟的外部合作伙伴也会根据其内部需求和政策惊醒自己的项目评估。例如，东盟-澳大利亚发展合作项目近期便进行了一次独立审查，结果参见：https://www.dfat.gov.au/publications/publications/asean-australia-development-cooperationprogram-phase-ii-aadcp-ii-independent-review-report-and-management-response。

② 例如，作为倡议者或执行机构，东盟中心通常会公布获得东盟外部伙伴支持的项目和方案的信息。

的信息，但其内容仅限于列举项目的数量和资金的使用情况。因此，东盟秘书处应当丰富其发展合作倡议年度报告的内容。不可否认的是，在东盟组织监控的背景下，想要更好地获取信息是具有一定政治和技术挑战的。然而，更多东盟合作项目的信息将为东盟发展合作项目提供借鉴经验，从而提高计划和项目的有效性。此外，作为区域发展合作计划和项目的信息交换中心，东盟秘书处能够为内部和外部的利益相关方提供最客观可信的数据。

七、结论

东盟及东盟秘书处应当衡量由东盟外部伙伴资助的各种发展合作方案和项目对于实现东盟共同体蓝图所做出的贡献，以确保实现《东盟共同体愿景2025》。这意味着东盟必须建立一个强有力的监测和评估机制来评估其发展合作，同时，该机制还能够支持和补充现有的东盟共同体建设的监测和评估系统。对于东盟秘书处计划合作与项目管理司如何加强对东盟合作项目的监测和评估这一问题，本文给出了六项建议，其中最重要的是东盟秘书处应当更注重结果导向的监测，而不只是专注于执行监测的合规性。正如乔迪·库塞克（Jody Kusek）和雷·里斯特（Ray Rist）所言，尽管"实施以结果为导向的监测和评估机制存在组织和政治成本及风险……但若不采取这种机制，也会产生极大的成本投入和风险"（Jody Kusek and Ray Rist, 2004: 20）。计划合作与项目管理司在监测和评估任务方面的扩大也促使人们反思秘书处在东盟的作用，特别是它如何进一步推动东盟一体化和共同体建设的实现。

参 考 文 献

ASEAN.2015. *ASEAN 2025: Forging Ahead Together*（Jakarta, Indonesia：ASEAN Secretariat, 2015 ）, https://asean.org/wp-content/uploads/2015/11/67.-December-2015-ASEAN-2025-Forging-Ahead-Together-2nd-Reprint.pdf.

ASEAN.2012. "ASEAN Vision 2020", 8 June, https://asean.org/?static_post= aseanvision-2020.

ASEAN.2012. "Declaration of ASEAN Concord II （Bali Concord ID", 1 May 2012, https://asean.org/?static_post=declaration-of-asean-concord-ii-bali-concord-ii.

ASEAN.2014. "Declaration on Strengthening the ASEAN Secretariat and Reviewing the AS EAN Organs", 12 November 2014, https://www.asean.org/storage/images/pdf/2014_upload/ Declaration%20on%20Strengthening%20the%2OASEAN%20Sec%20and%20Reviewing%2Oth e%20ASEAN%20Organs.pdf.

ASEAN Secretariat. 2018. *Handbook on Proposal Development for ASEAN Cooperation Proj
ects*（Jakarta, Indonesia: ASEAN Secretariat, 2018）, https://asean.org/storage/2012/05/Hand
book-on-Proposal-Development-for-ASEAN-Cooperation-Projects-lst-Reprint-NEW.pdf.

ASEAN Secretariat. 2020. *Annual Report 2019-2020: ASEAN 2020: Cohesive and Responsive*
（Jakarta, Indonesia: ASEAN Secretariat, 2020）, https://asean. org/storage/2020/09/Annual
- Report-ASEAN-2019-2020-Web-Version-v2.pdf.

ASEAN. 2008. *The ASEAN Charter*（Jakarta, Indonesia: ASEAN Secretariat, 2008）, https://ase
an,org/storage/2012/05/The-ASEAN-Charter-14042020-final,pdf.

Carlos Closa, 2016. "Governance Structures and Processes in Integration Organisations", in
Comparative Regional Integration: Governance and Legal Models, by Carlos Closa, Lorenzo
Casini and Omri Sender（Cambridge, UK: Cambridge University Press）.

Center for International Law. 2009. *Integration Through Law: The ASEAN Way in a Comparative
Context*（Singapore: National University of Singapore）, https://cil.nus.edu.sg/publication/
integration-law-asean-way-comparative-context/.

Craig Valters, Clare Cummings and Hamish Nixon. 2016. *Putting Learning at the Centre: Adaptive
Development Programming in Practice*（London, UK: Overseas Development Institute）, p. 19.

Jody Zall Kusek and Ray C. Rist. 2004. A Handbook for Development Practitioners: Ten Steps to a
Results-Based Monitoring and Evaluation System （Washington, D.C.: The World Bank）, pp. 17-20.

Jose Antonio Alonso and Jonathan Glennie. 2015. "What is Development Cooperation?", *2016
Development Cooperation Forum Policy Briefs*（February 2015）, https://www.un.org/en/
ecosoc/newfunct/pdf15/2016_dcf_policy_brief_ no.1.pdf.

Lorenzo Casini. 2016. "The Development of International Legal Regimes", in *Comparative
Regional Integration: Governance and Legal Models*, by Carlos Closa, Lorenzo Casini and Omri
Sender（Cambridge, UK: Cambridge University Press）.

OECD. 2012. "The Busan Partnership for Effective Development Cooperation", July 2012,
https://www.oecd.org/dac/effectiveness/Busan%2opartnership.pdf.

Omri Sender, "Study Lead, Follow or Get out of the Way? International Secretariats in Comparative
Perspective", in *Comparative Regional Integration: Governance and Legal Models*.

Simon Chesterman. 2015. From Community to Compliance? The Evolution Of Monitoring
Obligations in ASEAN（Cambridge, UK : Cambridge University Press）.

Tomas Parks, Larry Maramis, Apichai Sunchindah and Weranuch Wongwatanakul. 2018. ASEAN
as the Architect for Regional Development Cooperation. Advancing ASEAN Centrality and
Catalyzing Action for Sustainable Development（Bangkok, Thailand: The Asia Foundation）.

本文曾发表于《南洋资料译丛》，2024 年第 3 期，在本书出版时略有修改。